도킨스의 신

도킨스의 신

초판 1쇄 인쇄 2007년 11월 12일
개정판 1쇄 발행 2017년 7월 27일
개정판 2쇄 발행 2021년 1월 11일

지은이 알리스터 맥스래스
옮긴이 김지연
펴낸이 유동휘
펴낸곳 SFC출판부
등록 제104-95-65000
주소 (06593) 서울특별시 서초구 고무래로 10-5 2층 SFC출판부
Tel (02)596-8493
Fax 0505-300-5437
홈페이지 www.sfcbooks.com
이메일 sfcbooks@sfcbooks.com
기획 · 편집 편집부
디자인편집 최건호
ISBN 979-11-87942-15-3 (03230)
값 13,500원

잘못 만들어진 책은 언제든지 교환해 드립니다.

『이기적 유전자』에서 『만들어진 신』까지

Dawkins' God

알리스터 맥그래스 지음

김지연 옮김

SFC

초판 추천의 글

무신론자로 이름난 버트란드 러셀이 어느 날 질문을 받았다. 혹시 죽어서 하나님 앞에 섰을 때, 왜 하나님을 믿지 않았느냐고 하면 뭐라 할 것인가? 러셀은 "하나님, 증거가 없었어요. 증거가 충분하지 않았어요!"라고 답하겠다고 말했다. 이런 종류의 무신론을 우리는 '증거론적 무신론'이라 부를 수 있다. "신이 존재한다", "신이 존재하지 않는다"는 명제를 참 또는 거짓으로 판명할 수 있는 근거는 그러한 사실(事實)에 대한 '증거'가 있어야 한다고 보는 것이다. 그런데 증거론자들은 신의 존재를 긍정할 수 있는 증거가 없거나, 있다고 해도 불충분하다고 믿기 때문에 신의 존재를 부인한다. 무신론의 또 다른 유형은 '혐의론적 무신론'이라 부를 수 있겠다. 신의 존재에 대한 믿음을 하나의 착각, 하나의 망상이라 보는 것이다. 이런 종류의 무신론은 일찍이 포이어바흐, 마르크스, 프로이트가 주장하였다.

최근 국내에서도 베스트셀러가 된 『만들어진 신The God Delusion』('신이라는 망상')을 자세히 읽어보면 리처드 도킨스가 내세우는 전투적 무신론은 증거론적 무신론과 혐의론적 무신론을 결합한 것임을 알 수 있다. 신을 믿지 않는 이유에 대해서 도킨스는 클리포드W. Clifford나 러셀B. Russell과 같은 증거론자들과 마찬가지로 신의 존재를 긍정할 수 있는 증거가 없다는 주장을 내세운다. 어떤 믿음에도 그것이 믿음으로 정당화되려면 경험적이든, 논리적이든 누구나 수긍할 수 있는 증거가 있어야 한다는 생각이 바탕에 깔려 있다. 그러나 도킨스는 신이 우리의 믿음, 우리의 경험과 상관없이 존재할 수 있는 가능성이 전혀 없는가 하는 것에 대해서 정말 그렇다고 답하지는 않는다. 신이 존재할 가능성이 전혀 없지는 않지만, 그럴 확률은 매우 낮거나 거의 제로에 가깝다고 도킨스는 생각한다. 여기서 도킨스는 한 걸음 더 나아가 신의 존재에 대한 일종의 단언을 내린다. 신은 마르크스나 프로이트가 주장한 것처럼 우리가 만들어낸 환상이요, 착각이라는 것이다. 조금 어렵게 표현하면 이렇다. 도킨스는 우리가 신의 존재에 대한 증거를 찾을 수 없다는 '인신론적 믿음'에서, 현실적으로 많은 사람들이 존재한다고 믿는 신은 착각이요 망상이라는 '존재론적인 주장'을 추론한다. 이것이 옳은 방식일까?

여러분들이 읽고자 손에 든 이 책은 목소리를 크게 높이지 않으면서도 매우 차분하고 냉철하게, 도킨스의 전투적 무신론이 얼마나 허구적인가를 드러낸다. 이 책은 『만들어진 신』이 나오기 이 전의 책들인 『이기적 유전자』와 『눈먼 시계공』에서 도킨스가 신에 대한 믿음에 대해 펼친 사상에 어떤 맹점이 있는지 차분히 보여준다. 『만들어진 신』에 대해서 맥그래스는 그의 아내와 함께 『도킨스의 망상The Dawkins Delusion?』(살림출판사 역간)이라는 책을 또 썼다. 여기에서 전개한 논의의 기본적인 것들은 여러분들이 손에 든 이 책에 대부분 담겨 있다.

나는 맥그래스의 책이 여러 가지 미덕을 갖추고 있다고 생각한다. 앞에서도 잠시 언급했듯이 이 책은 매우 차분하고 공정하게 집필된 책이다. 남의 생각을 비판하거나 검토하는 책은 기본적으로 논쟁적이기 때문에 성급한 결론이나 심한 과장이 드러나기 쉽다. 한 면만을 가지고 강조하면서 다른 면은 대개 무시한다. 그러나 맥그래스는 학자로서 도킨스의 업적을 정당하게 긍정적으로 평가한다. 도킨스의 학위 논문과 그를 필자로 유명하게 만든 『이기적 유전자』에 대한 평가는 매우 긍정적이다. 그러나 도킨스가 자신의 학문 분야를 넘어 신학적 문제와 종교를 다룰 때는 무지할 뿐 아니라 매우 선택적이며 선동적임을 맥그래스는 차근차근 증거를 통해 보여준다.

이 책이 가진 또 다른 미덕은 도킨스가 진리로 수용하는 다윈주의가 반드시 무신론적일 필요는 없음을 보여주는 것이다. 우리 주변에는 다윈주의 또는 진화론 하면 곧장 무신론과 연관시켜 보는 사람들이 있다. 반드시 그럴 필요가 없음을 맥그래스는 다윈주의의 역사, 멘델 유전학의 출현 등을 과학사적으로 재구성해서 논증한다. 도킨스가 거의 만화로 만들어버린 페일리의 설계론도 빅토리아 시대 사회와 문화의 맥락을 통해 그려냄으로써, 그 주장이 반드시 전체 기독교 신학을 대변하는 것이 아님을 맥그래스는 지적하고 있다. 분자 생물학자 출신일 뿐 아니라 과학사와 과학철학에 관심을 둔 역사신학자로서의 맥그래스의 학자적인 능력이 가장 빛나는 부분이 바로 이 대목일 것이다. 자연선택을 우주와 세계를 설명하는 궁극적 근거로 사용하면서도 인간의 자유 의지와 관련해서는 예외로 한다든지, 유전자에 대응하는 일종의 문화적 유전자('밈')를 아무런 증거나 확증 없이 내세운다든지 하는 부분에서 도킨스가 일관되지 못함을 지적해 내는 점도 비평가로서 맥그래스의 능력을 잘 보여준다.

과학자 도킨스가 아니라 전투적 무신론자 도킨스는 매우 화가난 모습을 하고 있다. 화난 사람과 다툰다는 것은 현명하지 않을 수 있다. 그러나 일종의 '도킨스 현상'을 접하면서 우리 젊은 그리스도인들, 특히 자연 과학에 종사하는 그리스도인들이 신앙의 언어와 과학의 언어를 동시에 통합적으로 구사할 수 있는 능력을 키우는 일에 관심을 가져주기를 간절히 고대한다. 존 폴킹혼이나 아서 피콕, 프랜시스 콜린스와 같은 분들이 외국에는 있다. 맥그래스도 그런 분 가운데 하나다. 과학과 신학, 철학 등에서 자신들의 전문 지식 분야를 넘나들면서 구사하는 분들이다. 이런 분들이 국내 젊은 학자들 가운데서도 많이 나오길 바란다. 그렇지 않고서는, 아무리 사람들이 모인다고 하지만 교회는 자기들끼리만 알아듣는 말을 통해 점점 게토화되어 갈 것이다. 맥그래스의 이 책이 우리 젊은 그리스도인들에게 신앙의 언어와 과학의 언어를 동시에 구사할 수 있는 '이중언어bilingual' 능력을 키워야 하겠다는 결심을 갖게 해준다면 그것으로도 소중한 기여가 아닐까 생각한다.

강영안(미국 칼빈신학대학원 철학신학 교수, 서강대 철학과 명예교수)

개정판 추천의 글

본서는 무신론자였다가 기독교인이 된 맥그래스가 기독교 신앙을 버리고 무신론자로 돌아선 도킨스를 비판하는 책이다. 하지만 본서는 도킨스의 사상만이 아니라 그의 우상이었던 다윈과 다윈을 추종하는 사람들의 사상적 배경을 기독교적 관점에서 가장 탁월하게 비판한 책이기도 하다. 저자는 도킨스가 처음에는 훌륭한 대중 과학 해설가로 출발했지만 시간이 지나면서 대중들의 인기에 영합하여 반종교적 논객으로, 나아가 기독교와 전면전을 벌이는 전사로 전락한 과정을 날카롭게 비판하고 있다. 이를 저자는 "아무리 높이 평가해도 『만들어진 신』은 무신론을 격렬히 옹호하는 저술이지, 과학의 대중화에 기여하는 저술이라고 볼 수 없다."라는 말로 결론짓고 있다. 필자는 기독교적 과학관에 관심이 있지만 시간적으로나 지적 배경의 제한으로 도킨스의 방대한 저술들에 대해 비판적 읽기를 할 형편이 되지 않는 모든 분들에게 본서는 필독서라고 믿는다.

양승훈(밴쿠버기독교세계관대학원 원장)

맥그래스는 이 책에서 영국 옥스퍼드의 리처드 도킨스가 생물학에서 신학으로 나아가게 되었는가를 그의 다양한 저작들을 통해서 잘 보여주고 있을 뿐 아니라 그 가운데 나타나는 도킨스의 맹점을 차분하지만 예리하게 지적하고 있다. 특히 『이기적 유전자』에서 도킨스가 널리 활용한 '밈meme'의 개념이 지닌 불합리성과 허구성을 날카롭게 비판하는 것을 통해 맥그래스의 탁월함이 두드러지게 드러나고 있다. 최근 생물학 및 유전학의 발전과 관련하여 기독교 변증학에 관심을 지닌 모든 신학자, 신학도, 평신도들에게 일독을 적극적으로 권장한다.

이신열(고신대학교 교의학 교수)

감사의 글

이 책이 나오기까지 초안을 읽고 조언을 아끼지 않은 학계 원로이자 동료들인 데니스 알렉산더Denis Alexander, R. J. 베리R. J. Berry, 프란시스 콜린스Francis Collins, 시몬 콘웨이 모리스Simon Conway Morris, 데이비드 리빙스턴David C. Livingstone, 마이클 루스Michael Ruse, 제프리 스콜라스Jeffrey Scholass, 그리고 특히 조안나 콜리컷Joanna Collicutt께 특별히 감사를 드립니다. 최종본에서 사실 관계나 해석에 오류가 발견된다면 전적으로 제 책임입니다. 중요한 세부 논점까지 명확하게 편집해 주신 옥스퍼드 대학 출판사에게도 감사를 드립니다.

"역사가들만큼이나 과학자들도 (특히 생물학자들은) 과학의 역사에 더 관심을 기울여야 한다. 이 말은 곧 과거 위대한 지성들의 생각을 이해하기 위해 의식적인 노력을 기울여야 한다는 뜻이다. 어떤 환경이나 지성적 배경에서 그 생각들이 탄생했으며 어느 지점에서 잘못된 방향으로 선회하거나 혹은 옳은 길로 들어서기 직전에 멈추었는지를 살펴보기 위해 노력해야 한다는 뜻이다."

찰스 다윈의 『종의 기원Origin of Species』 발간 200주년을 기념하여 호주 캔버라에서 열린 심포지엄에서 피셔R. A. Fisher의 연설 중. "유전적 관점에서 본 자연선택Natural Selection from the Genetical Standpoint."(Australian Journal of Science 22, 1959), pp.16-17.

목차

서문

나는 1977년에 『이기적 유전자The Selfish Gene』(1976년)[을유문화사에서 1993년에 역간—역주]를 읽으면서 리처드 도킨스를 처음 알게 되었다. 당시 나는 옥스퍼드 대학교University of Oxford에서 지도교수였던 조지 라다 경의 살뜰한 보살핌을 받으며 생화학 박사학위 논문을 마무리하고 있었다. 생체막이 어떻게 그토록 잘 기능하는지 밝히기 위해 세포 내부에서 일어나는 변화를 새로 개발한 물리적 기법을 이용해서 연구하는 것이 내 논문의 주제였다.

『이기적 유전자』가 반향을 불러일으키며 수많은 추종자를 양산하기 전이었지만, 책을 읽고 난 뒤 나는 감탄을 금치 못했다. 도킨스는 문장을 자유자재로 구사했고, 이해하기 어려운 중요한 과학 지식을 명료하게 풀어서 설명할 줄 알았다. 한마디로 최고의 대중 과학서적이었다. 뉴욕타임즈The New York Times가 『이기적 유전자』를 일컬어 '독자가 읽으면서 스스로 천재가 된 것처럼 느끼게 해 주는 대중 과학서'라고 논평한 것도 놀랄 일이 아니었다.

어떤 기준으로 보더라도 『이기적 유전자』는 훌륭한 책이었다. 지적 자극을 선사했고 논쟁거리를 제공했을 뿐만 아니라 풍부한 지식을 전달했다. 도킨스는 학식을 자랑하지 않으면서 복잡한 지식을 알기 쉽게 전달하는 능력이 탁월했다. 그러나 도킨스는 진화론을 이해하기 쉽게 설명하는 선에서 그치지 않고, 그 영향력이 우리 삶의 모든 면에 미치기를 원했다. 도킨스에게 다윈주의Darwinism는 단순한 과학 이론을 넘어선 보편적인 삶의 철학이었다. 자크 모노Jacques Monod도 자신의 저서 『우연과 필연

Chance and Necessity』(1971년)[1996년에 범우사에서 역간—역주]에서 비슷한 주제를 다뤘지만, 나는 도킨스가 훨씬 똑똑하고 명민하게 이야기를 풀어냈다고 생각한다. 나아가 논쟁거리를 제공하는 다른 저자와 마찬가지로 도킨스 역시 신이 존재하느냐, 혹은 삶의 의미가 무엇이냐 같은 중요하면서도 본질적으로 흥미로울 수밖에 없는 논쟁에 불을 지폈다.

『이기적 유전자』에서는 도킨스가 무신론자임이 분명히 드러난다. 무신론에 이르는 사고 과정이 흥미롭고 매력적이며, 수준 높은 논쟁을 이끌어 낼 만큼 충분히 논리적이다. 특히 나와 정반대의 길을 걸어온 도킨스의 이력이 남달리 흥미로웠다. 나는 무신론자에서 기독교인이 된 반면에 도킨스는 기독교 신앙을 버리고 무신론자로 돌아섰다고 한다. 사실『이기적 유전자』를 읽던 당시 나는 옥스퍼드 대학교 연구실에서 학위 논문을 마무리하는 동시에, 신학 강좌를 수강하며 자연과학을 떠나 기독교 신학으로 전공을 바꾸기 위한 준비를 하고 있었다. 내 장기 목표는 기독교 사상과 자연과학이 서로 어떻게 연관되어 있는지를 연구하는 것이었고, 주변에서는 한결같이 영향력 있는 신학자가 되고 싶으면 자연과학의 학위도 반드시 필요하다고 조언했다.

나는 1978년 6월에 분자생물물리학 박사학위와 신학 우등학사학위를 동시에 받았다. 옥스퍼드를 떠나 케임브리지 대학교University of Cambridge에서 신학 연구를 시작하러 떠나려던 참에 뜻밖에도 옥스퍼드 대학교 출판사의 수석 편집자에게 점심 식사 초대를 받았다. 옥스퍼드는 매우 작은 동네여서 소문도 빨랐다. 편집자는 '내 흥미로운 이력'을 듣고 마침 내게 딱 맞는 기획이 있어서 이야기를 하고 싶었다고 했다. 도킨스의『이기적 유전자』가 세간의 관심을 끌던 때였고, 수석 편집자는 기독교의 관점에서 도킨스의 주장에 응답하는 책을 써 보지 않겠느냐고 제의했다.

솔깃한 제안이었다. 바보가 아닌 이상 물리치기 힘든 제안이라고 생각했던 것으로 기억한다. 하지만 오랜 생각 끝에, 식사 대접은 감사하지만 그런 책을 쓰기에는 아직 부족한 점이 많은 것 같다고 완곡히 거절했다. 나보다 자격을 갖춘 사람들이 훨씬 많다고 생각했기 때문이다. 가령 생화학자이자 신학자인 아서 피콕Arthur Peacocke(1924~2008년) 같은 사람이 떠올랐다. 아무튼 꼭 내가 아니더라도 도킨스의 주장에 응답하는 책이 나오는 것은 시간문제라고 생각했다. 그길로 나는 기독교 신학을 연구하기 위해 케임브리지로 떠났다가, 1983년에 신학을 가르치기 위해 다시 옥스퍼드로 돌아왔다. 신학 강의가 주된 일이었지만, 옥스퍼드 대학교 도서관이 뛰어난 장서를 보유한 덕에 과학사와 과학 사상 분야의 책도 꾸준히 읽으며 지식을 넓혀 갈 수 있었고, 최신 실험 결과나 이론도 그때그때 접할 수 있었다.

내가 도킨스를 잊은 것은 결코 아니었다. 도킨스는 『이기적 유전자』에서 '밈'meme이라는 새로운 개념과 단어를 제시하여, 나의 관심 연구 분야인 사상사 연구에 새로운 획을 그은 인물이었다. 나는 사상사 중에서도 일반 지성사와 대조되는 기독교 신학 사상의 역사에 관심이 있었다. 당시에 나는 사상이 어떻게 발전하고 한 문화 내에서 혹은 서로 다른 문화 간에 어떻게 수용되는지를 설명하는 기존 모형에 관하여 이미 배경 연구를 상당히 마쳐 놓은 상태였다. 하지만 그 어떤 설명도 만족스럽지 않았다.[1]

---

1. 도킨스의 밈 이론을 접하기 전에 내가 최초로 희망을 가지고 살펴보던 이론은 Pierre Rousselot, "Petit théorie du Développement du dogme"(*Recherches de science religieuse 53*, 1965), pp.355-390이었다. 이와 관련해서 더 알고 싶다면 Alister E. McGrath, "The Evolution of Doctrine? A Critical Examination of the Theological Validity of Biological Models of Doctrinal Development."(*The Order of Things: Explorations in Scientific Theology*, Oxford: Blackwell Publishing, 2006), pp.117-167를 참조하기를 바란다.

도킨스의 밈(또는 문화적 복제자) 이론만이 엄격한 경험적 조사를 바탕으로 일반적인 사상의 기원과 발전과 수용을 연구하는 데 필요한 새로운 이론적 틀을 제시해 줄 수 있을 것 같았다. 사상의 발전을 설명하는 진부하고 설득력 떨어지는 여러 이론들 틈에서 신선하고 그럴듯한 도킨스의 이론을 마주했을 때 느꼈던 순수한 지적 환희를 떠올리면 지금도 기분이 좋다. 그때가 1977년 후반부였던 것으로 기억한다. 나는 밈 이론이 새로운 미래가 될 수 있을지도 모른다고 생각했다.[2]

다윈이 갈라파고스 섬의 핀치새를 연구한 것을 통해서도 알 수 있듯이 잠정적이더라도 이론적 틀을 세우고 증거에 접근하는 것이 큰 도움이 될 수 있다.[3] 그래서 나는 밈 이론을 토대로 기독교 교리 발전을 연구하기 시작했다. 25년간 연구를 진행하면서 내린 밈의 개념과 그 효용에 대한 평가는 뒷장에서 더 자세히 다루려고 한다. 일단 여기서는 엄격한 경험 과학에 기반한다는 점과 지성사 발전을 비판적으로 연구할 수 있는 도구로서 가치가 있다는 점에서 당시에 밈 이론을 상당히 긍정적으로 평가했다는 것만 밝혀 둔다.

한편 도킨스는 계속해서 뛰어난 저서를 출간하며 논쟁거리를 양산했고, 나는 감탄을 연발하며 하나도 빠짐없이 읽었다. 『이기적 유전자』에 이어 『확장된 표현형The Extended Phenotype』(1981년)[2004년에 을유문화사에서 역간—역주], 『눈먼 시계공The Blind Watchmaker』(1986년)[2004년에 사이언스북스

2. 도킨스의 밈 이론을 접하고 이 같은 지적 환희를 느낀 사람이 비단 나뿐만이 아니었던 듯하다. Stephen Shennan, Genes, *Memes and Human History: Darwinian Archaeology and Cultural Evolution*(London: Thames & Hudson, 2002), p.7를 참조하자.

3. 나는 나중에 다윈의 지성 발달에서 핀치새 연구를 너무 비중 있는 사건으로 혼자 치부해 버린 것은 아닌가하는 의문이 생겼다. Frank J. Sulloway, "Darwin and His Finches: The Evolution of a Legend."(*Journal of the History of Biology 15*, 1982), pp.1-53를 참조하자.

에서 역간—역주], 『에덴 밖의 강River Out of Eden』(1995년)[1995년에 동아출판사에서 역간—역주], 『불가능한 산 오르기Climbing Mount Impossible』(1996년), 『무지개를 풀며Unweaving the Rainbow』(1998년)[2008년에 바다출판사에서 역간—역주], 『악마의 사도A Devil's Chaplain』(2003년)[2005년에 바다출판사에서 역간—역주]가 잇달아 출간되었고, 마지막으로 도킨스가 무신론자의 대변인이라는 경력에 정점을 찍게 한 『만들어진 신The God Delusion』(2006)[2007년에 김영사에서 역간—역주]이 세상에 나왔다. 『만들어진 신』이후에도 도킨스는 꽤 괜찮은 대중 과학 서적을 비롯해 자전적인 글을 출판했는데, 이 또한 이 책에서 도킨스를 분석하고 평가할 때 고려했다. 하지만 시간이 지나면서 도킨스의 어조와 글의 주제가 많이 변질되었다. 철학자 마이클 루스Michael Ruse가 『악마의 사도』서평에서 지적했듯이, 도킨스의 초점은 '대중독자들을 위해서 과학에 관하여 저술하던 것에서 기독교와 전면전을 벌이는 것으로'[4] 바뀌었다. 한 뛰어난 대중 과학 보급자가 인기에 영합해 반종교적 논객으로 전락한 뒤 자기 생각을 논증하기보다 설교하고 다니는 꼴이었다. 적어도 비평가들 눈에는 그렇게 보였다.

그렇다면 도킨스가 종교에 드러내는 적대감은 어디서 비롯되었을까? 내가 도킨스의 저작을 읽고 짐작하기로는 도킨스의 종교 혐오는 어제오늘의 일도 아니고, 단순히 어떤 특정한 이유 하나 때문도 아니다. 도킨스의 저작을 종합해 보면, 서로 긴밀하게 연결되어 있지만 각각 다른 종교 비판의 네 가지 근거를 찾을 수 있다. 『만들어진 신』에서는 이 네 가지 근거가 한꺼번에 나타나지만, 사실은 이전 저서에 흩어져 있던 생각을 한데 모은 것이다.

---

4. Michael Ruse, "Through a Glass, Darkly."(*American Scientist 91*, 2003), pp.554- 556.

1. 다윈주의 세계관이 등장하면서 신이 존재한다는 믿음은 불필요해지거나 불가능해졌다. 도킨스는 이런 생각을 『이기적 유전자』에서 넌지시 밝히고, 『눈먼 시계공』에서 자세히 다룬다.

2. 종교가 신앙을 근거로 주장을 펼치는 것은 일종의 정신병으로, 엄격한 증거를 토대로 한 진리 탐구로부터 도피하는 것과 다를 바 없다. 도킨스는 진리는 눈에 보이는 확실한 증거에 기반해야 하며, 신앙에 기반해 특정 지식을 사람들이 알지 못하도록 검열하거나 혹은 초이성적인 행위를 통해 진리에 도달할 수 있다고 가르치는 것은 철저히 배격해야 한다고 주장한다. 도킨스는 『이기적 유전자』와 이후 저서들에서 진리는 명시적 증거로 뒷받침되어야 한다고 반복해서 강경하게 주장한다.

3. 종교는 세상을 빈약하고 보잘것없는 곳으로 바라본다. "기성 종교가 묘사하는 우주는 작고 초라하고 뒤떨어진 제약이 많은 공간이다."[5] 반면 과학은 우주를 웅장하고 아름답고 경이로운 곳으로 당당하게 묘사한다. 도킨스는 1998년에 쓴 『무지개를 풀며』에서 종교에 관한 미학적 비평을 자세히 제시한다.

4. 종교는 악의 근원이다. 종교는 악성 바이러스처럼 인간의 마음에 침투해 병을 옮긴다. 하지만 도킨스 자신이 으레 지적하듯 과학은 선악을 판단할 수 없으므로 이 주장은 엄밀히 말하면 과학적 판단이 아니다. "과학은 무엇이 윤리적인지를 결정할 어떠한 방법도 가지

---

5. Richard Dawkins, "A Survival Machine"(In The Third Culture, edited by John Brockman, 75-95, New York: Simon & Schuster, 1996), p.85.

고 있지 않다.”[6] 종교가 악의 근원이라는 주장은 과학적 판단이라기보다는 오히려 서구의 문화와 역사 속에 깊이 자리한(그래서 숙고할 가치가 있는) 종교에 대한 도덕적 반론으로 보아야 한다.

2004년에 나는 『도킨스의 신』 초판을 출간했다. 이 책에서 나는 도킨스가 펴낸 글을 빠짐없이 꼼꼼하게 읽은 사람으로서 도킨스가 과학과 종교를 어떻게 바라보고 있는지를 분석하고 평가하고자 했다. 말하자면 1978년에 옥스퍼드 대학교 출판사에서 제안했던 기획을 뒤늦게 실행에 옮긴 셈이다. 책을 쓴 이유는 세 가지였다. 첫째, 도킨스는 독자를 사로잡을 줄 아는 작가였다. 가지고 있는 생각 자체가 번뜩일 뿐만 아니라 자신의 생각을 방어하는 글솜씨도 뛰어나다. 삶의 의미를 놓고 토론하고 싶은 사람이라면 누구나 도킨스를 훌륭한 토론 스파링 상대로 여길 만하다. 히포의 아우구스티누스Augustinus Hipponensis(354~430년)는 인간 내면의 깊숙한 곳에 무언가를 이해하고자 하는 깊은 욕구(배우고 이해하고자 하는 열정)가 있다고 말하며, 이를 일컬어 '마음의 에로스eros of the mind'라고 표현했다. 이러한 열정을 공유하는 사람이라면 누구라도 도킨스가 시작한 이 논쟁에 참여하고 싶을 것이다.

논쟁에 참여함으로써 배우고 이해하고자 하는 욕구를 채우는 것이 이 책을 쓴 두 번째 이유이기도 하다. 물론 도킨스는 때때로 지나치게 공격적인 태도를 보인다. 자기와 다른 입장은 성급하게 배격하고, 자신의 견해에 대한 비판을 과학계 전체에 대한 비판으로 간주하기도 한다. 하지만

---

6. *A Devil's Chaplain*, p.34를 참조하고, 도킨스의 다른 저서들을 모두 보고 싶다면 Select Bibliography에 수록한 참고 문헌을 참조하자.

도킨스의 그런 태도 또한 논쟁에 재미를 더하는 요소이다. 천편일률적으로 끝없는 각주를 달고, 틀림없이 중요하기는 하지만 재미는 없는 권위자를 인용하고, 줄줄이 조건을 달아 소심하게 주장을 펼치는 지루한 기존의 학술 논쟁 사이에서, 도킨스가 도발하고 시작한 이 논쟁은 재미 면에서 단연 돋보인다. 그 초대에 응하지 않는 것도 예의가 아니라고 생각한다.

하지만 가장 중요한 이유는 내게 기독교 신학자로서 기독교 신학에 대한 비판을 새겨듣고 적절하게 대답해 줄 의무가 있다고 생각했기 때문이다. 특히 내가 도킨스의 비판을 진지하게 받아들이는 이유는 논쟁을 통해 도킨스로부터 새롭게 배우는 점이 있을 수도 있다고 생각하기 때문이다. 진지하게 기독교 사상사를 연구해 본 학자라면 알겠지만, 기독교는 시대마다 등장하는 교리에 대한 새로운 해석이 성경과 기존 기독교 전통에 비추어 온당하고 받아들일 만한지를 항상 자문하며 오늘날까지 이르렀다. 나중에 다루겠지만, 도킨스는 근대 초기 영국에서 큰 지지를 받았고 현대에도 몇몇 지지자를 보유하고 있는 창조론의 한 견해에 대해 굉장히 설득력 있는 반론을 제기한다. 나는 도킨스가 진지하게 귀를 기울일 만한 가치가 있는 비평가라고 생각한다.

『도킨스의 신』 초판은 꽤 좋은 평가를 받았다. 하지만 출판된 지 고작 몇 년 사이에 대폭적인 수정이 불가피해졌다. 우선 이 책이 출판되고 난 이후인 2006년에 도킨스가 『만들어진 신』을 출간했다. 엄청난 반향을 불러일으킨 『만들어진 신』이라는 책을 빼놓고 도킨스의 과학과 종교에 대한 견해를 논한다는 것이 말이 안 된다고 생각해서 개정판을 내게 되었다. 그리고 『도킨스의 신』 초판에서 다룬 논점에 대해 쓴 2차 저작물이 많이 출간되어서, 그중에 중요하고 추가할 만한 내용을 새로이 개정판에 담았다.

2014년 봄에 『도킨스의 신』 개정판을 내기에 알맞은 때가 이르렀다고 판단했다. 마침 모교인 옥스퍼드 대학교에서 '과학과 종교'에 대한 안드레아스 이드레오스 석좌교수Andreas Idreos professor로 임명되어, 어쩌면 내 인생의 마지막 직장이 될지도 모르는 곳에서 새롭게 출발하려던 참이었다. 이를 옥스퍼드 대학교 교수로서 과학의 대중적인 이해를 담당했던 도킨스에게 응답하는 것으로 시작하는 것도 나쁘지 않겠다는 생각이 들었다.

마지막으로 분명히 해 두고 싶은 것은, 비록 내가 도킨스와 견해를 달리하는 부분은 많아도 도킨스가 우리 시대에 가장 저명한 과학자 가운데 한 사람이라는 생각에는 변함이 없다는 점이다. 도킨스는 과학 지식을 폭넓은 독자들에게 쉽게 전달하는 데 탁월할 뿐만 아니라 과학과 종교에 대한 새로운 문화적 관심을 이끌어 내는 데 크게 공헌했다. 그 덕에 나를 비롯한 많은 사람이 혜택을 받았다. 과학과 종교에 대한 논쟁은 앞으로도 계속될 것이고, 새로운 방향으로 발전될 것이다. 『도킨스의 신』 개정판이 그 논쟁의 수준을 한 단계 끌어올리는 동시에 앞으로 한 걸음 더 나아가게 하는 데 도움이 되기를 바란다.

2014년 6월 옥스퍼드에서

알리스터 맥그래스

1장

다윈주의
과학적 이론의 출현

세상은 왜 지금과 같은 모습일까? 우리가 보는 세상은 언제부터 이런 모습이었을까? 이 질문의 답이 우리 삶에 시사하는 바는 무엇일까? 이러한 질문들은 서구의 세계관 형성에 결정적인 역할을 했다. 문명이 태동하던 순간부터 인류는 세상의 구조를 어떻게 설명할 수 있을까 하는 호기심을 품었다. 침묵이 내려앉은 밤하늘의 별이 이루는 장관, 아름다운 무지개, 생명체의 신비로운 행동 등 세상은 경외감을 불러일으키는 동시에 어떤 설명이 필요해 보였다.

소크라테스 이전에 활동했던 최초의 그리스 철학자들은 세계의 본질과 형성 과정에 관해 끊임없이 나름의 주장을 펼쳤다. 그리스 철학자들은 우주가 합리적으로 형성되었으므로 인간의 이성과 논증을 제대로만 활용한다면 우주를 이해할 수 있을 것이라고 주장했다. 소크라테스는 인간에게 우주를 이해할 수 있는 능력이 있다는 생각에서 한 발짝 더 나아가 우주가 형성된 원리와 인간이 선택할 수 있는 최선의 삶의 방식 사이에 연결고리가 있다고 믿었다. 즉 우주의 본질을 고찰하면 '좋은 삶'이란 어떤 삶인지를 통찰할 수 있다고 생각한 것이다. 소크라테스에게 좋은 삶이란 인간이 가장 인간답게 살 수 있는 삶의 방식을 뜻했다. 그래서 소크라테스는 세상이 구성된 원리를 들여다보면 인간의 정체성과 운명을 이해할 수 있는 실마리를 찾을 수 있을 것이라고 생각했다.

세계가 어떤 질서 아래 창조되었는가 하는 물음에 관한 답을 신이라는 존재에서 찾고자 한 사람이 많았다. 많은 사람이 신이 세상을 만들었고 그의 뜻대로 세상을 운영한다는 설명을 정신적으로도 매혹적이고 지적으로도 만족스럽다고 느꼈다. 하지만 도킨스는 찰스 다윈 이후에 세상을 신적 기원으로 설명하는 것은 지나치게 감상적으로 우주를 바라보거나 아니면 거짓 목적을 위해 사탕발림하는 것에 불과하다고 주장한다. 따라서 자연과학은 이런 감상주의나 사탕발림을 멀리하고 틀렸다고 밝혀야 할 도덕적 의무가 있다. 도킨스는 다윈이 등장하기 이전에는 이러한 순진한 믿음이 받아들여질 여지라도 있었지만, 다윈이 등장하면서 모든 것이 바뀌었다고 단언한다. 무신론이 다윈 이전에는 단지 여러 종교적 가능성 가운데 하나였을지 몰라도, 다윈 이후에는 정직하고 지각 있고 과학교육을 받은 사람이라면 유일하게 선택할 수 있는 사상이 되었다는 것이다. 도킨스는 심지어 뉴턴도 다윈 이후에 태어났으면 무신론자가 되었을 것이라고 주장한다. 도킨스는 2003년 영국 BBC 라디오와의 인터뷰에서도 다윈주의와 그 이론이 세상에 던지는 메시지를 앞장서서 옹호했다.

우리는 우리가 누리는 이 놀라운 특권을 기뻐해야 합니다. 우리 모두는 태어나서 언젠가는 죽습니다. 그러나 죽기 전에 우리가 왜 이 세상에 태어나게 되었는지를 이해할 시간이 주어집니다. 그리고 우리가 태어나서 속하게 된 이 우주를 이해할 시간이 주어집니다. 이렇게 인간과 우주가 존재하는 의의를 이해하게 되면, 우리는 비로소 성장해서 우리 자신의 노력 말고는 기댈 수 있는 그 어떠한 초월적 존재도 없다는 사실을 깨닫게 됩니다.[1]

도킨스는 다윈이 인간의 기원에 관해 유일하게 신뢰할 만한 설명을 제시함으로써 인류 지성사에서 결정적인 전환점을 마련한 인물이라고 주장한다. 따라서 인류 지성사는 다윈 이전과 다윈 이후로 나뉠 수 있다. 프랜시스 크릭Francis Crick과 함께 DNA의 이중 나선 구조를 발견해 노벨상을 수상한 제임스 왓슨James Watson은 "결국에는 찰스 다윈이 인류 사상사에서 예수 그리스도나 마호메트보다 훨씬 영향력 있는 인물로 평가받을 것이다."라고 말하기도 했다.

그런데 왜 하필 다윈인가? 왜 마르크스나 프로이트가 아니라 다윈인가? 다윈과 마르크스와 프로이트는 지적인 지진을 일으켰다고 할 만큼 당시 지배적인 전제들을 깨부수고 혁신적인 사유방식을 도입해 인류 사상의 분기점을 마련한 인물들로 손꼽는다. 다윈의 진화생물학evolutionary biology과 마르크스의 사적유물론, 그리고 프로이트의 정신분석학은 모두 유아기를 벗어나 성년에 접어든 인류의 모습을 제시한다. 그리고 흥미롭게도 이 세 가지 사상이 모두 무신론과 연관된다. 18세기와 19세기에 일부 유럽인은 무신론이 지적, 정치적 해방자 역할을 하는 사조로 증명되기를 기대했다. 그렇다면 인류 지성사를 가르는 기준이 되는 인물이 왜 마르크스와 프로이트가 아니고 다윈인가? 이 질문에 답하는 것을 시작으

---

1. Richard Dawkins, "Alternative Thought for the Day"(BBC Radio 4, August 14, 2003).

로, 도킨스 사상의 배경이 될 뿐만 아니라 여러 분야를 넘나들며 생각할 거리를 던져 주는 논점을 하나하나 짚어 보려고 한다.

과학과 종교의 관계와 진화론에 대한 논쟁에 리처드 도킨스가 공헌한 바가 크다는 것은 부인할 수 없는 사실이므로, 도킨스의 생각이 사상사의 흐름 속에서 어디쯤 위치하는지를 먼저 분명히 하고 넘어가야 한다. 따라서 1장에서는 도킨스가 '이기적 유전자'와 '눈먼 시계공'이라고 이름 붙인 그의 대표 사상을 이해하기 위해 알아야 할 배경지식을 먼저 설명하고자 한다. 도킨스의 독특한 사상을 이해하기에 앞서 그 전후 맥락을 파악하기 위해 흔히 '다윈주의'라 일컫는 진화론이 어떻게 출현했는지부터 살펴 보자.

찰스 다윈의 자연선택설

찰스 다윈이 1859년에 출간한 『종의 기원Origin of Species』은 19세기 과학사에서 획기적인 사건이었다. 1831년 12월 27일에 영국 왕립 군함 비글Beagle호는 남미 대륙의 서쪽 해안 지역을 탐사한 뒤 지구를 한 바퀴 돌아 귀항하라는 임무를 띠고 영국 서남쪽에 위치한 항구도시 플리머스에서 출항한다. 이 작은 배에는 찰스 다윈Charles Darwin(1809~1882년)이 동식물과 광물 및 지질 등을 관찰하고 연구하는 박물학자의 자격으로 승선해 있었다. 다윈은 총 5년에 걸친 항해 기간 동안 남미 지역에 분포한 동식물을 조사하게 된다. 특히 갈라파고스Galapagos 군도와 티에라 델 푸에고Tierra del Fuego 군도에 사는 동식물을 자세히 관찰하고 기록했는데, 그 이유는 기존 이론으로 충분히 설명할 수 없는 몇몇 특징들을 발견했기 때문이다. 『종의 기원』은 이때 다윈이 풀어야겠다고 결심했던 수수께끼로 시작한다.

박물학자로서 영국 왕립 군함 비글호에 동승해서 항해하는 동안 남미에 서식하는 생물 분포 및 과거 이 대륙에 서식했던 생물과 현존하는 생물의 지질학적 관계에 관해 몇 가지 특이한 사실을 발견하고 적잖이 놀랐다. 책의 뒷부분에서 언급하겠지만, 이 발견은 한 위대한 철학자가 일컬어 신비 중의 신비라고 한 종의 기원을 밝혀 줄 수 있는 한 줄기 불빛처럼 보였다.[2]

종의 기원을 설명하는 견해 가운데 19세기 초에 학계와 종교계의 광범위한 지지를 받았던 견해는, 신이 처음부터 세상을 우리가 지금 보고 있는 모습 그대로 창조했다는 설이었다. 이러한 견해가 널리 받아들여지게 된 데는 18세기 영국 성공회 부주교였던 윌리엄 페일리William Paley(1743~1805년)의 공이 컸다. 페일리는 신을 산업혁명 시대의 천재 기계공에 비유하며 신이 태초에 세상을 정교하게 설계하고 창조했다고 주장했다. 이 책의 4장에서는 페일리의 생각이 어떻게 탄생했고 어떤 영향을 미쳤는지를 자세히 다룰 것이다. 여기서는 일단 페일리는 신이 세상을 처음부터 이미 완성된 형태로 지었다고 주장했다는 것만 알고 넘어가자. 페일리는 '고안했다contrived'라는 단어를 더 선호했지만 말이다. 페일리에게는 이 '특수 창조설' 외에 다른 설명은 전부 불가능해 보였다. 페일리의 비유를 빌리자면, 시계공이 시계를 만들다 말고 미완성 상태로 남겨 놓는 일은 있을 수 없는 것이다![3]

---

2. Charles Darwin, *On the Origin of the Species by Means of Natural Selection*(London: John Murray, 1859), p.1을 참조하자. 『종의 기원』 전 개정판을 온라인에서 쉽게 찾아볼 수 있다. http://darwin-online.org.uk.(Accessed August 5, 2014)

3. 더 자세한 내용은 다음을 참조하자. John T. Baldwin, "God and the World: William Paley'

다윈은 페일리가 종의 기원을 어떻게 바라보는지 알고 있었고, 한때는 설득력이 있다고 생각하기도 했다. 하지만 비글호를 타고 항해하며 남미의 동식물을 관찰한 결과 페일리의 견해에 몇 가지 의문을 품게 되었다. 항해에서 돌아온 뒤 다윈은 자신을 비롯해 많은 사람이 목격한 사실을 더 잘 설명할 수 있는 이론을 세우는 일에 돌입했다. 다윈은 1842년 무렵에 이미 생물진화론을 설명하는 자연선택설의 이론적 틀을 완성한 것으로 추정되지만, 자신의 생각을 세상에 내보이기에는 아직 시기상조라 판단했다. 급진적인 이론일수록 지지자를 확보하고 타당한 이론으로서 자리매김하기 위해서는 방대한 관찰 증거가 필요했기 때문이다.

진화론을 주창한 초기 저작 가운데 로버트 체임버스Robert Chambers가 쓴 『창조의 자연사적 흔적Vestiges of the Natural History of Creation』(1844년)과 같은 저작은 과학적 설명이라고 하기에는 너무 형편없어서 해당 이론이 미래에 발전할 수 있는 가능성마저 원천적으로 봉쇄할 정도였다.[4] 다윈의 열렬한 지지자였던 토마스 H. 헉슬리Thomas Henry Huxley는 체임버스의 책을 일컬어 '한 번쯤 흥미로 읽을 법하나 허구라는 불명예를 씻을 수 없는 소설에 불과'하다고 혹평했고, 체임버스에 대해서도 '취미로 과학을 하는 논리라고는 찾아볼 수 없는 부류'라고 비난했다.[5] 실제로 체임버스는 과학자가 아니라 출판업자였기 때문에 과학자로서는 여러모로 경험과 지

---

s Argument from Perfection radition - A Continuing Influence"(*Harvard Theological Review 85*, 1992), pp.109-120.

4. 더 자세한 내용은 다음을 참조하자. James A. Secord, *Victorian Sensation: Then Extraordinary Publication, Reception, and Secret Authorship of Vestiges of the Natural History of Creation*(Chicago: University of Chicago Press, 2000).

5. T. H. Huxley, review of "The Vestiges of Creation"(*The British and Foreign Medico-Chirurgical Review 26*, 1854), pp.425-439.

식이 부족했다. 이는 체임버스가 페로시안화 칼륨 용액에 전류가 흘러 생명체가 나타났다는 매우 가능성 낮은 생각조차 진지하게 받아들였다는 사실만 봐도 미루어 짐작할 수 있다.

체임버스가 미꾸라지처럼 온 웅덩이의 물을 흐려 놓은 탓에, 종의 기원을 설명하는 급진적인 새 이론이 인정받으려면 방대한 양의 관찰 자료와 확실한 증거를 제시함으로써 반대편을 무장해제시키는 수밖에 없게되었다. 그런데 다윈의 『종의 기원』이 그 일을 해냈다. 즉 생물 진화의 증거를 충분히 제시하고 그 체제를 설명하는 데 성공한 것이다.

과학철학자들은 '발견의 논리logic of discovery'와 '확증의 논리logic of confirmation'를 구분해서 사용한다. 좀 복잡한 설명을 간단하게 하여 그 차이를 설명하자면 발견의 논리는 과학적 가설을 세우는 방법에 관한 것이고, 확증의 논리는 과학적 가설이 믿을 만하고 사실에 가까운지를 증명하는 방법에 관한 것이다.[6] 가설을 하나 세우려면 때때로 관찰 자료를 오랜 시간 고찰해야 할 때도 있고, 한순간에 떠오른 영감만으로 충분할 때도 있다. 발견의 논리에서는 합리적인 사고보다 반짝이는 영감이 때로 더 도움이 될 수 있지만, 확증의 논리에서는 그럴 수 없다. 객관적인 자료를 바탕으로 세운 가설이든지 한순간에 영감을 받아 세운 가설이든지 간에, 이론과 관찰 자료 사이의 경험적 적합도를 결정하기 위해서는 관찰한 사실에 대한 엄밀하고 철저한 검증 과정을 거쳐야 한다. 다윈이 자연선택설이라는 가설을 갈라파고스 섬이든 어디든 어떤 장소에서 한순간에 받은 영감으로 세웠다고 주장할 만한 이유는 없다. 다윈은 1837년과 1838년에 자

---

6. Christiane Chauviré, "Peirce, Popper, Abduction, and the Idea of Logic of Discovery" (*Semiotica 153*, 2005), pp.209-222를 보면 발견의 논리와 확증의 논리가 잘 설명되어 있다.

연선택설을 기초로 생물 진화론의 윤곽을 그려 나가기 시작했다. 다윈의 자연선택설은 발견의 논리와 확증의 논리 모두가 난해할 때가 많은 관찰 증거를 확장시킨 설명에 기초하고 있다.[7]

다윈은 1831년에 비글호를 타고 남미 대륙에서 서식하는 동식물을 관찰했을 당시에는 아무런 영감을 얻지 못했다가 훨씬 나중에야 그 관찰 자료를 보고 자연선택설을 떠올리게 되었다고 스스로 고백한다. 다윈은 자서전에서 밝히기를, 비글호에 승선하고 있던 당시만 해도 물리적 환경에 따라 서식하는 동식물 종도 달라진다는 의견에 동의하는 쪽이었지만, 점차 이 생각에 의문을 품고 더 나은 설명을 찾다가 자연선택설 쪽으로 마음을 굳히게 되었다고 했다.

비글호를 타고 항해할 때 나는 남미의 팜파스 초원 지대에서 발견한 거대한 갑옷 동물 화석이 오늘날의 아르마딜로와 흡사하다는 것을 발견하고 깊은 인상을 받았다. 대륙 남쪽으로 내려갈수록 친족 관계에 있지만 종이 서로 다른 동물이 서식하고 있다는 사실도 인상 깊었다. 특히 갈라파고스 군도에 서식하는 생물 대부분이 공유하는 남미 고유의 특성도 섬마다 조금씩 다르게 나타난다는 사실이 놀라웠다. 왜냐하면 갈라파고스 군도에 있는 모든 섬이 지질학적으로 볼 때 그리 오래되지 않았기 때문이다. 이 밖에도 여러 사실에 비추어 볼 때 종이 점점 진화해 왔다는 추측만이 이 모든 현상을 설명할 수 있다는 것이 분명해졌고 나는 이 주제에 더욱 골몰하기 시작했다.[8]

---

7. Scott A. Kleiner, "The Logic of Discovery and Darwin's Pre-Malthusian Researches" (*Biology and Philosophy 3*, 1988), pp.293-315에서의 설명을 보자.

8. Charles Darwin and Nora Barlow, *The Autobiography of Charles Darwin, 1809-1882:*

비글호 항해를 마치고 영국으로 돌아왔을 때 다윈은 진화론을 뒷받침하는 증거를 한곳에 모아서 정리하기 시작했다. 다윈은 자신이 수집한 관찰 자료와 더불어 다른 사람이 수집한 관찰 자료도 정리하면서 몇 가지 중요한 점을 발견했다. 다윈은 자연계에서 나타나는 네 가지 현상을 기존 이론, 특히 특정 종교의 교리를 옹호하는 윌리엄 페일리 같은 사람이 주장하는 특수 창조설에 있는 문제점 또는 결점과 연관하여 살펴볼 필요가 있다고 생각했다.[9] 다윈이 말하는 네 가지 현상이란 타조의 날개와 같이 제 기능을 잃은 흔적기관이 여러 동물에게 남아 있다는 점, 어떤 종은 다 같이 한꺼번에 멸종한다는 점, 지질학적으로 다양한 생물 종이 분포한다는 점, 모든 생물이 환경 변화에 끊임없이 적응해 나간다는 점이다. 페일리의 이론도 이 네 가지 현상에 대해 나름대로 설명하고 있기는 하지만, 그 설명이 너무 복잡하고 억지로 끼워 맞춘 듯한 흔적이 역력했다. 다윈은 이 모든 것을 페일리의 이론보다 더 잘 설명해 줄 수 있는 이론이 바로 자신의 손안에 있다고 믿었다. 다윈이 주목하고 페일리도 설명하려 애쓴 흔적기관, 멸종, 지질학적 생물다양성, 적응이라는 자연계의 네 가지 현상이 자연선택설의 직접적인 증거가 될 수는 없었다. 그러나 이런 증거가 쌓이고 쌓여서 기존 이론 가운데 자연선택설이 최선의 설명임을 뒷받침하기에 부족하지는 않았다.

결국 여기서 말하고자 하는 바는 자연에서 일어나는 현상을 설명할

With Original Omissions Restored(New York: Norton, 1993), p.118.

9. Scott A. Kleiner, "Problem Solving and Discovery in the Growth of Darwin's Theories of Evolution"(*Synthese 62*, 1981), pp.119-162, 특히 pp.127-129를 참조하자. 요하네스 케플러의 태양계 설명과 상당 부분 동일한 주제를 다루고 있다. Scott A. Kleiner, "A New Look at Kepler and Abductive Argument"(*Studies in History and Philosophy of Science 14*, 1983), pp.279-313을 참조하자.

수 있는 이론이 하나일 필요는 없다는 것이다. 많은 이론 가운데서 한 이론만이 최선이라고 주장하는 데서 논란이 비롯된다. '최선'이라는 단어는 여러 가지로 정의할 수 있다. 가장 단순한 이론을 최선이라 할 수도 있고, 가장 정교한 이론을 최선이라 할 수도 있고, 가장 자연스러운 이론을 최선이라 할 수도 있다. 다윈이 존경했던 영국의 자연철학자 윌리엄 위웰 William Whewell(1794~1866년)은 진주 목걸이를 비유로 들어 눈에 보이는 것을 종합해서 이치에 닿게 설명할 수 있는 이론이 좋은 이론이라고 설명했다. "우리가 알고 있다고 생각하는 사실도 한 꺼풀 벗겨내거나 서로 연관해서 바라보아야 비로소 진실이 드러날 때가 있다. …… 진주가 여럿 있더라도 실로 꿰기 전에는 목걸이가 아닌 것처럼 말이다."[10] 여기서 '진주'는 관찰한 사실들이고, 진주를 꿰는 '실'은 자료를 '연결'해서 '통합'하는 사실을 보는 총괄적인 시각, 세계관이다. 위웰은 여러 사실을 한데 묶어 주는 거대 이론이 사실 간의 관계를 밝혀 새로운 지식 체계를 구축하고, 언뜻 서로 상관이 없어 보이거나 독립적인 것처럼 보이는 사실도 통합해서 사고할 수 있도록 도와준다고 말한다. 다윈은 진주들을 가지고 있었다. 이제 다윈에게 남은 일은 이 진주들을 꿸 가장 좋은 실을 구하는 것이었다.

위웰의 비유를 계속 이어 가자면, 다윈이 발견했고 앞으로 꿰어야 할 진주들은 크게 네 가지 범주로 묶을 수 있었다.

---

10. William Whewell, *Philosophy of the Inductive Sciences*(2 vols., London: John W. Parker, 1847, vol. 2), p.36. 자주 지적된 바와 같이 귀납(induction)에 관한 위웰의 이론은 논란의 여지가 있다. 예를 들어 Laura J. Snyder의 "The Mill-Whewell Debate: Much Ado about Induction"(*Perspectives on Science 5*, 1997), pp.159-198을 보자.

1. 많은 생명체에게 '흔적기관'이 있다. '흔적기관'이란 수컷 포유류의 젖꼭지나 뱀에게서 보이는 골반이나 뒷다리의 흔적, 날지 못하는 새의 날개처럼 뚜렷한 기능 없이 몸에 존재하는 기관이다. 모든 종을 신이 일일이 완성형으로 창조했다고 강조하는 페일리의 이론이 맞다면, 이런 흔적기관은 어떻게 설명할 수 있는가? 신이 왜 굳이 쓸모도 없는 기관을 생물 종마다 중복해서 만들었는가? 반면 다윈의 이론은 이 문제를 아주 쉽고 깔끔하게 설명한다.

2. 어떤 생물 종은 한꺼번에 다 같이 죽는다고 알려져 있다. 이런 멸종 현상은 다윈 이전에도 알려져 있었는데, 대개 성경에 나오는 노아의 대홍수 같은 갑작스러운 재난이 멸종의 원인이라고 설명하고는 했다. 이 현상에 대해서도 다윈의 이론이 더 그럴듯하게 설명한다.

3. 다윈은 비글호 탐사 결과 지구상에 생물 종이 지질학적으로 고르게 분포해 있지 않다고 확신하게 되었다. 특히 다윈은 같은 핀치새라도 갈라파고스 군도 내에 있는 섬마다 조금씩 다르게 생겼다는 것을 발견하고 깜짝 놀랐다. 신이 모든 생물을 하나하나 특별하게 지었다는 페일리의 특수 창조설로도 사는 섬에 따라 생김새가 조금씩 다른 핀치새를 아예 서로 다른 종으로 간주해 설명할 수 있겠지만, 그럴 경우 너무 억지스럽고 설득력이 떨어진다. 반면 다윈의 이론은 핀치새의 분화에 대해 훨씬 설득력 있게 설명한다.

4. 갈라파고스 섬의 핀치새처럼 모습이 다양한 생물은 원래는 같은 모습이었지만 어떤 환경에 처했느냐에 따라 생기는 특정한 필요에 순응하여 분화한 것으로 보인다. 다윈은 같은 종인데도 생김새가 다양하게 나타나는 까닭을, 저마다 사는 환경에 따라 다른 진화 압력에 반응해 선택적으로 진화해 왔기 때문이라고 생각했다.

이와 같은 사실에서 추론할 수 있는 바는 무엇일까? 이 진주들을 꿸 수 있는 가장 좋은 실은 무엇일까? 다윈이 당면한 과제는 이 모든 사실을 가능한 한 간결하면서도 설득력 있게 아우를 수 있는 이론적 틀을 찾는 것이었다. 다윈은 '귀납적 추론'이라는 교과서적인 방법을 택했다. 귀납적 추론은 오늘날의 과학적 방법론의 핵심으로,[11] 개별적인 특수한 사실로부터 일반적이고 보편적인 법칙을 유도해 내는 것이다. 하지만 다윈은 자연선택설이 자신이 관찰한 자료들로부터 추론할 수 있는 유일한 이론이 아니라는 점을 분명히 했다. 다만 다윈이 쓴 글을 보면 자연선택설이 페일리의 특수 창조설과 같은 경쟁 관계에 있는 다른 이론보다 더 논리적이라고 생각했다는 것을 알 수 있다. "특수 창조설에 가려져 있던 몇몇 사실에 마침내 진리의 빛이 비추었다."[12]라고 다윈이 쓴 문장에서 엿볼 수 있듯이 말이다.

과학적 방법론에서는 흔히 어떤 이론을 평가할 때 예측 가능성을 강조한다. 어떤 이론으로 미래를 예측할 수 없다면 그 이론은 과학적이라고 할 수 없다는 것이다. 다윈은 자신의 이론으로 미래를 예측하려고 시도한 적도 없고, 미래 예측이 가능하지도 않다고 강조했다.[13] 다윈에게 과학적 현상은 본질적으로 예측 가능한 것이 아니었다. 다윈의 이런 입장은 칼

---

11. Peter Lipton, *Inference to the Best Explanation*(2nd edn., London: Routledge, 2004)를 참조하자. 귀납추리에 관하여 가장 일반적으로 잘 설명한 글이다.

12. Charles Darwin, *On the Origin of the Species by Means of Natural Selection*(6th edn., London: John Murray, 1872), p.164.

13. 엘리자베스 앤 로이드(Elisabeth Anne Lloyd)의 연구에 대해 특별히 자세한 내용을 알고 싶다면, 그의 "The Nature of Darwin's Support for the Theory of Natural Selection"(*In Science, Politics, and Evolution*, Cambridge: Cambridge University Press, 2008), pp.1-19를 참조하자.

포퍼Karl Popper를 포함한 일부 과학철학자가 다윈주의가 과학적이지 않다고 주장하게 만드는 근거가 되기도 했다.[14]

물론 다윈의 이론이 미래를 예측할 수 없으므로 과학적이지 않다는 주장은 오늘날 더는 타당한 비판으로 용납되지 않는다. 과학철학 분야 가운데서도 특히 생물학철학Philosophy of Biology 분야의 최신 연구는 예측이 과학적 연구에 정말로 필수적인가 하는 의문을 제기했다. 19세기에는 과학적 방법론에서 귀납 추리의 역할이 무엇인지를 놓고 윌리엄 위웰William Whewell과 존 스튜어트 밀John Stuart Mill 사이에서 논쟁이 벌어졌다.[15] 위웰은 얼마나 참신한 미래 예측을 할 수 있느냐가 과학적 방법의 핵심 요소이기 때문에 중요하다고 강조했다. 반면에 밀은 아직 발견되지 않은 새로운 사실을 예측하는 것과 이미 발견된 사실을 이론적으로 수용하는 것 사이에는 단순히 심리적인 차이만 있을 뿐, 예측 가능성이 어떤 이론이 유효하냐를 판단하는 최종적인 기준은 될 수 없다고 주장했다. 이 논쟁은 최근까지도 이어져서, 생물학철학 분야의 최고 권위자인 크리스토퍼 히치콕Christopher Hitchcock과 엘리엇 소버Elliott Sober는 때때로 예측이 수용보다 우월할 때도 있지만 항상 그렇지는 않다고 말한다.[16] 예측이 수용보다

---

14. Karl R. Popper, "Natural Selection and the Emergence of Mind"(*Dialectica 32*, 1978), pp.339-355.

15. 스나이더, 앞의 논문. 스나이더는 위웰이 귀납법을 바라보는 견해를 사람들이 오해하고 있는 측면이 있다며, 위웰만의 독특한 접근법으로 여기고 좀 더 면밀히 들여다 볼 가치가 있다고 주장하기도 했다. 스나이더의 이 같은 주장을 보려면 다음을 참조하자. Laura J. Snyder, "Discoverers' Induction"(*Philosophy of Science 64*, 1997), pp.580-604.

16. Christopher Hitchcock and Elliott Sober, "Prediction vs. Accommodation and the Risk of Overfitting"(*British Journal for Philosophy of Science 55*, 2004), pp.1-34. 히치콕과 소버가 주장한 '예측가능성의 약점'과 비슷한 주장들이 여럿 제기되었다. 그중에 예측과 수용에 대한 면밀한 평가를 보고 싶다면, 다음을 참조하자. Marc Lange, "The Apparent

본질적으로 낮다거나 과학자들이 예측을 수용보다 항상 더 선호해 왔던 것은 아니다. 따라서 다윈이 자신의 이론으로 미래를 예측할 수 없다고 했다는 이유만으로 다윈의 이론을 과학적이지 않다고 하는 것은 어불성설이다.

『종의 기원』은 왜 자연선택설이 종의 진화를 설명하고 이해할 수 있는 최선의 체제인지를 보여 주기 위해 면밀히 시도한 것이다. 다윈은 '자연선택' 과정을 축산업자가 가축을 '인공교배'하는 과정에 비유한다. 그는 한때 비둘기를 직접 기르고 교배해 본 경험이 있어서 가축의 인공교배에 대해 잘 알고 있었다.[17] 비둘기 한 마리에서 시작해 인공교배를 통해 깃털과 부리가 다양한 비둘기를 만들어 낼 수 있듯이, 자연 상태에서도 한 조상에서 시작해 아주 오랜 기간에 걸쳐 진화를 통해 다양한 종이 나타나게 되었다고 추정한 것이다. 따라서 『종의 기원』 1장은 '가축 사육과 식물 재배에서 나타나는 변이'에 관해 이야기한다. 다윈은 선택적 교배 과정에서 농부가 어떻게 원하는 형질을 가진 가축 혹은 식물을 만들어 내는지에 주목한다. 인공교배를 거듭하면 대를 거쳐 다양한 변이가 일어나는데, 이 과정에서 특별히 원하는 형질이 돌연변이로 발생하면 사육자는 이 특정 형질을 보유한 종을 발전시킨다. 『종의 기원』 2장에서는 '생존경쟁'과 '자연선택'의 핵심 개념을 소개하면서 화석 기록과 현재 자연계에서 일어나는 현상을 설명한다.

Superiority of Prediction to Accommodation as a Side Effect"(*British Journal for Philosophy of Science 52*, 2001), pp.575-588, David Harker, "Accommodation and Prediction: The Caes of the Persistent Head"(*British Journal for Philosophy of Science 57*, 2006), pp.309-321.

17. 여기에 대해서는 James A. Secord의 "Nature's Fancy: Charles Darwin and the Breeding of Pigeons"(*Isis 72*, 1981), pp.163-186을 참조하자.

다윈은 사육장에서 일어나는 이 선택적 교배 또는 인공교배가 자연상태에서 일어나는 자연선택의 축소판이라고 생각했다. 즉 '가축 사육과 식물 재배에서 나타나는 변이'는 '자연상태에서 나타나는 변이'에 비유할 수 있고, 자연계 질서 속에서 일어나는 '자연선택' 과정은 영국 축산업자와 원예업자에게는 아주 친숙한 '인공교배' 과정에 비유할 수 있다는 것이다. "결과를 완전히 예측할 수는 없지만 인간도 체계적인 인공교배 과정을 통해 원하는 형질을 지닌 다양한 품종을 만들어 낼 수 있는데, 하물며 자연이라고 못할 이유가 없지 않은가?"[18]

다윈의 이론은 상당히 설득력이 있었다. 다윈의 이론을 인정해 버리면 자연계에서 인간이 차지하는 위상이 흔들리지 않을까 염려하던 이들조차 자연선택설이 설득력 있는 이론이라는 사실을 인지했다. 하지만 다윈의 이론에는 중대한 문제가 하나 있었다. 만약 자연선택에 따라 변이가 일어난다면, 이 새로운 형질은 어떻게 기억되고 다음 세대로 전해지는 것일까? 어떤 원리로 선대에 나타난 돌연변이 형질이 다음 세대로 유전되는 것일까? 다윈과 같은 시대에 살았던 사람들은 부계 유전자와 모계 유전자가 액체처럼 서로 섞여서 자녀에게 유전된다고 믿었다. 그러나 이 믿음이 사실이라면, 부모 중 어느 한쪽에 발생한 돌연변이가 종 전체로 퍼지는 것이 어떻게 가능한가? 부모 한쪽에서 자녀에게 전해진 변이 유전자는 대를 거듭해 섞이는 과정에서, 마치 물이 가득한 커다란 양동이에 떨어뜨린 한 방울의 잉크처럼 있으나 마나 한 정도로 희석되어 버리지 않을까? 까맣고 끈적끈적한 액체가 가득 찬 통에 찻숟가락으로 떨어뜨린 하얀 페인트처럼, 후대에 오면 우리 눈에 보이지 않을 정도로 희석되

---

18. Charles R. Darwin, *Origin of the Species*(1st edn., 1859), p.83.

어 사라져 버리지 않을까? 생물이 한 조상에서 진화했다는 다윈의 가설은 부모의 돌연변이 형질이 어떻게 유전되는지를 설명하는 부분에서 난관에 봉착한 것처럼 보였다.

다윈은 『종의 기원』을 무려 여섯 번이나 개정해 출판하며 끊임없이 본문을 다듬고 기존 자료를 수정하고 새로운 자료를 추가했다. 무엇보다 다윈은 놀라우리만치 열린 태도로 자신의 이론에 대한 비판에 성심성의껏 대응했다. 그 결과 1872년에 『종의 기원』을 여섯 번째로 개정했을 때 다윈은 초판의 총 4,000문장의 사분의 삼을 고쳐 썼다. 재미있는 사실은 고쳐 쓴 부분의 60퍼센트가 다섯 번째와 여섯 번째 개정판에 집중되어 있다는 점이다. 다윈은 부족한 점을 '개선했다'고 소개했지만, 지금에 와서 보면 고치지 않았더라면 하는 아쉬움을 남기는 부분이 있다. 이를테면 다윈의 이론을 옹호했던 영국의 철학자 허버트 스펜서Herbert Spencer(1820~1903년)가 처음으로 사용한 '적자생존'[19]이라는 용어를 다윈이 개정판에서 차용하는 바람에 많은 사람이 다윈의 애초 주장을 오해하게 되었다. 적자생존이라는 용어는 문자 그대로 가장 적응을 잘한 개체만이 살아남는다는 뜻인 데 반해, 다윈이 주장한 진화론의 핵심은 가장 적응을 못한 개체가 소멸한다는 것이었기 때문이다.

잇따른 『종의 기원』 개정판은 다윈의 새 이론이 여러 측면에서 공격받고 있는 현실을 반영한 것이었다. 전통 기독교 교리를 믿는 사람 중 일부는 다윈의 이론이 그들의 신앙을 정면으로 위협한다고 생각했다. 그러

---

19. 스펜서는 적자생존이라는 용어를 *Principles of Biology*(1864)에서 사용했고, 다윈은 이를 『종의 기원』 5판 개정판에서 다음과 같이 차용했다. "나는 이런 유리한 변이들의 보존과 해로운 변이들의 소멸을 자연선택(Natural Selection) 또는 적자생존(the Survival of the Fittest)이라고 부른다." Charles Darwin, *Origin of Species*(5th edn., London: John Murray, 1869), pp.91-92을 참조하자.

나 기독교인 가운데서는 다윈의 진화론이 전통 기독교 교리를 새롭게 이해하고 해석할 수 있는 길을 보여준다고 생각하는 사람도 많았다.

다윈의 진화론은 비단 종교계에서뿐만 아니라 과학계에서도 논란의 대상이었다. 다윈과 같은 시대를 살았던 많은 과학자가 자연선택설의 과학적 토대에 우려를 표했다. 『종의 기원』의 개정판이 계속해서 출간되었지만, 다윈의 이론은 증거가 되는 근거들에 관해 당대 과학자들로부터 비판을 받았다. 그러나 과학은 항상 그렇듯이 비판을 자양분으로 삼아 진보해 왔다. 다윈주의식으로 말하자면, 비판은 한 이론이 살아남을 수 있는 능력이 있는지 없는지를 알아낼 수 있는 수단이다. 과학적 이론이 받아들여지는 과정은 과학자 집단이 공동으로 참여하는 일이다. 새로운 이론이 세상에 나오면 과학자들이 토론과 상고를 거듭하는 가운데 추가 연구가 이루어지고, 이런 과정이 조금씩 쌓이다가 어느 순간 정설로 받아들여지게 된다. 다윈의 이론은 종교계보다 과학계로부터 보다 지속적인 반발을 샀다. 그 이유는 바로 돌연변이가 어떻게 후대에 유전되는가를 설득력 있게 설명하는 데 실패했기 때문이었다.

부모의 형질이 고르게 섞여서 자식에게 유전된다는 '융합 유전'[20]을 과학적으로 비판한 대표적인 인물로 헨리 찰스 플리밍 젠킨Henry Charles Fleeming Jenkin(1833~1885년)이 있다. 스코틀랜드 출신의 공학자로 수중 전화선 개발 사업을 하고 있던 젠킨은 다윈 또한 자기 이론에 잠재한 치명적인 결함으로 인지하고 있던 점을 꼬집어 냈다. 젠킨은 당시 사람들이 믿던 대로 융합 유전이 사실이라면 어떤 돌연변이든지 다음 세대에 가서

---

20. 여기에 대해서는 Michael G. Bulmer, "Did Jenkin's Swamping Argument Invalidate Darwin's Theory of Natural Selection?"(*British Journal for the History of Science 37*, 2004), pp.281-297을 참조하자.

는 희석되어 버릴 것이라고 지적했다. 다윈의 이론이 성립하려면 부모 세대에 새롭게 나타난 형질이 희석되지 않고 다음 세대에 그대로 유전된다는 사실을 반드시 입증해야만 했다. 그러나 다윈은 자연선택설에 신빙성을 더할 수 있는 유전학 지식이 부족했다. 젠킨의 융합 유전론 비판과 관련해 다윈은 『종의 기원』 5판에서 반론했지만, 그 내용이 여전히 빈약하고 불충분하다는 평가를 받았다. 그러나 유전학이 발달하지 않은 당시로서는 그것이 다윈이 할 수 있는 최선의 대응이었다.

다윈이 고민하던 문제에 대한 해답은 오스트리아 수도사 그레고르 멘델Gregor Mendel(1822~1884년)이 쓴 글 속에 있었다. 멘델의 입자 유전론과 다윈의 자연선택설이 서로 만난 것은 좀 더 나중이지만, 멘델 덕에 다윈이 가장 골치를 썩은 문제가 풀리기까지는 그리 오랜 시간이 걸리지 않았다.

다윈 스스로도 유전 방식을 포괄적으로 설명할 수 있는 이론이 필요함을 절감하고 있었다. 그래서 다윈은 '제뮬gemmules'이라고 하는 생물체의 모든 유전 형질을 결정하는 작은 입자가 온 몸에 흩어져 있다가 환경에 반응해 변화하고 생식을 통해 다음 세대로 전달된다는 가설을 세웠는데, 이는 '범생설pangenesis'이라고 하는 오래된 발상에 기반한 것이었다.[21] 제뮬이 실제로 관찰된 적은 한 번도 없었다. 그러나 다윈은 자연선택설의 근거가 되는 관찰 사실을 이해하려면 제뮬의 존재를 받아들여야 한다고 주장했다. 다윈의 설명에 따르면 유기체를 이루는 모든 세포 혹은 세포의 부분 부분은 특정 제뮬을 생성하고, 이 제뮬이 자녀에게 유전될 때는 부모 몸에서 제뮬이 생성된 곳과 같은 부분의 세포를 구성하게 된다.

---

21. 다윈이 제뮬 이론을 처음으로 주장한 저작이다. *The Variation of Animals and Plants under Domestication*(2 vols., London: John Murray, 1868).

제뮬은 몸 속에서 순환하며 돌아다니다가 생식기로 들어가는데, 모든 정자와 난자는 이 가상의 존재인 제뮬을 포함하고 있다가 후대에 물려주게 된다는 것이다. 독창적이고 기발한 해법이었지만 아쉽게도 정답은 아니었다.[22] 다윈은 범생설에서 "눈에 보이도록 발현되는 형질을 가진 제뮬은 혼합되고 눈에 보이지 않고 잠복해 있는 형질을 가진 제뮬은 혼합되지 않는다."[23]라고 설명함으로써 제뮬의 부분적인 혼합만을 주장했다. 결국 다윈의 이론은 유전 방식에 관하여 타당한 설명을 제시하지 못한 채 더 나아가지 못했다.

비록 다윈은 설명이 필요한 부분(대표적으로 유전 정보가 전달되는 방법에 대한 의문)에 대해서 자신이 충분한 해답을 제시하고 있지 못하다는 것을 알았지만, 종의 기원을 설명하는 이론 중에 자연선택설이 최선이라는 믿음은 흔들리지 않았다. 다윈이 『종의 기원』 6판에 덧붙인 말에는 이러한 자신감이 잘 드러나 있다.[24]

자연선택설이 틀렸다고 하기에는 앞서 기술한 굵직굵직한 사실들을 너무나도 타당하게 설명한다. 최근에 자연선택설의 논리 전개 방식이 비논리적이라는 비판을 받고 있지만, 이 논증 방식은 사람들이 인생에서 어떤 일을 판단할 때 흔히 사용하고 또 많은 위대한 자연철학자

---

22. Conway Zirkle, *The Early History of the Idea of the Inheritance of Acquired Characters and of Pangenesis*(Philadelphia, PA: American Philosophical Society, 1946).

23. Michael G. Bulmer, *Francis Galton: Pioneer of Heredity and Biometry*(Baltimore, MD: Johns Hopkins University Press, 2003)에서 이 점을 강조한다.

24. Charles Darwin, *Origin of Species*(6th edn., London: John Murray, 1872), p.444. 이전 판에서는 언급되지 않은 말이다.

들이 오늘날까지 사용하는 방식이다.

자연선택설을 뒷받침하는 엄격한 증거는 부족했지만, 다윈은 자연과학 분야에서 새로운 이론이 수용할 만하고 타당한지를 판단할 때 통용되는 기준에 비추어 볼 때, 자연선택설이 충분히 옹호할 만한 학설이라고 생각했다. 다윈은 자연선택설이 사람들을 진리로 이끄는 설득력 있고 신뢰할 만한 이론이라고 확신했다.

그레고르 멘델의 유전 법칙

다윈은 몰랐지만, 다윈과 같은 시대에 중부 유럽에 위치한 한 조용한 수도원 정원에서는 누군가가 다윈을 그토록 곤경에 빠뜨렸던 문제를 연구하고 있었다. 바로 이십 대에 오스트리아 브륀Brünn(현 체코공화국의 브르노 Brno)에 있는 성 토마스의 아우구스티누스 수도회에 들어간 그레고르 멘델이었다. 멘델은 비록 교육 수준은 낮았지만 배움을 향한 열정은 누구보다 높았다. 그 열정에 탄복한 수도회의 상급자들이 멘델에게 빈 대학교 Universität Wien, University of Vienna에서 공부할 수 있는 기회를 주었다. 1851년부터 1853년까지 빈 대학교에서 물리학, 화학, 동물학, 식물학을 전공한 멘델은 공부를 마치고 수도원으로 돌아와 근처 고등학교에서 아이들을 가르치며, 수도원 뜰에서는 완두콩 잡종 교배 실험을 했다. 빈 대학교에서 멘델을 가르쳤던 교수와 수도원 원장은 멘델이 식물 잡종 교배 실험을 계속할 수 있도록 격려해 주었다. 멘델은 실험을 통해 특정 형질이 어떻게 부모 세대에서 자녀 세대로 유전되는지를 밝히고자 했다. 이 실험은 1868년에 멘델이 수도원장으로 임명되어 새로운 행정 책임을 맡게 되면서 끝이 났다.

멘델은 1856년부터 1863년까지 8년 동안 28,000그루의 완두를 재배하며 어떻게 부모 세대의 완두에서 나타나는 형질이 자녀 세대에 유전되는지를 관찰했다. 멘델은 관찰이 쉬운 일곱 가지 형질을 선택해서 관찰하고 기록했는데, 이 중에 가장 유명한 두 가지의 관찰 형질은 보라색 또는 흰색으로 나타나는 완두꽃 색깔과 노란색 또는 초록색으로 나타나는 완두콩 색깔이었다. 멘델은 이 일곱 가지 유전 형질이 나타나는 유형을 관찰하면서 반복해서 나타나는 중요한 특징을 몇 가지 발견했다. 수많은 완두콩을 일일이 관찰하고 꼼꼼히 기록한 덕분에 관찰 자료에 대한 자세한 통계 분석이 가능했고, 그 결과 규칙적이고 수학적으로 되풀이하여 나타나는 유전 법칙을 발견할 수 있었던 것이다. 멘델은 노란색 콩만 열리는 완두와 초록색 콩만 열리는 완두를 타가수분cross-pollinating[암술이 한 나무의 다른 꽃이나 다른 나무의 꽃에서 꽃가루를 받아 열매나 씨를 맺게 하는 방법—역주]하면 첫 번째 자녀 세대에서는 항상 노란색 완두콩만 열린다는 사실을 알아냈다. 그런데 그 다음 세대부터는 한결같이 노란색 완두콩과 초록색 완두콩이 삼 대 일의 비율로 나타났다. 이렇게 대립되는 형질을 가진 개체를 교배했을 때 첫 번째 자녀 세대에서 나타나는 형질을 우성이라고 하고, 첫 번째 자녀 세대에서 나타나지 않는 형질을 열성이라고 한다. 즉 완두 재배에서는 노란색 완두콩이 우성 형질이고, 초록색 완두콩이 열성 형질이다.

멘델은 완두 잡종 교배 연구를 통해 유전을 좌우하는 것으로 보이는 중요한 법칙 세 가지를 도출할 수 있었다.

1. 꽃 색깔이나 열매 색깔 같은 형질을 결정하는 어떤 유전 인자가 있다.
2. 각 형질을 결정하는 유전 인자를 부모에게서 하나씩 물려받는다.

3. 물려받은 유전 형질이 현재 개체에서 발현되지 않더라도 후대에 유전될 수 있다.

이 세 가지 법칙을 근간으로 하여 멘델은 '입자유전particulate inheritance' 이론을 제안했다. 입자유전 이론이란 독립적인 유전인자가 고스란히 후대로 유전되어 각 형질을 결정한다는 이론이다. 이 이론으로 주위 환경에 더 잘 적응하기 위해 나타난 돌연변이(유도적 돌연변이)가 대를 거듭해도 '희석되어 없어져 버리지' 않고 천천히 종 전체로 퍼져 나가는 현상을 설명할 수 있게 되었다. 현대 유전학의 몇몇 이론도 유도적 돌연변이를 입자유전론과 같은 방식으로 설명한다. 뿐만 아니라 입자 유전론은 생물 진화론을 강력히 시사했다. 따라서 작은 돌연변이가 오랫동안 쌓여 생물이 오늘날과 같은 모습이 되었다고 주장하는 다윈의 자연선택설은 일순간에 신빙성 높은 이론으로 자리매김하게 되었다.

멘델은 1865년 초에 「식물 잡종에 관한 실험Verhandlungen des naturforschenden Vereins in Brünn」이라는 논문을 브륀 자연사학회the Natural History Society of Brünn에 제출했다. 멘델의 발견에 크게 열광하는 분위기는 아니었고, 논문은 이듬해 학회지에 실렸다.[25] 그러나 멘델의 논문을 읽은 사람이 거의 없었으므로 멘델의 연구는 오랫동안 주목을 받지 못했다. 영국 왕립 학회와 런던 린네학회the Linnean Society를 비롯해 120여 군데 기관에 논문을 보냈지만 반응이 없기는 마찬가지였다. 멘델 역시 1868년에 수도원장으로 선출되어 밀려드는 행정 업무를 감당하느라 자신의 연구를

---

25. Gregor Johann Mendel, "Versuche über Pflanzen-Hybriden"(*Verhandlungen des naturforschenden Veriens in Brünn 4*, 1866), pp.3-47.

더 발전시키거나 추가 실험을 진행할 생각조차 할 수 없었다. 1900년대에 들어서야 독일의 칼 코렌스Carl Correns(1864~1933년), 네덜란드의 휴고 드 브리스Hugo de Vries(1848~1935년), 오스트리아의 에리히 폰 체르마크 세이세니크Erich von Tschermak-Seysenegg(1871~1962년) 등이 멘델의 연구를 재조명하면서 비로소 멘델의 유전 법칙은 그 중요성을 인정받게 된다.[26]

멘델 실험의 진실성을 놓고 의문을 제기하는 사람도 생겨났다. 1930년에 영국의 수리생물학자 로널드 A. 피셔Ronald A. Fisher(1890~1962년)는 다윈주의자들의 이론 가운데 기념비가 될 만한 논문을 출간했다. 이 논문에서 피셔는 멘델의 경험에 의거한 결과는 아마추어 과학자도 예측할 수 있는 수준이며, 멘델의 '인자 유전'factorial inheritance 개념은 매우 단순한 몇 가지 가정에 의존하고 있다고 비판했다.[27] 또한 수학적으로 따져 볼 때 멘델이 관찰한 결과가 진실이라고 보기에는 너무나 완벽한 통계 수치를 보인다며, 자료를 조작했을 가능성이 있음을 시사했다. 현대 유전학에서 분리의 법칙이라고 이름 붙인 것, 곧 잡종 둘째 세대에서 우성 형질과 열성 형질이 나타나는 비율이 삼 대 일이라는 멘델의 발견은 분산 통계 원칙이 허용하는 수준보다 훨씬 높아서, 통계상으로 불가능에 가까운 비율이라는 것이었다. 피셔의 견해를 공유하면서 멘델을 비판하는 주장은 1900년대 후반까지도 이어졌다. 1991년에 발표된 한 논문은 멘델의 '실험은 신뢰할 수 없을 뿐더러 과학적으로도 맞지 않다'며 '멘델이 논문에

---

26. 예를 들어 Carl Correns, "G. Mendels Regel über das Verhalten der Nachkommenschaft der R assenbastarde"(*Berichte der deutschen botanischen Gesellschaft 18*, 1900), pp.158-168을 참조하자.

27. Ronald A. Fisher, *The Genetical Theory of Natural Selection*(Oxford: Clarendon Press, 1930).

기술한 실험 대부분을 허구로 봐도 무방하다'고 주장했다.[28] 그러나 이러한 비판은 오늘날 그 타당성을 인정받지 못한다. 왜냐하면 멘델이 발견한 유전 법칙을 반증할 수 있는 실제 사례가 아직까지 발견되지 않았기 때문이다.[29] 그에 반해 멘델은 잡종 교배 실험 과정과 결과를 낱낱이 기록했고, 심지어 자신이 발견한 원칙과 어긋나는 사례도 빠뜨리지 않고 기록했기 때문에 과학사에서 여전히 그 중요성을 인정받고 있다.[30]

멘델은 다윈이 쓴 『종의 기원』의 독일어판을 가지고 있었다. 그리고 자신의 실험이 다윈이 고심하고 있던 문제를 해결하는 열쇠가 될 수 있다는 사실도 분명히 알고 있었다.[31] 멘델이 『종의 기원』을 읽다가 여백에 두 줄을 그어 표시해 놓은 부분이 있는데, 『종의 기원』 영어 원판에서 해당 부분을 찾아 옮기면 다음과 같다. "잡종 둘째 세대부터 나타나는 급격한 변이와 비교해 볼 때, 잡종 첫째 세대에서 나타나는 변이는 그 변이의 정도가 아주 작다는 사실이 내 호기심을 자극한다."[32] 가장 널리 알려진 멘

---

28. Frederico di Trocchio, "Mendel's Experiments: A Reinterpretation"(*Journal of the History of Biology 24*, 1991), pp.485-519. 이에 대한 응답을 보려면, Franz Weiling, "J. G. Mendel hat in der Darstellung seiner Erbsenversuche nicht gelogen"(*Biologie in unserer Zeit 4*, 1995), pp.49-53을 참조하자.

29. 영어로 쓰인 가장 잘 된 리뷰로는 Daniel J. Fairbansk and Bryce Rytting, "Mendelian Controversies: A Botanical and Historian Review"(*American Journal of Botany 88*, 2001), pp.737-752가 있다.

30. Allan Franklin, *Ending the Mendel-Fisher Controversy*(Pittsburgh, PA: University of Pittsburgh Press, 2008), pp.6-7.

31. 더 구체적으로 말하자면, 독일어판 『종의 기원』 2판 개정판(1863)은 영어판 3판 개정판을 토대로 한 것으로, 멘델이 소지했던 책에는 두 구절에만 겹줄로 표시가 되어 있다.

32. Charles Darwin, *On the Origin of Species by Natural Selection*(3rd edn., London: John Murray, 1861), p.296.

델 전기의 작가가 "멘델은 그의 이론으로 이러한 기이한 사실을 설명할 수 있으리라 생각하고 희열을 느꼈던 것이 틀림없다."[33]라고 기록했듯이, 다윈이 가졌던 호기심은 금방 풀리게 된다. 멘델은 자신의 이론이 다윈에게 대단히 중요한 가치가 있다는 사실을 알았던 것으로 보인다. 그러나 다윈은 멘델과 너무 멀리 떨어져 있었기에, 멘델의 생각들과 그것이 자신의 이론에 미칠 큰 영향력을 알지 못했다.

도킨스는 만약 다윈이 멘델의 실험 결과를 접했더라면 많은 것이 달라졌을 것이라고[34] 지적했다. 도킨스는 "멘델이 아마도 자신의 발견이 얼마나 중요한지 깨닫지 못했던 것 같다. 깨달았더라면 다윈에게 편지를 써서라도 자신의 실험 결과를 알려 주었을 것이다."라고 했다.[35] 그러나 멘델이 『종의 기원』을 읽고 책에 이례적으로 강조 표시를 해 놓은 부분만 봐도 알 수 있듯이, 나는 그가 중요한 발견을 했다는 사실을 몰랐다고 생각하지 않는다. 아마도 멘델은 자신의 이론을 학계에 알릴 만큼 충분히 알렸다고 생각했던 듯하다. 무엇보다도, 멘델은 수도사였으므로 유명해지기 위해 연구 성과를 알리는 데 시간과 노력을 쏟는 것 자체가 탐탁하지 않았을 것이다. 어쨌든 멘델의 논문은 1881년 무렵에는 영국 영어권의 몇몇 중요한 자료들에 수록되었다.

멘델은 완두를 교잡하는 실험을 통해 유전을 결정하는 어떤 '단위' 혹은 '인자'가 있음을 보여 주었다. 그런데 이 유전 단위는 정확히 무엇이고 어디에 존재하는 것일까? 멘델이 말한 어떤 유전 인자는 결국 '유전자

---

33. Vítezslave Orel, *Gregor Mendel: The First Geneticist*(Oxford: Oxford University Press, 1996), p.193.

34. *A Devil's Chaplain*, pp.67-69.

35. *The Selfish Gene*, p.34.

gene'였음이 곧 밝혀졌다. 유전자의 발견은 그 자체로도 중대한 사건이었고, 도킨스가 다윈주의 세계관을 확립하고 전파하는 데도 근간이 되는 중요한 사건이었다.

유전자의 발견: 토마스 헌트 모건

멘델이 발견한 유전 법칙이 영어권에서 인정받게 된 데는 케임브리지 대학교 유전학자인 윌리엄 베이트슨William Bateson(1861~1926년)이 기여한 바가 컸다. 베이트슨은 '유전학genetics'이라는 단어를 만드는 등 유전학의 기초를 닦기 위해 많은 노력을 기울인 인물이다. 그러나 베이트슨은 멘델이 시사하고 다윈이 입증하고자 한 작은 변이가 축적되어 진화가 일어난다는 주장에는 강력히 반대했다. 멘델과 다윈의 이론을 종합하는 것을 너무 심하게 반대했기 때문에, 베이트슨과 그 일당이 다윈의 자연선택설과 멘델의 유전 법칙이 주장하는 내용에 의심을 품고 두 이론이 합쳐지는 것을 방해했다는 주장까지 나올 정도였다.[36]

1905년에 베이트슨은 특정 유전 형질이 어떤 형태로든 서로 연결되어 있다는 사실을 입증했다. 당시에는 연관coupling[상동염색체에 있는 유전자들이 염색체 단위로 함께 행동하며 유전하는 것을 뜻하는 생물학 용어—역주] 유형(훗날 '완전' 연관과 '불완전' 연관으로 이해된다)까지 분명하지는 않았다. 베이트슨은 '결합coupling'이나 '반발repulsion' 같은 모호한 물리학적 비유를 사용

---

36. 자세한 분석 내용을 보고 싶으면, 다음을 참조하자. Peter J. Bowler, *The Eclipse of Darwinism: Anti-Darwinian Evolution Theories in the Decades around 1900* (Baltimore, MD: Johns Hopkins University Press, 1983), Jean Gayon, *Darwinism's Struggle for Survival: Heredity and the Hypothesis of Natural Selection*(Cambridge: Cambridge University Press, 1998).

해서 유전 형질이 서로 어떻게 연관하는지를 설명해 보려 했으나 실패했다.[37] 베이트슨이 쓴 글을 보면, 자기력이나 전기력 같은 어떤 힘이 작용해서 중요한 유전 인자를 끌어당기거나 밀쳐낸다고 생각했음을 알 수 있다. 베이트슨이 명확하게 밝히지 못한 문제의 해답은 미국의 유전학자 토마스 헌트 모건Thomas Hunt Morgan(1866~1945년)이 1926년에 발표한 위대한 논문 속에 있었다.[38] 모건으로 하여금 유전학의 새 지평을 열게 해 준 해답은 다름 아닌 유전자Gene였다.

멘델의 생각들에서 자극을 받은 모건은 초파리 *드로소필라 멜라노가스터Drosophila melanogaster*[노란 초파리—역주]의 생식 주기가 짧다는 점을 영리하게 활용해 유전 형질이 어떻게 전달되는지를 연구했다. 멘델처럼 모건도 관찰이 쉽고 대립하는 쌍으로 나타나는 유전 형질을 선택해 집중적으로 살펴보았는데, 흰색 또는 붉은색으로 나타나는 초파리의 눈 색깔 연구가 대표적이다. 모건은 흰 눈 초파리와 붉은 눈 초파리를 교배해서 나온 다음 세대 초파리의 눈 색깔에서 일정한 규칙성을 발견한 뒤 멘델 이론의 일부를 수정했다. 멘델이 주장했던 것처럼 모든 유전 형질이 독립적으로 유전되지는 않는다는 사실을 밝혀낸 것이다. 대신 모건은 어떤 유전 형질은 서로 연관되어 있어서 독립적으로 유전되기보다 함께 유전된다고 주장했다.

모건은 오늘날 '유전자'라고 알려진 유전 형질을 전달하는 '단위' 혹

---

37. 최근 학술 자료들은 베이트슨의 생각이 당시에 인지했던 것보다 더 그럴듯하다고 밝히고 있다. Patrick Bateson, "William Bateson: A Biologist ahead of his Time"(*Journal of Genetics 81*, no. 2, 2002), pp.49-58.

38. 지금까지 가장 잘 연구한 자료는 Garland E. Allen, *Thomas Hunt Morgan: The Man and His Science*(Princeton, NJ: Princeton University Press, 1978)이다.

은 '인자'와 관련해 중요한 결론을 내렸다. 당시에는 세포가 분열할 때 조그마한 막대 모양을 한 실타래 같은 구조물이 꼭 함께 나타난다고 알려져 있었는데, 이 구조물이 바로 오늘날 '염색체'라고 부르는 것이다. 일부에서는 이 염색체가 유전 정보를 전달하는 역할을 하지 않을까 추정했는데, 모건은 바로 그 추정이 진실임을 수많은 증거를 들어 입증해 냈다. 모건은 유전 정보를 전달하는 '유전자'가 바로 이 염색체 위에 위치해 있음을 밝혀 냈다. 훗날 고해상도 현미경이 발달하면서 실제로 유전자가 염색체 위에 존재하는 물리적 실체임을 눈으로도 확인할 수 있었다.

모건이 실험 대상으로 삼은 초파리는 유별나게 큰 염색체를 네 개 가진 덕분에 현미경으로 관찰하기가 용이했다. 모건은 함께 유전되는 것으로 추정되는 형질도 네 집단이며, 드로소필라에게서 관찰되는 염색체도 네 쌍으로 그 숫자가 서로 일치한다는 사실을 발견했다. 모건은 네 개의 연관 집단 가운데 한 집단은 나머지 세 집단보다 보유 형질의 수가 적다는 사실도 알아냈다. 이는 드로소필라에게 있는 염색체 중 하나가 나머지 셋보다 크기가 작다는 사실과 관련이 있는 것처럼 보였다. 세포핵 안에서 염색체가 유전 정보를 전달하는 데 어떤 역할을 하는지에 대해서는 연구가 더 필요했지만, 논리 정연한 그림이 막 그려지기 시작한 것만은 분명했다.

모건은 1910년과 1911년에 학술지 사이언스Science[미국과학진흥협회가 발행하는 과학 전문 주간지—역주]에 게재한 두 편의 논문에서 그가 발견한 것들을 개괄하고 그 의미를 평가했다. 모건은 염색체 유전 이론에서 각 염색체가 유전자라고 부르는 작은 단위 모음을 포함하며, 서로 다른 유전자는 각 유전자가 보유한 특정 염색체를 따라 특정 장소에 위치한다고 가정했다. 이 유전자라는 용어는 모건과 1909년에 컬럼비아 대학교Columbia

University에서 동료로 함께 일했던 덴마크의 생리학자인 빌헬름 요한센 Wilhelm Johannsen이 먼저 사용했던 용어를 빌려온 것으로, 멘델이 말했던 독립 유전 인자와는 다른 존재라고 할 수 있다. 이로써 진화 과정을 기본 적으로 설명해 주는 멘델의 유전학과 진화의 결과를 결정짓는 원리를 설 명하는 다윈의 자연선택설을 종합하는 것이 비로소 가능해졌다. 멘델과 다윈을 종합한 이론은 '신다윈주의neo-Darwinism'라는 이름으로 알려지기 시작했다.[39]

17세기에 일어난 초기 과학 혁명이 이룬 위대한 업적 가운데 하나가 바로 '자연의 수학화mathematization of nature'이다. 자연에 내재한 심층 구조 를 수학적으로 표현할 수 있다는 인식이 증가하면서 과학적 사고[40]를 촉 발했을 뿐만 아니라, 왜 수학이 현실을 재현하는 데 '비합리적일 만큼 효 율적'인지를 더 깊게 생각하게 하는 계기가 되었다.[41] 다윈 이론의 기초를 수학적으로 표현할 수 있는지의 여부를 궁금해 하기 시작한 사람이 늘어 난 것도 놀랄 일이 아니었다. 만약 다윈이 정말로 '풀잎[생물학을 상징한다—역 주]의 뉴턴'[42] 같은 인물이라면, 뉴턴이 수학으로 중력의 법칙을 효과적으 로 설명해 낸 것처럼 생물계를 지배하는 진화의 법칙 또한 수학적으로 밝

---

39. 모건이 더 발전시킨 이론을 보고 싶다면, Thomas H. Morgan, *The Theory of the Gene*(New Haven, CT: Yale University Press, 1938)을 참조하자.

40. Joella G. Yoder, *Unrolling Time: Christiaan Huygens and the Mathematization of Nature*(Cambridge: Cambridge University Press, 1988).

41. 유진 위그너의 고전적 연구를 보고 싶다면, Eugene Wigner, "The Unreasonable Effectiveness of Mathematics"(*Communications on Pure and Applied Mathematics 13*, 1960), pp.1-14를 참조하자.

42. John F. Cornell, "Newton of the Grassblade? Darwin and the Problem of Organic Teleology"(*Isis 77*, 1986), pp.405-421.

혀낼 수 있지 않겠는가?

　1920년대에 처음으로 자연선택설을 수학적으로 이론화하려는 의미
있는 시도가 몇 차례 있었는데, 그중에 로널드 피셔Ronald A. Fisher가 창시
한 집단 유전학이 가장 많은 주목을 받았다. 피셔는 앞서 멘델 연구의 통
계적 진실성에 의문을 제기했던 수리생물학자라고 소개한 바 있다. 피셔
의 대표작인 『자연선택의 유전학적 이론Genetical Theory of Natural Selection』
(1930년)은 '이를테면 멘델의 유전법칙을 수학화한 『종의 기원』의 부
록'[43] 같은 책이라고 봐도 무방하다. 피셔와 함께 집단 유전학을 창시하
는 데 공헌한 인물로는 J. B. S. 홀데인J. B. S. Haldane(1892~1964년)과 시
월 라이트Sewall Wright(1899~1988년)를 꼽을 수 있다.[44] 피셔와 홀데인
과 라이트는 변이가 발생하고 발생한 변이가 자연선택을 통해 종 집단
으로 퍼지는 방식을 설명하는 진화의 정교한 수학적 모델을 개발했다.
1932년 무렵에는 멘델의 유전 법칙과 다윈의 진화론을 종합한 '진화 종
합 이론'evolutionary synthesis이 학설로서 자리 잡기 시작했다. 진화 종합
이론이 학계에서 차지하는 위상은 테오도시우스 도브잔스키Theodosius
Dobzhansky(1900~1975년)가 1937년에 『유전학과 종의 기원Genetics and the
Origin of Species』이라는 책을 출판하면서 한층 공고해졌다. 『유전학과 종의
기원』은 도브잔스키의 대표작으로서 종이 어떻게 출현하게 되었는지를
설명한다.

---

43. A. W. F. Edwards, "The Genetical Theory of Natural Selection"(*Genetics 154*, 2000),
　　pp.1419-1426.

44. 이와 관련한 가장 훌륭한 연구로는 Alan Grafen, "Fisher the Evolutionary Biologist"
　　(*The Statistician 52*, 2003), pp.319-329와 A. W. F. Edwards, "Mathematizing Darwin"
　　(*Behavioral Ecology and Sociobiology 65*, no. 3, 2011), pp.421-430이 있다. 그래펀은 피
　　셔를 일컬어 '다윈의 수학자'라고 했다.

그러나 유전의 분자적 기초에 관한 보다 구체적인 연구가 필요했다. 그 결정적인 발걸음을 내딛게 한 연구는 제이차세계대전 당시 미국에서 이루어졌다.

유전학에서 DNA의 역할

모건이 유전에서 염색체가 담당하는 중요한 역할을 규명해 내면서 염색체를 구성하는 화학적 원소가 무엇인지에 대한 관심이 생겨났다. 이 실타래 같이 생긴 섬유질은 도대체 어떤 물질로 이루어져 있을까? 스위스의 생화학자인 프리드리히 미셔Friedrich Miescher(1844~1895년)는 1868년에 세포핵의 화학적 구성 성분을 알아냈다. 미셔는 세포핵이 기본적으로 하나의 핵산(지금은 머리글자인 DNA로 일반적으로 알려진 디옥시리보핵산Deoxyribose nucleic acid)과 한 종류의 단백질(오늘날에는 히스톤histones으로 알려졌다)이라는 두 가지 요소들을 담고 있다는 것을 밝혀냈다.[45] 이 핵산들은 생물학적으로 중요한 물질로 간주되지 않았다. 왜냐하면 복잡한 유전 정보를 담고 있다고 하기에는 인산 물질의 화학적 구성이 너무 단순했기 때문이었다.

1938년에 미국의 생화학자인 피버스 레빈Phoebus Levene(1869~ 1940년)은 뉴욕 록펠러 연구소에서 DNA가 매우 기다란 중합체polymer[작은 기본 분자가 여러 개 결합하여 이루는 커다란 분자—역주]라는 것을 발견했다.[46] 그

---

45. Ralf Dahm, "Friedrich Miescher and the Discovery of DNA"(*Developmental Biology 278*, no.2, 2005), pp.274-288을 보자.

46. 레빈의 업적이 얼마나 중요한지 간결하게 기술한 Robert D. Simoni, Robert L. Hill, and Martha Vaughan, "The Structure of Nucleic Acids and Many Other Natural Product:

러나 레빈은 이 길다란 중합체를 아데닌adenine(A), 구아닌guanine(G), 티민thymine(T), 시토신cytosine(C)이라는 네 가지 기본적인 *뉴클레오티드 nucleotide*의 단위가 반복되어 단순하게 구성되는 것으로 보았다. 이런 이유로 많은 사람들이(레빈을 포함하여) DNA가 유전 정보를 전달하는 데 핵심적인 역할을 한다고는 전혀 예상하지 못했다. 대신 염색체 안에서 발견된 단백질 안에 유전의 분자적 기초에 대한 궁극적인 열쇠가 숨어 있다고 믿는 사람이 많았다.

수수께끼를 풀 수 있는 열쇠는 으레 그렇듯 엉뚱한 곳에서 나왔다. 1928년에 영국의 세균학자 프레드 그리피스Fred Griffith(1879~1941년)는 런던에서 전염성 폐렴을 연구하고 있었다. 전염성 폐렴을 일으키는 원인균인 폐렴구균을 연구하던 도중 그리피스는 자신이 '형질전환'이라고 이름 붙인 과정을 통해 살아 있는 폐렴구균이 죽은 폐렴구균에게서 유전형질을 획득할 수 있다는 놀라운 사실을 발견했다. 어떻게 이런 일이 가능했을까? 죽은 폐렴구균이 전달할 수 있었던 것은 오로지 화학물질뿐이었는데, 이 화학물질은 바로 리보핵산ribonucelic acid(RNA)과 디옥시리보 핵산(DNA)라는 두 종류의 핵산과 단백질이었다. 그렇다면 이 화학 물질이 어떻게 살아 있는 세포에 유전 변화를 일으킬 수 있었을까?

그리피스가 발견한 이 중요한 사실은 뉴욕에 있는 록펠러 연구소에서 오스왈드 에이버리Oswald Avery(1877~1955년)가 이끄는 연구팀이 그리피스의 발견을 똑같이 재현해 내고 난 다음에야 그 중요성을 인정받을 수 있었다. 에이버리와 동료들은 어떻게 유전 정보가 죽은 폐렴구균에게서

Phoebus Aaron Levene"(*Journal of Biological Chemistry 277*, no. 22, 2002), pp.23-24 를 참조하자.

살아있는 폐렴구균에게 전달되는지를 자세히 연구하기 시작했다. 몇 차례 실험을 진행한 뒤 에이버리 연구팀은 유전 정보를 전달하는 물질은 단백질이나 RNA가 아니라 DNA라는 것을 증명해 냈다.[47] 이는 유전학 역사에 한 획을 긋는 발견이었다. 비록 DNA가 유전 정보를 전달하는 물질이라는 사실을 증명한 것이 얼마나 획기적인 사건이었는지를 모두가 깨닫기까지는 시간이 조금 걸렸지만 말이다. 사람들은 만약 다른 물질이 아닌 DNA가 유전 정보를 전달하는 물질이 맞다면, DNA는 그 당시 알려진 것보다 훨씬 더 복잡한 구조로 이루어져 있음이 분명하다고 생각했다. 그러나 DNA가 어떤 구조로 되어 있는지 그리고 어떻게 유전에서 그토록 중요한 역할을 담당할 수 있는지는 아직 아무도 알지 못했다.

에이버리가 유전 정보를 전달하는 물질이 DNA라는 사실을 증명한 뒤로 유전 연구는 급물살을 탔고 획기적인 연구 성과가 많이 나왔다. 로절린드 프랭클린Rosalind Franklin(1920~1958년)은 [엑스선 결정학] 연구의 선구자이다. 그가 촬영한 DNA의 엑스선 [회절] 사진은 영국 물리학자 프랜시스 크릭Francis Crick(1916~2004년)과 미국 유전학자 제임스 왓슨James Watson(1928~현재)이 DNA의 나선 구조를 밝히는 데 결정적으로 기여했다.[48] 크릭과 왓슨이 DNA가 이중나선 구조형이라는 것을 알아낸 일은 그 자체로 대단한 물리적 발견이었지만, 동시에 DNA가 어떻게 유전 정보를 전달할 수 있는지를 이해할 수 있는 실마리를 찾은 일이기도 했다. 왓

---

47. Oswald Avery, Colin MacLeod, and Maclyn McCarty, "Studies on the Chemical Nature of the Substance Inducing Transformation of Pneumococcal Types: Induction of Transformation by a Desoxyribonucleic Acid Fraction Isolated from Pneumococcus Type III"(*Journal of Experimental Medicine 79*, 1944), pp.137-158.

48. Francis H. C. Crick and James D. Watson, "Molecular Structure of Nucleic Acids: A Structure for Deoxyribose Nucleic Acid"(*Nature 171*, 1953), pp.737-738.

슨과 크릭은 DNA의 이중나선 구조를 발견하자마자, 두 나선 사이에 정렬한 염기쌍들이 유전 정보를 복제하고 운반하는 일에서 핵심 기능을 수행한다는 사실을 깨달았다. 왓슨과 크릭은 논문에서 다음과 같이 쓰고 있다. "가정했던 대로 특정 염기서열이 유전물질을 복제하는 체제일 수 있다는 사실을 우리가 놓칠 리 없었다."[49] 이 말은 곧 DNA의 물리적 구조를 알면, DNA가 스스로를 복제하는 체제를 알 수 있다는 말과도 같았다.[50]

왓슨과 함께한 연구를 바탕으로 크릭은 '센트럴 도그마Central Dogma[유전 정보의 흐름을 나타내는 분자 생물학의 기본 원리]'라고 이름 붙인 가설을 내놓았다. 이 센트럴 도그마란 DNA가 스스로를 복제한 뒤 RNA로 복제한 정보를 전달하고 RNA가 이 정보를 받아서 복사한 뒤 다시 단백질에게 전달하는 과정을 통틀어 이르는 것이다. 길고 복잡한 DNA 분자는 전달에 필요한 '암호화된encoded' 유전 정보를 포함하고 있다. 이 유전 정보는 핵산을 구성하는 네 가지 물질인 아데닌, 구아닌, 티민, 시토신을 이용해 암호화되어 있다. 이들은 둘씩 짝을 지어 정렬해 있으며, 각 쌍을 '염기쌍base pairs'이라 부른다. DNA 나선 구조 상에서 아데닌은 항상 티민과 결합하고, 구아닌은 항상 시토신과 결합한다. DNA에서 사슬 부분은 당과 인산으로 이루어져 있어서, 이를 뼈대로 두 사슬 사이에 염기쌍들이 일정한 간격을 두고 나란히 붙어 있다. 바로 이 염기 서열이 어떤 유전 정보를 전달할지를 결정한다.[51]

---

49. 위의 책, p.738.

50. C. R. Calladine, *Understanding DNA the Molecule and How It Works*(3rd edn., San Diego, CA: Elsevier Academic, 2004)가 개론서로서 훌륭하다.

51. 더 자세히 알고 싶다면, Anthony J. F. Griffiths, *An Introduction to Genetic Analysis*(7th edn., New York: Freeman, 2000)와 같은 저자, *Modern Genetic Analysis: Integrating*

그렇다면 DNA가 유전 정보를 전달하는 원리가 진화생물학을 이해하는 데 왜 그렇게 중요한가? 가장 중요한 이유는 다윈의 자연선택설이 가설의 위치를 벗어나려면, 어떻게 변이가 발생하고 또 변이를 일으키는 유전 정보가 어떻게 대를 거듭해도 희석되어 없어지지 않고 다음 세대로 전달되는지를 반드시 입증해야 했기 때문이다. 이 변이가 살아남을 것인지 아닌지를 결정하는 원리인 자연선택은 근본적인 유전 원리가 규명되고 난 후에 다루어질 이야기인 것이다. 신다윈주의 종합 이론은 오랜 세월에 걸쳐 무작위로 일어나는 작은 유전적 변화(돌연변이)는 대부분 생존하기에 적합한 방향으로 변화한 것이라는 가정에 기초하고 있다. 살아남기에 더 적합한 돌연변이들은 당연히 생존과 번식에서 유리해지고 후손에게 자신의 유전자를 전해 줄 가능성이 높아지는 것이다. 돌연변이가 발생한 생물체와 발생하지 않은 생물체가 생존할 확률이 서로 다르다고 가정하면, 생존에 유리한 형질이 어떻게 확립되고 전달되는지를 이해하는 것은 그다지 어려운 일이 아니다.

핵심은 유전적 돌연변이가 자연에서 일어난다는 점과 자연선택 과정이 돌연변이 유전자의 생존 여부를 결정한다는 점, 그리고 유전자 복제 과정이 일단 발생한 돌연변이 유전자가 후대에 유전될 수 있게 해 준다는 점이다. 따라서 진화는 유리한 돌연변이 유전자가 우세해지고 잘 적응하지 못한 돌연변이 유전자가 소멸되는 자연선택 과정이 있고 난 뒤에야 일어나는 일인 것이다. 하지만 여전히 진화생물학이 해결해야 할 난제는 산더미였다. 이를테면 자연선택이 어느 수준에서 일어나는지와 같은 의문의 답을 찾아야 했다. 유전자 수준에서 자연선택이 일어나는가, 아니면

Genes and Genomes(2nd edn., New York: Freeman, 2002)를 참조하자.

유전자를 가지고 있는 생물 개체 수준에서 자연선택이 일어나는가? 그것도 아니면 친족 혹은 집단 수준에서 자연선택이 일어나는가? 이런 의문의 답은 책의 후반부에서 도킨스가 내놓은 대답을 들여다보면서 함께 다루려고 한다.

이름 논쟁, 다윈주의냐 혹은 진화론이냐

과학 이론에 이름을 지어 붙일 때는 대개 해당 이론을 처음으로 주창한 사람의 이름을 따서 부른다. 16세기에 니콜라우스 코페르니쿠스 Nicolaus Copernicus(1474~1543년)와 그의 추종자들은 당시 보편적인 믿음이었던 지구중심설을 뒤엎고 지구가 태양을 중심으로 돈다는 태양중심설을 주장했는데, 이 태양중심설을 코페르니쿠스의 이름을 따서 '코페르니쿠스주의Copernicanism'라고 부르는 것이 대표적인 예다.[52] 그러나 '코페르니쿠스주의'라고 하면 지구를 비롯해 태양계에 속한 행성 모두가 태양을 중심으로 돈다는 옳은 가정과 모든 천체가 일정한 속도로 완벽한 원을 그리며 태양 주위를 돈다는 틀린 가정을 모두 포함하는 학설을 일컫는다.[53] 곧이어 나타난 요하네스 케플러Johannes Kepler(1571~1630년)는 코페르니쿠스주의에서 말하는 두 가지 가정 가운데 첫 번째 가정은 맞다는 사실을 입증한 반면, 태양 주위를 도는 행성의 궤도가 정원이 아니라 타원임을

---

52. Liba Taub, *Ptolemy's Universe: The Natural Philosophical and Ethical Foundations of Ptolemy's Astronomy*(Chicago: University of Chicago Press, 1993)를 참조하자.

53. Karoly Simonyi, *A Cultural History of Physics*(London: Peters, 2012), pp.181-185를 참조하자.

알아냄으로써 두 번째 가정은 틀렸다는 사실 또한 입증했다.[54] 따라서 '코페르니쿠스주의'에서 상정하는 태양계는 오늘날 우리가 알고 있는 태양계와 같은 면도 있고 다른 면도 있다. 그리고 이 다른 면은 시간이 흐르면서 틀린 것으로 밝혀졌다. 따라서 오늘날 아무도 태양계를 지칭하는 용어로 '코페르니쿠스주의'라는 용어를 사용하지 않는다. 비록 코페르니쿠스가 지구 중심의 우주설에서 태양 중심의 우주설로 혁명적으로 사고를 전환함으로써 천문학의 발전을 이끈 것은 사실이지만, 과학은 그 이후에도 계속해서 전진하면서 논의를 보다 발전시켰기 때문이다.

그렇다면 '다윈주의'라는 이름에 대해서도 같은 논리를 적용할 수 있을까? 누구도 찰스 다윈, 그리고 자연선택 과정을 통해 돌연변이가 후대에 유전된다는 그의 이론이 인류 역사에서 얼마나 중요한지를 부인하지는 않을 것이다.[55] 하지만 현대 생물 진화론을 가리키는 말로 '다윈주의'라는 용어를 계속 사용하는 것이 과연 합당한 것일까? 그러기에는 현대 생물 진화론이 다윈이 출발한 곳에서부터 이미 너무 멀리 나아오지는 않았을까?

일부에서는 다윈주의라는 용어의 사용을 고수해야 한다고 주장한다. 장 가용Jean Gayon은 다윈이 '진화생물학의 발전을 개념적인 측면과 경험적인 측면에서 최초이자 최후로 정의한'[56] 방식 자체를 기리기 위해 다

---

54. Carl D. Murray and Stanley F. Dermott, *Solar System Dynamics*(Cambridge: Cambridge University Press, 2001), pp.3-4를 참조하자. 더 알고 싶다면, Bruce Stephenson, *The Music of the Heavens: Kepler's Harmonic Astronomy*(Princeton, NJ: Princeton University Press, 1994)를 참조하자.

55. Peter J. Bowler, *Evolution: The History of an Idea*(3rd edn., Berkeley, CA: University of California Press, 2003)를 참조하자.

56. Jean Gayon, "From Darwin to Today in Evolutionary Biology"(*In The Cambridge*

윈주의라는 용어를 계속 사용해야 한다고 주장한다. 그러나 한편에서는 다윈주의라는 용어를 계속 사용하는 데는 심각한 문제가 있다고 주장한다.[57] 현대 생물 진화론을 왜 여전히 다윈의 이름을 빌려 정의한다는 말인가? 역사적인 맥락에서 초창기 진화론을 가리키는 말로 다윈주의를 사용하는 것은 문제될 것이 전혀 없지만, 다윈 이후로 진화론은 같은 이름으로 뭉뚱그려 부를 수 없을 정도로 많이 발전했다. 잘 알려져 있다시피 현대 진화생물학은 여러 갈래로 발전했고, 그중에는 절대 다윈주의라고 부를 수 없는 이론도 있다. 다시 말하자면 현대 진화생물학evolutionary에는 다윈에게는 생소하기만 한 개념이 포함되어 있다는 뜻이다. 따라서 모든 진화생물학을 싸잡아 다윈주의라고 부르는 것은 다윈이 곧 '진화생물학의 시작이자 끝이요, 알파이자 오메가'이며 동시에 『종의 기원』 이후로 진화론에 대한 논의가 거의 멈추어 버렸다고 보는 '지독한 오독'이다.[58] 진화론은 다윈이 처음으로 논리적인 밑그림을 그린 이후로 엄청나게 발전했다.[59] 그 발전 과정에서 최근에야 생물진화에서 중요한 역할을

Companion to Darwin, edited by JonathanHodge and Gregory Radick, 240-264, Cambridge: Cambridge University Press, 2003), p.241.

57. 다윈주의라는 용어 사용과 관련한 중요한 안건들을 보려면, Eugenie Scott and Glenn Branch, "Don't Call It Darwinism"(Evolution: *Education and Outreach 2*, 2009), pp.90-94를 참조하자.

58. Olivia Judson, "Let's Get Rid of Darwinism"(*New York Times*, July 15, 2008).

59. 다윈주의가 어떻게 진화해 왔는지 보려면 다음을 참조하자. David Depew and Bruce Weber, *Darwinism Evolving: Systems Dynamics and the Genealogy of Natural Selection*(Cambridge, MA: MIT Press, 1995), Evelyn Fox Keller, *Making Sense of Life: Explaining Biological Development with Models, Metahpors, and Machines*(Cambridge, MA: Harvard University Press, 2002), Timothy Shanahan, *The Evolution of Darwinism: Selection, Adaptation, and Progress in Evolutionary Biology*(Cambridge: Cambridge University Press, 2004), pp.11-36.

담당한다고 알려진 자기생산autopoiesis, 자기조직화Self-organization, 후성 유
전epigenetic mechanism, 공생 같은 개념이 등장했다. 이러한 개념들은 다윈
이 주장한 이론과는 전혀 관계가 없다.[60]

　　1930년대와 1940년대에 멘델주의 유전학을 다윈의 자연선택설과 결
합해 정립하려는 시도가 있었다. 이 시도를 진화론에 대한 첫 현대적인
접근이라고 볼 수 있다. 이어서 1940년대와 1950년대에는 수학체계가
발달하면서 집단에서 일어나는 진화를 수학적인 모형으로 나타낼 수 있
게 되었다. 그리고 마침내 RNA와 DNA의 구조와 기능이 밝혀지면서 분
자단위에서 진화가 어떻게 일어나는지를 이해할 수 있게 되었다.[61] 이 모
든 발전을 일컬어 단순히 다윈주의라고 통칭하는 것은 다윈이 살았던 시
대 이후로 150년 동안이나 진화생물학이 제자리걸음을 하고 있다는 부정
확하고 부당한 인식을 심어 줄 수 있다.

　　역사가들 또한 다윈주의라는 단어를 계속 사용하는 것을 우려한다.
역사를 들여다보면 다윈 이전 시대에 벌써 생물이 진화했다는 생각이 움

---

60. 이 점에 관한 논의를 알고 싶다면, Gregory L. Challis and David A. Hopewood,
　　"Synergy and Contingency as Driving Forces for the Evolution of Multiple Secondary
　　Metabolite Production by Streotomyces Species"(*Proceedings of the National
　　Academy of Sciences 100*, 2003), pp.14555-14561를 참조하자.

61. 현대 진화 이론의 주요 발전에 대한 개론적인 지식을 얻고 싶다면, Ted Everson, *The
　　Gene: A Historical Perspective*(Westport, CT: Greenwood, 2007)를 참조하자. 더 자세
　　히 알고 싶다면, Steven A. Frank, "The Price Equation, Fisher's Fundamental Theorem,
　　Kin Selection, and Causal Analysis"(Evolution 51, 1997), pp.1712-1729를 참조하자. 정
　　보 이론의 중요성에 대해서는 다음 문헌들을 참조하자. Jeffrey S. Wicken, *Evolution,
　　Thermodynamics, and Information: Extending the Darwinian Paradigm*(Oxford:
　　Oxford University Press, 1987), Hubert P. Yockey, *Information Theory Evolution, and
　　the Origin of Life*(Cambridge: Cambridge University Press, 2005), Steven A. Frank,
　　"Natural Selection Maximizes Fisher Information"(*Journal of Evolutionary Biology
　　22*, 2009), pp.231-244.

텄으며, 단순히 생각에서 그치지 않고 글로 남겨 후대 과학 발전에 크게 기여한 이들이 있었다. 이런 역사적 배경을 무시하고 다윈주의라는 용어를 고수하는 것은 공정치 못하다고 역사가들은 지적한다. 왜냐하면 사람들로 하여금 다윈이 마치 아무런 사상적 배경도 없이 맨바닥에서부터 생물의 진화 가능성을 최초로 제시한 독보적인 천재라고 믿도록 오도할 수 있기 때문이다. 다윈이 천재적인 과학자임은 분명하지만, 생물 진화에 관한 사상이 발전해 온 역사적 흐름 속에서 다윈을 적절한 곳에 정확하게 위치시킬 필요가 있다.[62] 비평가들은 또한 영어권 학자들이 득세하면서 다윈을 추앙하느라 그 이전에 생물 진화라는 당시로서는 혁명적인 가능성을 제시하며 종래의 생물계에 만연한 천편일률적 인식을 타파하는 데 기여한 프랑스, 독일, 이탈리아 등지의 유럽권 학자들을 모두 싸잡아 무시하다시피 한 것을 비판한다.[63] 다윈이 진화론이라는 혁명적 사상을 체계화하고 공론화하는 데 크나큰 기여를 했음은 두말할 나위 없는 사실이지만, 그렇다고 해서 다윈이 진화론을 주장한 유일한 사람이라고 주장할 필요는 없지 않은가.

멘델은 또 어떠한가? 앞서 살펴보았다시피 피셔를 비롯한 과학자들은 진화론을 논할 때 진화론의 일부로서 멘델의 이론을 빼놓고 이야기할 수 없다는 것을 증명했다. 따라서 다윈주의라는 배타적인 이름을 사용하는 것은 곧 진화론의 발전 과정에서 멘델이 차지하는 위상을 부인하는 것

---

62. 예시를 보려면, Pietro Corsi, *Evolution before Darwin*(Oxford: Oxford University Press, 2010)을 참조하자.

63. 관련된 중요한 논의를 보려면, Pietro Corsi, "Before Darwin: Transformist Concept in European Natural History"(*Journal of the History of Biology 38*, 2005), pp.67-83을 참조하자.

이나 다름없다.

진화론을 둘러싼 이름 논쟁에서 제시할 수 있는 대안들 중 하나는 '신다윈주의'neo-Darwinism라는 용어를 쓰는 것이다. 신다윈주의라는 이름은 다윈의 이론이 현대 진화생물학이 취하는 핵심 개념의 연원이 된다는 사실을 나타낼 뿐만 아니라, 후대에 연구를 거쳐 많은 수정과 확장이 이루어졌다는 사실도 내포하기 때문이다. 하지만 신다윈주의는 말 그대로 여러 대안들 중의 하나일 뿐이고, 오히려 '진화 종합론'evolutionary synthesis이나 '현대 종합론'modern synthesis, '현대 진화 종합론'modern evolutionary synthesis, '신종합론'new synthesis과 같이 아예 다윈을 빼 버린 이름을 더 널리 사용하고 있는 실정이다.[64] 이렇듯 진화론의 발전을 포괄할 수 있는 이름을 사용해야 한다는 압박이 심해질수록[65] '신다윈주의'라는 이름이 설 자리는 점점 줄어들고 있다.

현대 진화생물학자들은 요즈음 다윈주의라는 용어를 진짜 다윈의 생각을 지칭할 때 말고는 되도록 사용하지 않는 추세이다.[66] 다윈주의는 이제 다윈 이후에 확장된 진화론에 대한 논의와는 전혀 상관없이 역사적인

---

64. 토머스 헉슬리가 쓴 『현대 진화 이론』은 진화론 분야의 어휘를 확립하는 데 중요한 영향을 끼친 작품이다. Julian S. Huxley, *Evolution: The Modern Synthesis*(London: Allen and Unwin, 1942).

65. 예시를 보려면, Ulrich Kutschera and Karl J. Niklas, "The Modern Theory of Biological Evolution: An Expanded Synthesis"(*Naturwissenschaften 91*, 2004), pp.255-276과 Massimo Pigliucci, "Do We Need an Extended Evolutionary Synthesis?"(*Evolution 61*, 2007), pp.2743-2749와 Sean B. Carroll, "EvoDevo and an Expanding Evolutionary Synthesis: A Genetic Theory of Morphological Evolution"(*Cell 134*, 2008), pp.25-36을 참조하자.

66. David L. Hull, "Darwinism as a Historical Entity: A Historiographic Proposal"(*In The Darwinian Heritage*, edited by David Kohn, Princeton, NJ: Princeton University Press, 1985), 773-812를 참조하자.

배경에서 다윈 개인의 사상을 중요하게 언급해야 할 때만 사용하는 용어가 되었다.[67] 한 문헌 연구에 따르면, 현대 생물학자 대다수가 오늘날 진화생물학에 관한 지식을 논할 때 다윈주의 대신 진화론이나 진화생물학이라는 용어를 사용하는 것으로 나타났다. 다윈이 주장한 변이, 유전, 선택이라는 세 가지 핵심 원리는 현대 진화론에서도 여전히 중요하지만 이를 뒷받침하고 보충하는 다른 여러 새로운 개념이 등장했으므로[68] 다윈주의라는 이름이 뜻하는 바를 다시금 명확하게 정의할 필요가 있다.

따라서 현대 진화생물학 전체를 함축적으로 나타낼 수 있는 표현이라는 이유로 다윈주의라는 이름을 고수하는 것은 현대 천문학을 일컬어 코페르니쿠스주의라고 부르는 것만큼이나 시대착오적이라는 결론을 내릴 수 있다. 다윈주의나 코페르니쿠스주의라는 이름은 진화생물학과 천문학이라는 학문이 발전해 온 역사 속에서 분수령을 이룬 인물과 그 특정 사상을 지칭한다. 해당 학문이 발전을 거듭해 오늘날에 이르는 과정에서 많은 연구가 다윈과 코페르니쿠스가 주창한 이론에서 파생한 것도 사실이지만, 새롭고 뛰어난 연구 성과가 계속 나오면서 초창기 이론에서 많은 부분이 수정되고 보충된 것 또한 사실이다. 이런 상황에서 대안으로 쓸 만한 다른 좋은 이름도 많이 있는데, 굳이 다윈주의라는 이름을 고집해야 할 과학적으로 타당한 이유가 없지 않은가? 시간이 흐르면서 다윈이 세웠던 진화 과정에 대한 이론과 현대 과학자들이 이해하는 진화 과정 사이

---

67. Momme von Sydow, *From Darwinian Metaphysics towards Understanding the Evolution of Evolutionary Mechanisms*(Göttingen: Universitätsverlag Göttingen, 2012), pp.102-103.

68. 진화 이론의 발전에 대한 공통된 담론이 있는지 궁금하다면, Vassiliki B. Smocovitis, *Unifying Biology: The Evolutionary Synthesis and Evolutionary Biology*(Princeton, NJ: Princeton University Press, 1996), pp.97-188를 참조하자.

에는 엄청난 간극이 벌어져 버렸다.[69] 현대 진화생물학을 일컬어 여전히 다윈주의라고 부르는 것은 불필요하거나 어쩌면 현명하지 못한 처사일 수 있다.

그렇다면 이 책에서는 왜 다윈주의라는 용어를 계속 사용하는가? 부분적인 이유는 도킨스가 제안한 '보편적 다윈주의'라는 사상 때문이다. 도킨스는 진화에 대한 다윈의 생물학적 접근을 문화 영역으로 확장한 보편적 다윈주의를 주장하여 진화론의 중요성을 놓고 사회적 토론이 일어나게 하는 데 중대하게 기여했다. 도킨스는 다윈의 사상을 생물학 영역을 넘어 문화 영역으로 확장하면서 다윈주의의 문화적 권위와 성격에 대해 문화적으로나 역사적으로도 중요한 논쟁의 불을 지폈다.[70] 다윈주의를 역사 속에서 문화 영역과는 크게 관련이 없는 단순히 스쳐 지나가는 무수한 과학 이론 가운데 하나로 볼 것인가, 아니면 마르크스주의marxism 같이 폭넓은 문화 문제와 사회 문제에 영향력을 미치는 세계관 가운데 하나로 볼 것인가?[71] 다윈주의는 정말로 도킨스가 주장하는 대로 '보편적 진리'인가? 이 논쟁이 시작된 때는 『종의 기원』의 출판 당시로 거슬러 올라가지만,[72] 오늘날에도 여전히 유효하다. 도킨스를 비롯한 어떤 이들에게 다

---

69. 예시를 보려면, Jerry A. Fodor and Massimo Piattelli-Palmarini, *What Darwin Got Wrong*(New York: Farrar, Straus and Giroux, 2010), pp.95-137을 참조하자.

70. 존 듀이가 쓴 글을 보면, 다윈의 이론이 문화 영역으로 발전할 수 있다는 기대감이 드러나 있다. 예시를 보려면, John Dewey, *The Influence of Darwin on Philosophy and Other Essays*(New York: Holt, 1910), pp.1-26을 참조하자.

71. 존 그린은 이 질문을 주제로 글을 여러 편 썼다. 특히 다음 작품인 John C. Greene, *Darwin and The Modern World View*(Baton Rouge, LA: Louisiana State University Press, 1961)을 참조하자.

72. 예시를 보려면, Ernst Cassirer, "Darwinism as a Dogma and as a Principle of Knowledge"(In The Problem of Knowledge: *Philosophy, Science, and History since*

원주의는 단순히 과학 이론을 지칭하는 단어가 아니라 세계관이자 거대 담론을 내포하는 단어이다. 이런 점을 고려하여 이 책에서는 앞서 논의한 다윈주의라는 용어를 사용하는 데 따르는 문제점에도 불구하고 다윈주의라는 단어를 계속 사용하려 한다.

지금까지 리처드 도킨스가 어떻게 진화론에 관한 논의에 중요하게 기여했는지를 살펴보기 위한 첫걸음으로, 역사적 배경과 함께 과학과 종교의 관계를 살펴보았다. 다음 장에서는 도킨스의 역작 『이기적 유전자The Selfish Gene』가 어떤 내용과 의미를 담고 있는지 살펴 보자.

Hegel, New Haven, CT: Yale University Press, 1950), pp.160-175를 참조하자.

2장

이기적 유전자
다윈주의의 세계관

도킨스는 1976년에 옥스퍼드 대학교 출판사에서 출간한 『이기적 유전자The Selfish Gene』로 창의적인 사상가이자 대중과 소통하는 과학자라는 명성을 얻었다. 『이기적 유전자』에서 도킨스는 뛰어난 비유를 들어 정통 다윈주의 사상을 명쾌하게 설명했을 뿐만 아니라 신선한 통찰력도 보여 주었다. 도킨스가 통찰한 내용 가운데 많은 부분은 상당한 시간이 흐른 지금에도 여전히 유효하다. 특히 도킨스가 강조한 '무법자' 유전자 개념은 오늘날에도 그 설득력을 인정받고 있다. 분리 왜곡 인자segregation-distorters와 전이 인자transposons를 포함하는 무법적 유전자는 해당 유전자를 담고 있는 생물 개체의 생존력과 번식력에 부정적인 영향을 끼치며, 종 전체로 빠르게 번지는 특징이 있다.[1] '이기적 유전자 요소selfish genetic

---

1. 도킨스는 '무법자 유전자' 개념을 자신의 저서 『확장된 표현형』(*The Extended Phenotype*) 제8장에서 자세히 다루고 있다. 『확장된 표현형』은 『이기적 유전자』의 후속 격으로 『이기적 유전자』에서 펼친 주장을 확장하여 전개하고 있다. Kim Sterelny and Paul Griffiths, *Sex*

elements(SGEs)'라고 불리기도 하는 무법자 유전자는 도킨스가 처음으로 그 개념을 주장했던 당시보다 요즈음 그 중요성이 더 널리 인정받고 있다.[2] 또한 무법자 유전자는 도킨스가 『이기적 유전자』에서 주창한 '유전자의 관점'에서 생물 진화를 바라볼 때 얻을 수 있는 효용 가치를 가장 잘 대변하는 개념 가운데 하나이기도 하다.

이 정도면 『이기적 유전자』가 큰 성공을 거둘 수 있었던 이유를 충분히 설명했다고 할 수 있을까? 아마도 그럴 것이다. 그러나 『이기적 유전자』의 성공 요인을 문화적 맥락에서 분석해야 한다는 주장도 있다. 『이기적 유전자』의 발상들은 과학적 의미를 초월하는 관심을 불러일으켰기 때문이다. 어떤 이들에게는 도킨스가 인류는 '이기적 유전자'의 집합체라는 주장을 통해 개개인이 사리사욕을 좇아 행동할 때 사회 전체에도 이익이 된다는 개인주의 정치 이념을 옹호한 로널드 레이건Ronald Reagan이나 마가렛 대처Margaret Thatcher 같은 정치인에게 힘을 실어준 인물로 비치기도 한다.[3] 프란스 드 왈Frans de Waal은 『이기적 유전사』가 20세기의 사사분기에 서부 사회에 팽배했던 신자유주의 사상을 뒷받침해 주었다고 보았다. 드 왈은 "진화는 스스로 돕는 자를 도우므로 이기심은 인류를 파멸로 이

---

and Death: An Introduction to Philosophy of Biology(Chicago: University of Chicago Press, 1999), pp.55-75를 참조하자.

2. Gregory D. D. Hurst and John H. Werren, "The Role of Selfish Genetic Elements in Eukaryotic Evolution"(Nature Reviews Genetics 2, 2001), pp.597-606과 Austin Burt and Robert Trivers, Genes in Conflict: The Biology of Selfish Genetic Elements (Cambridge, MA: Belknap, 2006)을 참조하자.

3. Marek Kohm, "To Rise Above"(In Richard Dawkins: How a Scientist Changed the Way We Think, edited by Alan Grafen and Marek Ridley, Oxford: Oxford University Press, 2006), pp.248-254와 Mary Midgley, The Solitary Self: Darwin and the Selfish Gene(Durham: Acumen, 2010)을 참조하자.

끌 수 있는 결점이 아니라 변화의 동력으로 바라보아야 한다는 것을 『이기적 유전자』가 가르쳐 주었다."라고 말했다.[4] 물론 도킨스의 주장이 폭넓은 문화적 논의에 끼어들어 큰 영향을 미쳤을 수도 있다. 하지만 사람들의 관심을 촉발한 것은 대개는 『이기적 유전자』에 담긴 과학적 주장으로, 이는 1970년대 후반을 강타했던 과학이 내포한 문화적 함의에 대한 관심과는 무관한 것이었다.

그렇다면 『이기적 유전자』를 본격적으로 탐구하기에 앞서 그 저자인 리처드 도킨스가 누구인지 살펴 보자.

도킨스는 누구인가

클린턴 리처드 도킨스Clinton Richard Dawkins는 1941년 3월 26일에 케냐에서 클린턴 존Clinton John, 장 메리 비비안Jean Mary Vyvyan도킨스 부부 사이에서 태어났다.[5] 1949년에 니아살랜드Nyasaland(오늘날의 말라위Malawi)에서 영국으로 돌아온 도킨스는 대성당으로 유명한 영국 솔즈베리Salisbury에 있는 샤핀 그로브Chafyn Grove 학교에 다니다가, 더 북쪽에 위치한 도시인 피터버러Peterborough 근처로 이사한 뒤인 1954년부터 1959년까지는 온들Oundle 학교를 다녔다. 도킨스는 영국 성공회 가정에서 나고 자랐지만, 십 대 시절에 프랑스 예수회 소속 고고학자였던 피에르 테야르 드 샤

---

4. Frans de Waal, *Our Inner Ape: The Best and Worst of Human Nature*(London; Granta, 2006), p.21.

5. 도킨스는 영국 식민지령인 아프리카에서 가족과 함께 보낸 유년시절을 자신의 자서전 『경이를 향한 갈망』(*An Appetite for Wonder*)에서 자세히 묘사한다. *An Appetite for Wonder*, pp.1-69.

르댕Pierre Teilhard de Chardin이 이야기한 진화와 영성의 관계에 흥미를 느꼈다고 넌지시 밝힌 바 있다.[6] 도킨스는 '구체적이지는 않지만 어떤 형태로든 조물주가 존재한다는 강한 믿음을 가지고 있었'고 그 이유는 '살아있는 세상의 아름다움과 그 분명한 설계에 반했'기 때문이라고 회상한다.[7]

도킨스는 자신이 신앙을 저버린 이유로 지성이 발달하면서 터득한 두 가지 깨달음을 꼽는다. 첫 번째로 도킨스는 '다윈이 우리가 지금까지 진실로 알고 있던 생물이 설계되었다는 주장에 맞서는 놀랍도록 설득력 있는 대안을 내놓았다'[8]는 사실을 점차 깨달았기 때문이라고 말한다. '종파를 초월하는 창조주'가 존재한다는 주장보다 다윈주의가 생물 세계에서 관찰한 것을 훨씬 잘 설명한다는 주장은 도킨스의 후기 저작에서도 반복해서 나타난다. 두 번째로 도킨스는 세상을 설계한 누군가가 있다는 부류의 주장에 있는 '기초적인 오류'를 깨닫고 나서 신앙을 버리게 되었다고 말한다. "우주 만물을 설계하고 창조한 신이라도 먼저 자기 자신을 창조하기 위해서는 최소한의 무언가가 필요했을 것이다." 이 부분에 대해서는 뒤에서 좀 더 자세히 다루도록 하겠다.

도킨스는 온들 학교를 졸업하고 1959년에 옥스포드 대학교의 베일리얼Balliol 대학에 진학해 동물학을 전공했다. 그는 원래 생화학을 전공하려고 했지만 동물학 전공으로 입학 허가를 받았다. 1962년 학부를 졸업한 뒤에는 연구 활동을 계속하기 위해 니코 틴버겐Nike Tinbergen(1907~1988년) 교수가 이끄는 동물 행동 연구 그룹에 합류했다. 동물 행동 연구 그

---

6. *A Devil's Chaplain*, p.196.

7. *An Appetite for Wonder*, pp.140-141.

8. *An Appetite for Wonder*, p.141.

룹의 연구소는 베빙턴가 13번지에 위치한 옥스포드 대학교 동물학부 별
관에 자리하고 있었다.[9] 연구소 수장이었던 틴버겐 교수는 1973년 노
벨 생리의학상 수상자로, 오스트리아인 동료인 콘라드 로렌츠Konrad
Lorenz(1903~1989년)와 함께 동물 행동학이라는 학문 분야를 개척한 인
물로 유명하다. 동물 행동학은 자연 환경에서 동물들의 행동 양식을 연구
하는 학문으로, 적응과 진화 양식을 분석하는 것에 주안점을 둔다. 로렌
츠가 1930년대에 동물 행동학의 개념적 기초를 닦은 인물이라면, 틴버겐
은 끈기 있고 꼼꼼한 관찰을 토대로 이론과 실제를 발전시킨 연구로 널
리 인정받고 있다.[10] 특히 틴버겐의 대표적인 저서인 『본능에 대한 연구
The Study of Instinct』(1951년)가 유명하다. 도킨스의 박사학위 논문인 「집병
아리의 선택적 쪼아 먹기Selective Pecking in the Domestic Chick」는 동물 행동학
의 이러한 전통 위에 서 있다. 도킨스의 박사학위 논문은 집병아리가 주
변에서 주어진 자극에 반응해 쪼는 행동을 하는 방식을 어떤 체제로 설
명할 수 있는가 하는 질문에 답하는 것으로, 그 주제가 간결하고도 구체
적이었다.

도킨스는 N. S. 서덜랜드N. S. Sutherland(1927~1998년) 교수의 강의에서
자신의 연구에 대한 영감을 얻었다고 한다. 서덜랜드 교수는 1964년에

---

9. 이 시기를 도킨스가 어떻게 기억하고 있는지 보려면, *An Appetite for Wonder*, pp.171-201
을 참조하자.

10. 틴버겐의 업적에 대한 정확하고 균형 잡힌 기술을 접하고 싶다면, Hans Kruuk, *Nico's
Nature: The Life of Niko Tinbergen, and His Science of Animal Behaviour*(Oxford:
Oxford University Press, 2003)을 참조하자. 도킨스가 틴버겐이 자신에게 끼친 영향력을
회고하는 내용을 보려면, Richard Dawkins, "Introduction"(*In The Tinbergen Legacy*,
edited by M. S. Dawkins, T. R. Halliday, and R. Dawkins, London: Chapman & Hall,
1991), ix-xii를 참조하자. 원래는 도킨스가 틴버겐이 남긴 것이라는 주제로 1990년 3월 20
일에 옥스포드 대학교에서 열린 1일 컨퍼런스 개회사에서 말한 내용을 책으로 엮은 것이다.

옥스퍼드 대학교를 떠나 당시 신생 대학교였던 서섹스 대학교University of Sussex에서 실험 심리학 연구소를 설립한 인물이다. 도킨스의 연구는 작은 반구hemisphere가 짝을 이루어 그려진 곳을 병아리가 부리로 쪼을 때 그 시간 조절과 방향 인식을 연속적으로 세밀하게 관찰한 결과를 설명할 수 있는 '임계 모형Threshold Model'을 개발하는 것이었다. 도킨스는 천공 카드를 사용해 자료를 표현하는 초기 컴퓨터였던 엘리엇 803Eliot 803을 사용해 수집한 자료를 처리했다. 이 데이터를 분석한 논문을 1966년 6월에 제출했고, 같은 해에 심사를 통과해 박사학위를 받았다.

이듬해 도킨스는 옥스퍼드에 남아 1년 동안 박사 후 과정을 밟으면서 동물학과에서 강의를 하기도 했다. 지도교수였던 틴버겐 교수가 1966년과 1967년에 안식년을 맞아 학교를 떠나 있는 동안 도킨스에게 자신이 하던 강의 중 일부를 맡아 달라고 부탁했기 때문이다. 이 기간 동안 도킨스는 논문도 한 편 발표했다.[11] 도킨스가 동물 행동 연구 그룹에 있을 때 동료였던 마이크 컬런Mike Cullen이 도킨스에게 소개해 준 논문, 곧 윌리엄 도널드 해밀턴W. D. Hamilton이 1964년에 출간한 논문 두 편이 이 논문을 쓰게 된 계기가 되었다. 해밀턴은 이 두 편의 논문에서 친족 선택 이론을 수학적으로 증명했을 뿐만 아니라 분명히 서로 협력하는 것처럼 보이는 특정 행동들이 어떻게 일어날 수 있는가 하는 의문의 답도 제시했다.[12] 해밀

---

11. Richard Dawkins, "The Ontogeny of a Pecking Preference in Domestic Chicks" (*Zeitschrift für Tierpsychologie 25*, 1968), pp.170-186와 같은 책인, "A Threshold Model of Choice Behaviour"(*Animal Behaviour 17*, 1969), pp.120-33을 참조하자.

12. 해밀턴이 1964년 '이론 생물학' 저널에 발표한 논문은 전편과 후편으로 나뉘어 실렸다. William Hamilton, "The Genetic Evolution of Social Behaviour"(*Journal of Theoretical Biology 7*, 1964), pp.1-16, pp.17-52. '해밀턴의 법칙'을 이해하는 데 도움이 될 만한 논문으로 Alan Grafen, "A Geometric View of Relatedness"(*In Oxford Surveys in*

턴의 이론은 동물 행동 연구 그룹에서 마침내 임자를 만나게 된 것이다.

컬럼을 따라 해밀턴의 이론을 접하게 된 도킨스는 자신이 맡은 강의에서 해밀턴의 친족 선택 이론의 몇몇 부분을 집중적으로 탐구하기로 결정했다. 어떤 개체는 자신의 선별적 능력에 타격을 입는 것을 감수하면서까지 다른 개체의 생식력을 강화시켜 줄 수 있는 방향으로 행동한다. 동물들의 사회적 행동이나 자녀 양육, 짝짓기에서 자기 희생을 수반하는 이러한 이타적 행동 양상이 목격된다. 그렇다면 이러한 이타적 행동이 진화의 결과임을 어떻게 설명할 수 있을까?

이 질문에 도킨스는 '진화를 바라볼 수 있는 가장 상상력 넘치는 방법이자 학습 동기를 최대한 유발하면서 진화를 가르칠 수 있는 방법'은 총체적인 진화 과정을 유전자의 관점에서 바라보는 것이라고 결론을 내렸다. 1966년에 도킨스가 쓴 강의록을 보면, 이때 이미 유전자의 관점에서 진화를 바라보는 발상을 했음을 알 수 있다.

유전자는 어떤 의미에서 불멸이다. 유전자는 대를 거듭해 부모 세대에서 자녀 세대로 옮겨 갈 때마다 스스로를 재배열한다. 동물의 몸은 유전자에게는 그저 일시적으로 거쳐 가는 장소일 뿐이다. 최소한 생식을 통해 자신의 복제 유전자가 후대로 전해지기 전까지 유전자의 생존 여하는 현재 유전자를 운반하는 동물의 생존 여하에 달려 있다. …… 따라서 정통 신다윈주의 진화 이론에 입각하여 '이기적'이거나 '이타적'이라는 용어를 쓸 때는 곧 **유전자가 이기적**이라는 뜻이다.[13]

---

evolutionary Biology, edited by R. Dawkins and M. Ridley, Oxford: Oxford University Press, 1985), pp.28-89를 참조하자.

13. 1966년에 타자기로 써 놓았던 글을 다듬어서 이후 저서 *Appetite for Wonder*, p.200에 다

유전자는 오직 자신의 이익을 위해 자신을 담아서 운반하는 신체를 '교묘하게 조작하고' 그 신체에 지시를 내린다. 도킨스가 여태껏 쓴 글을 보면 한 개체를 넘어 전 세계를 유전자의 관점에서 바라보고 서술하는 화법을 구사하고 발전시켜 왔음을 알 수 있다. 생물체는 모두 유전자로 환원되고, 유전자는 다시 아날로그 정보가 아닌 디지털 정보로 환원된다[도킨스가 말하는 아날로그 정보와 디지털 정보의 차이는 정보를 복제할 때 오류가 발생할 수 있는지 없는지에서 나타나는 차이이다—역주].

생명이란 그저 디지털 정보를 구성하는 수많은 바이트byte들의 조합에 불과하다. 유전자는 순수한 정보이다. 의미의 손상이나 변형 없이 암호화할 수 있고 재입력할 수 있고 해독할 수 있는 정보이다. ……우리 살아있는 모든 생명체는 이 디지털화된 정보로 이루어진 데이터베이스가 자신을 번식시키기 위해 짜놓은 프로그램이 입력되어 있는 생존 기계이다. 이제 다윈주의는 순수한 디지털 코드 수준에서 생존자들이 펼치는 생존경쟁으로 볼 수 있다.[14]

사실 도킨스는 해밀턴의 친족 선택 이론에서 추론할 수 있는 내용을 사회적 행동의 모든 면면에 적용해야 한다고 주장한다. 모든 동물을 자신이 지닌 모든 능력과 수단을 '지렛대 삼아 유전자를 후대로 전달하기 위해 자신에게 내려진 명령을 수행하는 기계'로 보아야 한다는 것이다. 진화란 곧 개체가 지닌 유전자가 포함하고 있는 정보가 살아남느냐 마느냐

시 실었다. 강조 표시는 타자기로 쓴 원래의 글에만 되어 있다.

14. *River out of Eden*, p.19.

에 관한 것이다. 개체는 유전 암호를 실어나르는 유용한 운반자이기는 하지만, 수명이 다하면 버려지는 소모품이기도 하다. 친족 집단은 같은 유전자를 공유하기 때문에, 한 개체가 희생된다 하더라도 다른 개체의 생존을 돕는다면 궁극적으로 그 유전자가 친족 집단 전체에서 살아남을 가능성은 높아질 수 있다. 이러한 주장에 비추어 볼 때, 도킨스를 최초의 그리고 어쩌면 가장 체계적인 동물 유전자 행동학자라고 할 수 있을 것이다. 이렇듯 도킨스는 유전자의 관점에서 세상을 이해하고 설명할 수 있다는 확고한 세계관을 정립했다. 그러면 도킨스가 주장하는 유전자의 눈으로 바라보는 세상은 과연 어떤 세상인지 지금부터 좀 더 자세히 알아보자.

도킨스는 1967년에 옥스퍼드를 떠나 버클리에 있는 캘리포니아 대학교University of California 동물학과 조교수로 부임했다가 1970년에 옥스퍼드 대학교 뉴 칼리지New College 선임 연구원 겸 동물학과 강사로 다시 돌아왔다. 도킨스가 옥스퍼드로 다시 돌아온 속사정은 지도 교수였던 틴버겐이 도킨스에게 뉴 칼리지 선임 연구원 겸 동물 행동학과 신임 강사 임용에 지원하라고 부탁했기 때문이다. 그런데 마지막에 틴버겐 교수는 마음을 바꿔 콜린 비어Colin Beer라는 다른 지원자를 그 자리에 임용했다. 대신 틴버겐 교수는 자신이 재량껏 운용할 수 있었던 연구 자금으로 도킨스를 고용해 옥스퍼드로 불러들였다. 도킨스 대신 임용했던 비어는 옥스퍼드에서의 생활에 만족하지 못했다. 왜냐하면 옥스퍼드 대학교가 미국에 있는 대학교에서 교수로 재임 중이던 비어의 아내에게 적당한 교수 자리를 제시하지 않았기 때문이다. 결국 비어는 1년 후에 미국으로 돌아갔고 그 빈자리를 메우기 위해 다시 모집 공고가 붙었다. 도킨스는 정식으로 다시 지원했고 이번에는 틴버겐 교수의 전폭적인 지지를 받으며 임용되었다. 그리고 이 시기에 도킨스의 가장 창의적이고 유명한 저작인 『이기적 유전자』와 『눈먼 시계공』이 탄생했다.

1995년에 도킨스는 마이크로소프트Microsoft사 수석 프로그래머 출신으로 2002년 8월에 인텐셔널 소프트웨어Intentional Software사를 공동 창립한 인물인 찰스 시모니Charles Simonyi의 후원으로 옥스퍼드 대학교에 새롭게 신설된 자리로 진급하였다. 시모니는 자신의 후원으로 만들어진 이 자리에 걸맞은 인물로 도킨스만 한 적임자가 없다고 판단했다. 도킨스는 시의적절한 때에 최초로 '과학의 대중적인 이해를 위한 찰스 시모니 리더Charles Simonyi Reader in the Public Understanding of Science'[리더는 전임강사와 부교수의 중간쯤에 해당한다—역주]로 임명되었다. 옥스퍼드 대학교는 도킨스의 임명과 관련하여 다음과 같은 성명을 발표했다.

> 찰스 시모니 박사가 옥스퍼드 대학교에 과학의 대중적인 이해를 담당하는 교수의 임명을 위해 후원금을 증여하셨습니다. 옥스퍼드 대학교 위원회가 정하고 승인한 본 규정에 따라 시모니 박사와 상호 합의한 조건에 의거해 후원금을 정식으로 전달받았습니다. 이 후원금은 과학의 대중적인 이해를 위한 찰스 시모니 교수직 신설과 지원에 쓰일 예정입니다. 그 첫 번째 수혜자로 리처드 도킨스 박사를 과학의 대중적인 이해를 담당하는 찰스 시모니 리더직에 임명합니다.[15]

이듬해인 1996년 7월에 도킨스는 옥스퍼드 대학교에서 정교수로 임명되면서 추가로 '과학의 대중적인 이해를 위한 교수'라는, 영예롭지만

---

15. *Oxford University Gazette*(October 12, 1995). 도킨스가 시모니 리더에 임명되었으며, 정년인 67세까지 그 신분이 유효하다는 소식이 1996년 1월 18일자 옥스퍼드 대학 신문 *University Gazette*에 공식적으로 실렸다.

부르기에는 약간 성가신 새로운 직함을 받았다.[16] 당시 옥스퍼드 대학교가 정교수로 임명하는 절차에서 중요하게 생각했던 판단 기준은 다음과 같았다. "연구 내용이 질적으로 반드시 뛰어나야 하고, 연구 성과로 국제적인 명성을 떨쳐야 하며, 다른 연구 중심 대학교에서 정교수에게 요구하는 연구 성과 기준에 필적하는 연구여야 한다." 1996년 이후에 발간된 공식 문서에서 옥스퍼드 대학교는 도킨스에게 '과학의 대중적인 이해를 위한 시모니 리더 겸 교수'라는 직함을 수여했다.[17] 이후 2001년 5월에 도킨스는 영국의 과학자에게 주어지는 최고의 영예라 할 수 있는 영국 왕립학회 회원이 되었다. 2008년에 대학교에서 정한 정년인 예순 살이 되었을 때, 도킨스는 마침내 시모니 리더직에서 은퇴했다.

과학의 대중적인 이해를 위한 교수라는 옥스퍼드 대학교에서의 경력과는 별개로, 도킨스는 그의 두 번째 직업이라고도 할 수 있는 무신론 옹호자로서의 경력도 쌓아 나갔다. 2006년 출판되어 베스트셀러가 된 『만들어진 신』으로 도킨스는 무신론 옹호자로서의 경력에 정점을 찍었다. 자연과학에 대한 도킨스의 이해는 그가 공격적인 태도로 무신론을 옹호하게 만드는 데 결정적인 역할을 했다.[18] 바로 이러한 이유로 이 책의 마지막 장에서는 종교와 과학에 대한 도킨스의 접근 방식을 자세히 살펴보려 한다. 필자를 비롯한 많은 학자에게 도킨스는 현대 서구 문화의 가장

---

16. *Oxford University Gazette*(Gazette 44 08 부록지 (2), July 22, 1996).

17. 일례로 *Oxford University Calendar 2003-4*(Oxford University Press, 2003), p.77을 참조하자. 정보자유법에 의거하여 이와 관련된 자세한 내용을 공개해 달라는 요청을 받고 옥스퍼드 대학교 측이 2012년 10월 26일 해당 내용을 공식적으로 승인했다.

18. Alister E. McGrath, "Evidence, Theory, and Interpretation: The 'New Atheism' and the Philosophy of Science"(*Midwest Studies in Philosophy 37*, 2013), pp.179-189를 참조하자.

흥미로운 산물 중 하나인 '과학적 무신론'[19]을 옹호하는 가장 영향력 있는 중요한 인물이다.

하지만 그 전에 다루어야 할 이야기가 많이 있다. 우선 도킨스에게 명성을 가져다 준 책인 『이기적 유전자』(1976년)가 어떤 내용인지 짚고 넘어갈 필요가 있다. 그러면 이제 그의 대표작인 『이기적 유전자』가 어떻게 탄생했는지, 그리고 중심 내용은 무엇인지 알아보자.

도킨스의 접근법: 이기적 유전자

1973년에 도킨스는 옥스퍼드 대학교 동물학부에서 태평양 해안 평야 지대에 서식하는 귀뚜라미의 울음소리를 연구하고 있었다.[20] 당시 영국 사회에는 산업화에 따른 불만이 팽배해 있었다. 1974년 1월 1일에 영국 정부는 상업 부문 전기 소비량을 줄여서 점점 감소하는 석탄 자원을 보존할 목적으로 일주일에 사흘만 연달아 일하도록 하는 '주 3일 근무제'를 도입했다. 이 정책이 시행됨에 따라 전기 공급량이 급감했고, 이는 필연적으로 옥스퍼드 대학교에서 연구하는 과학자들에게도 영향을 미쳤다. 일주일 내내 연구를 할 수 없게 되자, 도킨스는 타의로 주어진 이 여유 시간을 최대한 잘 활용하기 위해 처음으로 책을 쓰기로 결심했다. 당시에 있었던 휴대용 타자기는 사용할 때 별도의 전기를 필요로 하지 않았기 때문에 전기가 공급되지 않는 날에도 책을 집필하는 데 전혀 문제가 없었

---

19. 관련 역사를 알고 싶으면 Thomas Dixon, "Scientific Atheism as a Faith Tradition" (*Studies in History and Philosophy of Science C 33*, 2002), pp.337-359를 참조하자.

20. 도킨스가 직접 서술한 이 시절에 대한 기록은 *An Appetite for Wonder*, pp.257-284를 참조하자.

다. 도킨스는 이미 책의 중심 주제를 머릿속에 그려 놓았다. 이제 남은 일은 머릿속 생각을 글로 옮기는 것뿐이었다.

그렇다면 과연 도킨스가 쓴 책의 핵심은 무엇이었을까? 그 핵심 내용을 가장 근접하게 짚어 낸 인물로는 아마도 앨런 그래펀Alan Grafen을 꼽을 수 있을 것이다. 그래펀은 도킨스의 주장은 '다윈주의 근본 논리'를 참신하게 설명한 것으로, 유전자의 눈으로 바라보았을 때 어떻게 '기존 논리들이 서로 빈틈없이 들어맞는지'를 보여준다고 정리했다.[21] 도킨스는 논리적으로 가장 만족스럽게 진화 과정을 설명할 수 있는 방법은 유전자의 눈으로 바라보는 것이라고 생각했다. 변이가 퍼져서 진화로 이어지려면 아주 오랜 시간이 걸린다. 개체나 개체가 모인 생물체 집단의 수명은 진화가 이루어지기에는 너무나 짧은 시간이다. 따라서 진화가 가능하려면 수명이 한시적인 생물체보다 좀 더 안정적이고 수명이 긴 어떤 유전 단위가 필요하다는 것을 알 수 있다. 그리고 이 조건을 만족하는 것은 유전자뿐이다. 리처드 알렉산더Richard Alexander는 "유전자는 모든 생물체 가운데 가장 생명력이 끈질기므로 어느 모로 보나 가장 유력한 자연선택의 단위이다."라고 지적했다.[22] 도킨스에게 진화는 곧 복제 유전자를 후대에 전하기 위한 유전자들의 고군분투이다.

(유전자는) 늙지 않는다. 그것은 백 년 되었을 때나 백만 년 되었을 때나 죽지 않는다. 유전자는 자신을 운반하는 생물체를 오로지 자신의

---

21. Alan Grafen, "The Intellectual Contribution of The Selfish Gene to Evolutionary Theory"(In Richard Dawkins: How a Scientist Changed the Way We Think, edited by Alan grafen and Mark Ridley, 66-74, Oxford: Oxford University Press, 2006), p.73.

22. Richard D. Alexander, Darwinism and Human Affairs(London: Pitman, 1980), p.38.

생존을 위해 자신의 방식대로 교묘하게 조종하다가 생물체가 노화하여 죽음에 이르기 전에 그 생명체를 버리고 다른 생명체로 이동하는 방식으로 세대를 거듭하여 살아남는다. 유전자는 불멸이다. 혹은 불멸이라는 수식어가 가장 합당한 유전적 실체이다.[23]

DNA 분자 하나가 수개월 이상 생존하는 것은 불가능하지만, 자기 복제 능력을 통해 '이론상으로 DNA 사본의 형태로 일억 년 이상 살 수 있다.'[24] 반면 생물 개체 혹은 집단의 수명은 짧아서 천천히 오랜 시간에 걸쳐 축적된 변이가 영속적인 진화로 이어지는 데 필요한 시간만큼 살 수가 없다. "유전학적으로 생물 개체와 집단은 하늘에 있는 구름이나 사막에 있는 모래폭풍과 같다. 다시 말하면 생물 개체나 집단은 한시적 집합 혹은 연합일 뿐이다. 따라서 진화의 시간 동안 지속할 수는 없다."[25] 오직 유전자만이 자연선택의 단위로 쓰이기에 충분할 만큼 영구한 생명력을 지녔다고 도킨스는 주장했다. 생물과 그 표현형phenotypes[겉모습으로 드러나는 표현 형질—역주]은 한시적으로 나타났다가 사라지는 현상, 혹은 더 본질적인 무언가를 담고 있는 껍데기에 불과하다. 따라서 모든 것은 유전자에 달려 있다.

『이기적 유전자』 제2판에서 도킨스는 로널드 피셔가 쓴 글에 자신과 비슷한 생각이 '간접적으로 드러나 있다'고 인정했다.[26] 나도 피셔의 고

---

23. *The Selfish Gene*, p.34.

24. *The Selfish Gene*, p.35.

25. *The Selfish Gene*, p.34.

26. *The Selfish Gene*, ix.

전적 저서인 『자연선택의 유전학적 이론Genetical Theory of Natural Selection』
(1930년)을 읽었다. 읽고 나서 든 생각은 도킨스의 생각과 비슷한 내용
이 간접적으로 드러나는 것이 아니라 꽤 직접적으로 명시되어 있다는 것
이다. 피셔의 저서에서 인용한 다음 구절을 보자. "다른 말로 하면 각 유
전자는 끊임없이 자신의 생존에 유리한 방향으로 유전적 환경을 조성하
고자 한다. 그래서 유전자 자신의 번식에 유리하게 작용하는 선택적 생존
우위를 확보하게 해 준 원인이 있다면, 그 원인이 무엇이든 우호적으로
반응하게 된다."[27] 그렇다면 유전적 변이는 어떻게 일어나는가? 표면적으
로만 봤을 때는 도킨스가 강조하는 유전자의 '충실한 자기 복제 능력'과
돌연변이의 등장 사이에는 명백하고도 치명적인 모순이 존재하는 것 아
닌가? 만약 복제자가 디지털 정보를 그토록 정확하고 충실하게 전달한다
면, 유전적 돌연변이는 나타나지 않아야 하는 것이 아닌가?

　이것은 매우 중요한 질문이다. 왜냐하면 어떤 종은 영구한 세월 동
안 거의 진화하지 않은 것처럼 보이기 때문이다. 가령 굴이나 은행나무
는 다른 종과 비교할 때 지난 일억 오천 년 동안 상대적으로 거의 진화
하지 않았다.[28] 물론 변이는 일어난다. 그리고 그런 '돌연변이'가 '진화
의 가장 기초가 되는 원재료이다.'[29] 프랑스 국적의 노벨상 수상자인 자

---

27. R. A. Fisher, *The Genetical Theory of Natural Selection*(2nd edn., New York: Dover,
　　1958), pp.102-103. 피셔의 저서를 철저하게 분석한 자료를 원한다면 A. W. F. Edwards,
　　"R. A. Fisher's Gene-Centred View of Evolution and the Fundamental Theorem of
　　Natural Selection"(*Biological Reviews 89*, 2014), pp.135-147을 참조하자.

28. Zhiyan Zhou and Shaolin Zheng, "The Missing Link in Ginkgo Evolution"(*Nature 423*,
　　2003), pp.821-822를 참조하자.

29. George Gaylord Simpson, *Life: An Introduction to Biology*(London: Thompson,
　　1965), p.430.

크 모노Jacques Monod(1910~1976년)는 자신의 저서 『우연과 필연Chance and Necessity』(1971년)으로 분자생물학계에서 기본 합의를 이끌어 내는 데 성공했다. 모노는 실험실에서도 유전적인 돌연변이를 관찰할 수 있다는 점에 주목했다. 드물지만 자연적으로 발생하는 돌연변이도 *드로소필라*나 다른 모델 생물model organisms[실험실 환경에서 관리하고 번식시키기가 용이해 유전학 연구에서 많이 쓰이는 생물—역주] 개체군에서 관찰할 수 있다. 자연적으로 돌연변이가 발생하지 않더라도 특정 화학 물질이나 방사능 같은 돌연변이 유발 요인을 이용해 무작위로 돌연변이를 유도할 수 있다. 실험실 환경에서뿐만 아니라 자연 환경에서도 돌연변이는 우연히, 예측할 수 없게, 여러 가지 이유로 일어난다. 그러나 변이(보통은 아주 작은 변이)가 일단 'DNA 구조 속으로 편입되고 나면, 돌연변이라는 (항상 유례 없이 일어나기 때문에 본질적으로 예측이 불가능한) 이 우연한 사건은 기계적으로 충실하게 복제되고 유전된다.'[30] DNA 구조 속으로 편입된 유전적 돌연변이는 진화 과정 속에서 살아남아 후대로 전해진다. 진화 과정이 돌연변이 유전자를 후대로 전달할지 말지를 결정하는 일종의 여과기 역할을 하는 셈이다. 대부분의 돌연변이는 살아남지 못한다. "작은 돌연변이를 제거할 수 없는 유전자의 자기 복제 과정은 유전자를 위협한다. 자기 복제 과정에서 거의 대부분 실패하기는 하지만 유전자는 돌연변이를 목적론적teleonomic 여과기에 등록하고 제공할 줄 알 뿐이다. 이후 돌연변이의 생존 여부에 대한 최종적인 판단은 자연선택을 통해 이루어진다."[31]

---

30. Jacques Monod, *Chance and Necessity: An Essay on the Natural Philosophy of Modern Biology*(New York: Knopf, 1971), p.114.

31. Monod, *Chance and Necessity*, p.118.

도킨스는 모노가 강조한 '눈먼 확률blind chance'의 결정적인 역할을 공개적으로 지지하지는 않는다. 도킨스는 다윈주의가 '확률이론theory of chance'이라는 결론에 도달한 사람이 많은 것은 상황을 오해해서 빚어진 결과라고 주장한다. "확률은 다윈주의라는 조리법에서 부수적인 재료이기는 하다. 하지만 가장 중요한 재료는 누적적인 선택이며, 이는 본질적으로 **무작위로 일어나지 않는다.**"[32] 따라서 진화는 변이 발생의 우연성이 아닌 자연선택의 규칙성에 주안점을 두어 우연히 발생한 돌연변이 복제자의 우연이 아닌 생존의 결과로 바라보아야 한다. DNA에 우연히 발생한 변이로 새로운 생물체가 등장하고 이 새로운 생물체는 번식하며 자연선택의 압박에 종속된다. 따라서 '핵심 다윈주의'는 '우연히 발생한 작은 유전적 돌연변이가 우연하지 않게 살아남는 과정을 통해 점점 더 우연이 아닌 방향으로 진화가 일어난다는 최소 이론'이라고 정의할 수 있다.[33]

그렇다면 생물 개체, 또는 집단들은 어떠한가? 대충 읽으면 도킨스는 진화를 온전히 분자 단위에서 일어나는 유전자 간의 보이지 않고 들리지 않는 경쟁이라고 주장하는 듯하다. 그러나 꼼꼼히 들여다보면 이내 도킨스가 그런 부조리를 경계하고 있음을 알 수 있다. 생물체가 유전자를 실어 나르고 후대에 전해 주는 '운반자'라고 할 때, 생물체의 생존력과 번식력은 유전자에게 더할 나위 없이 중요하다. 자연선택 과정은 유전자 **그 자체**들 사이의 경쟁이 아니라(어떻게 그럴 수 있겠는가?) 중간자들이 벌이는 경쟁이다. 중간자란 곧 유전자를 품고 있는 '운반자'를 가리킨다. "원숭이는 나무 위에서 유전자를 보존하는 생존 기계이고, 물고기는 물

---

32. *The Blind Watchmaker*, p.49.

33. *A Devil's Chaplain*, p.81. 그런데 이 책은 모든 진화론적 변화가 적응의 결과임을 시사한다.

속에서 유전자를 보존하는 생존 기계이다. 심지어 독일 맥주잔 받침에 서식하면서 유전자를 보존하는 작은 벌레도 있다."[34] 이 '유전자 생존 기계'는 자신의 유전자를 번식시키고 나면 죽는다. 살아남는 것은 운반자가 아니라 **유전자**이다. 생물체의 몸은 '유전자를 번식시키기 위해서라면 무엇이든' 제공하기 때문에 '유전자 번식 엔진'이라고 봐도 무방할 것이다. 생물체와 유전자를 공식적으로 구분하기 위해 도킨스는 유전자를 **복제자**, 생물체를 **운반자**라고 명명했다. 유전자는 유전의 작은 단위이고, 생물체는 진화 과정에서 유전자가 존속할 수 있게 운반해 주는 상위 단위의 개체로 대개는 생물체를 가리키지만 친족 단위의 생물 집단일 수도 있다.[35]

『이기적 유전자』에서 도킨스는 '유전자 행동학'이라고 부를 수 있을 만한 이론을 제시한다. 비록 유전자가 '행위'나 '행동'의 주체가 될 수는 없지만, '유전자 행동학'이라는 개념은 진화의 주체를 동물 개체 혹은 동물 집단에서 유전자 본연으로 이동시켰다. '유전자의 관점으로 바라보는 세상'은 생물 개체를 '생존 기계', '유전자를 담는 수동적 용기', '유전자의 식민지'로 바라본다. 도킨스는 이러한 유전자 관점이 생물 개체에 개별적 특성이 없다는 뜻은 아니라고 강조한다. 도킨스의 요지는 생물 개체의 개별적 특성은 유전적으로 결정되어 해당 유전자 계통이 성공적으로 이어질지 아닐지를 결정하는 데 기여한다는 것이다. 우리는 반드시 'DNA가

---

34. *The Selfish Gene*, p.21.

35. Richard Dawkins, "Replicators and Vehicles"(*In Current Problems in Sociobiology*, edited by Kings College Sociobiology Group, Cambridge: Cambridge University Press, 1982), pp.45-64. 다른 진화생물학자들은 다른 용어로 사용했다. 예를 들면 데이비드 헐은 '상호작용자'(interactors)와 '복제자'(replicators)라는 용어를 선호했다. David L. Hull, *Science as a Process: An Evolutionary Account of the Social and Conceptual Development of Science*(Chicago: University of Chicago Press, 1990)를 참조하자.

생물체의 도구가 아니라 생물체가 DNA의 도구라는 근본적 진실을 온몸으로 흡수해야 한다.'[36] 따라서 진화는 유전적으로 발생한 형질이 후대에게 전해질 때 일어난다.

그렇다면 유전자란 무엇인가? 여기서 우리는 일반적으로 흔히 알려진 여러 가지 어려움에 봉착한다. 유전자라는 용어는 매우 다양하게 정의하거나 시각화할 수 있다.[37] 도킨스가 올바로 지적했듯이 분자생물학자가 말하는 '유전자'는 유전자 관점 이론을 제시하는 학자들이 말하는 '유전자'와 같지 않다.[38] 전자는 단백질 정보를 담고 있는 DNA 가닥을 가리키고, 후자는 감수 분열에서 온전히 살아남는 DNA 가닥을 가리킨다. 시모어 벤저Seymour Benzer는 자신의 대표적인 논문에서 유전자 개념에 대한 분자적 정의를 내림으로써,[39] 유전자를 유전 정보를 담은 쪼갤 수 없는 단위로 보는 고전적인 견해와 새롭게 발견된 DNA의 물리적 구조 사이의 간극을 메우고자 시도했다. 새롭게 발견된 DNA의 물리적 구조는 유전학의 분자적 기초가 연속하는 *뉴클레오티드*들로 이루어져 있다는 사실을

36. *The Extended Phenotype*, p.239.

37. Andre Pichot, *Histoire de la notion de gene*(Paris: Flammarion, 1999), Peter J. Beurton, Raphael Falk, and Hans-Jörg Rheinberger, eds., *The Concept of the Gene in Development and Evolution: Historical and Epistemological Perspectives* (Cambridge: Cambridge University Press, 2000), Helen Pearson, "Genetics: What Is a Gene?" (*Nature 441*, no. 7092, 2006), pp.398-401을 참조하자.

38. 더 발전된 논의에 대한 도킨스의 응답은 Richard Dawkins, "Extended Phenotype-but Not Too Extended. A Reply to Laland, Turner and Jablonka"(*Biology and Philosophy 19*, 2004), pp.377-396을 참조하자.

39. Seymour Benzer, "The Elementary Units of Heredity"(*In The Chemical Basis of Heredity*, edited by W. D. McElroy and B. Glass, Baltimore, MD: Johns Hopkins University Press, 1957), pp.70-93.

보여 주었다. 도킨스는 유전자라는 용어의 의미를 완벽하게 이해하고 있었지만, 유전자를 다윈주의적 적응Darwinian Adaptation을 일어나게 하는 데 관여하는 단위라는 개념으로 이해하는 것도 매우 타당하다고 말했다. 도킨스가 조지 윌리엄스George C. Williams에게서 차용해 내린 정의에 따르면, 유전자란 '자연선택의 단위가 될 수 있을 만큼 충분한 세대를 거치는 동안 어쩌면 살아남을 수 있는 염색체 물질의 한 부분'이다.[40] 이는 기능적인 정의이기는 하지만, 집단 유전학자들의 불평불만에도 불구하고 완전히 수긍할 만하다. 그러나 이 정의를 따르면, 유전자가 자연선택의 단위라고 거의 확실시해 버리는 순환 논증의 오류에 빠질 수 있다.

윌리엄스 자신은 이 정의에 완전히 만족하지 않았다.[41] 윌리엄스는 도킨스가 유전자를 복제자라고 정의하는 바람에 '생식 과정에서 스스로를 복제하는 물리적 주체'로 생각하게 되어 버렸다고 주장했다. 이것에 전혀 동의하지 않는 것은 아니지만, 윌리엄스는 도킨스가 '유전자를 거의 언제나 DNA와 동일시할 수 있다는 사실로 오해하게 된 것' 같다고 말한다. 윌리엄스는 DNA 분자가 매개이지 메시지가 아니라는 사실, 즉 유전자는 '정보 꾸러미이지 물체가 아니라는' 사실을 명확히 하는 것이 중요하다고 보았다. 그는 만약 진화 유전자를 '진화 유전자의 내생적 변화율보다 서너 배 혹은 그보다 더 큰 우호적 혹은 비우호적 선택 편향이 존재하는 유전 정보'라고 정의한다면, 모든 유전자가 진화하는 것은 아니라고 주장한다.[42]

---

40. *The Selfish Gene*, p.28.

41. George C. Williams, "A Package of Information"(*In The Third Culture*, edited by John Brockman, New York: Simon & Schuster, 1995), pp.38-50.

42. George C. Williams, *Adaptation and Natural Selection: A Critique of Some Current*

그렇다면 실제로는 어떠한가? 예를 들어 설명하는 것이 훨씬 이해하기 쉬울 것이다. 사자를 예로 들어 보자. 사자는 빨리 달릴수록 살아남을 가능성이 높아진다. 부분적인 이유는 빨리 달릴 수 있으면 먹잇감을 쉽게 따라잡을 수 있고, 식량을 안정적으로 확보할 수 있기 때문이다. 그렇다면 유전적 변이가 일어나서 월등히 빨리 달릴 수 있는 사자가 나타났다고 가정해 보자. 이제 사자 집단은 돌연변이 유전자가 있는 새로운 사자 집단과 돌연변이 유전자가 없는 기존 사자 집단 두 부류로 나뉜다. 처음에는 두 집단이 공존했다. 그러나 시간이 지날수록 돌연변이 유전자가 있는 사자 집단이 생존 능력이 더 뛰어남에 따라 더 많이 살아남는다. 그리하여 애초에 돌연변이를 일으킨 원인이 무엇이었든지 간에[43] 유전자를 통해 자신들의 형질을 후손에 더 많이 물려 주게 된다.

그렇다면 이러한 유전적 돌연변이가 살아있는 생물체에서는 어떻게 표현되는가? 이 시점에서 우리는 **유전자**(혹은 **유전형**genotype)와 **표현형** phenotype을 구분지을 필요가 있다. 유전자는 '내부적으로 암호화된 유전 정보'로서 살아있는 모든 생물체가 담고 있는 '설계도', 혹은 생물체를 만들고 유지하는 법을 알려 주는 설명서이다. 이에 비해 표현형은 생물체 겉으로 발현되는 물리적인 모습, 즉 생물체의 유전적 설계도와 환경 사이에 일어나는 상호 작용의 결과로 나타나는 눈에 보이는 형질이나 행동이다. 도킨스는 유전자가 자연선택의 단위라고 주장한다. 왜냐하면 유전자

Evolutionary Thought(Princeton, NJ: Princeton University Press, 1966), p.25.

43. 도킨스의 제안은 새로운 종의 발생보다 기존 종의 형질 수정을 더 잘 설명한다는 점을 짚고 넘어가야 한다. Steven Rose, "The Rise of Neurogenetic Determinism"(*In Consciousness and Human Identity*, edited by John Cornwell, Oxford: Oxford University Press, 1998), pp.86-100을 참조하자.

는 생물체의 표현형, 곧 발톱의 날카로움이나 신진대사의 작동이나 혹은 다리 근육의 강도에 어떤 영향력을 행사하기 때문이다. 성공적인 유전자는 강한 다리 근육을 발현시키는 유전자이다. 성공적인 유전자는 생물체의 생존력을 높이는 표현형 효과를 만들어내는 유전자이다.

도킨스는 '확장된 표현형extended phenotype'이라는 개념을 통해 이러한 주장에서 한 발짝 더 나아갔다.[44] 도킨스는 유전자의 효과가 생물 개체의 물리적 형질에 국한되는 것이 아니라 환경으로도 확장된다고 주장한다. 바우어새[수컷이 암컷의 관심을 끌기 위해 둥지를 화려하게 장식하는 것으로 유명한 참새목 바우어새과의 새—역주]는 풀로 구조물을 만들어 그 안에서 짝짓기를 한다. 그런데 깃털 색이 밝은 바우어새는 덜 정교한 구조물을 건축하는 경향이 있고, 깃털 색이 덜 밝은 바우어새들은 더 정교한 구조물을 제작함으로써 약점을 보완한다.[45] 사미르 오카샤Samir Okasha가 지적했듯이 이러한 접근법은 과연 환경이 중요한 역할을 하는가 하는 의문을 불러일으킨다.

도킨스를 비롯한 학자들처럼 유전자의 '이익'이라는 관점에서 생각하는 방식은 유전자가 숙주 생물체에게 환경에서 독립된context-independent 영향을 미친다는 선에서는 합리적이다. 유전자의 표현형 효과를 유전자가 자기 자신이 유전되는 것을 촉진시키기 위해 고안한 '전략'으로 생각할 수 있기 때문이다. 그러나 비판가들이 지적했듯이 만약 유전자의 표현형 효과가 유전환경을 포함한 환경에 따라 좌지우지된다고 한다면, 유전자가 후대에 전해질 확률이 유전자 자신의 손

---

44. Richard Dawkins, "Replicator Selection and the Extended Phenotype"(*Zeitschrift Für Tierpsychologie 47*, 1978), pp.61-76.

45. *The Extended Phenotype*, pp.199-200.

에 달려 있지 않고 외부 요인에 의존한다고 오해할 수 있다.[46]

『무지개를 풀며Unweaving the Rainbow』(1998년)에서 '이기적인 협력자'라는 제목으로 한 장을 할애한 데서 드러나듯이, 도킨스는 이런 논점을 분명히 의식하고 있었다. 유전자는 독립적인 존재가 아니라 다른 유전자들로 이루어진 종의 유전자풀gene pool이라는 환경 또는 맥락에서 바라보아야 한다. 다른 유전자가 속한 다른 '기후'나 '환경'으로 옮겨 간 유전자는 완전히 다른 표현형을 가질 수 있고, 완전히 다른 선택압력을 받게 된다.

여기까지가 역사적 배경을 통해 알아본 도킨스의 생각을 짧게 요약한 것이다. 예상했던 대로 도킨스는 상당한 토론과 논의를 양산했다. 다음에서는 『이기적 유전자』의 기본 논제가 일으킨 반향들 가운데 새롭게 나타난 몇 가지 중요한 논점을 함께 생각해 보고자 한다.

다윈주의 우주에서 인간의 위치

다윈이 자신의 진화론에서 미해결된 부분이 있다고 느꼈다면, 아마도 진화론이 인간의 지위와 정체성에 대해 시사하는 바가 무엇인지에 관한 부분일 것이다. 『종의 기원』의 모든 판에서 다윈은 꾸준히 자연선택의 원리가 더 나은 방향으로 진화가 일어나고 있다는 변하지 않는 보편적 법칙을 수반하는 것은 아니라고 언급했다. 게다가 다윈은 진화가 완벽으로 나

---

46. Samir Okasha, *Evolution and the Levels of Selection*(Oxford: Oxford University Press, 2006), p.167.

아가는 어떤 내재적 혹은 필연적 경향을 증명한다는 장바티스트 라마르크Jean-Baptiste Lamarck(1744~1829년)의 주장에 분명하게 반대한다.[47] 따라서 다윈은 인간(현재로서는 진화 과정의 단순한 방관자가 아닌 참여 주체로 이해되고 있는)이 진화의 '목표'라거나 '정점'이라고 말할 수 있는 어떠한 근거도 없다는 결론을 내릴 수밖에 없었다. 이러한 결론은 다윈 자신에게는 물론 당대의 사람들에게도 결코 단순치 않은 결론이었다. 다윈의 또 다른 저서 『인간의 유래Descent of Man』에서도 인류를 칭송하지만, 동시에 인류의 생물학적 기원은 미천하다고 결론짓는다.

> 인간은 비록 노력으로 얻은 것은 아니지만 유기체 중에서 가장 높은 곳까지 올라갔다는 사실에 자부심을 느껴도 괜찮다. 원래부터 높은 곳에 있었던 것이 아니라 낮은 곳에서 높은 곳까지 올라갔다는 사실은 먼 미래에 더 높은 운명을 향해 나아갈 수 있다는 희망을 준다. 그러나 지금 여기서 희망이나 절망을 이야기하자는 것은 아니다. 다만 우리 이성이 우리에게 허락하는 한에서 발견할 수 있는 진실에 대해서만 이야기하자는 것이다. 나는 할 수 있는 한 최선의 증거를 제시했다. 그러나 우리는 인간이 보다시피 모든 고귀한 특성과 더불어 …… 여전히 신체 구조 속에 미천한 기원을 증거하는 지울 수 없는 낙인을 품고 있다는 사실을 인정해야만 한다.[48]

다윈은 자기 방식으로 변형한 '존재의 거대한 사슬Great Chain of Being'

---

47. George Radick, "Two Explanations of Evolutionary Progress"(*Biology and Philosophy 15*, no. 4, 2000), pp.475-491.

48. Charles Darwin, *The Descent of Man*(2nd edn., London: John Murray, 1882), p.619.

[우주의 모든 생명체가 신이 계획한 대로 고등과 하등으로 서열화되어 있다는 이론을 시각화한 것—역주]의 그림을 사용해 도덕적 특성(때로는 심지어 존재론적 특성까지)을 중립적인 과학적 설명에 투영함으로써 진화가 더 우월한 존재로의 발전을 시사한다고 주장하는 듯 보인다.[49]

도킨스는 여기서 머뭇거리지 않고 한걸음 더 나아간다. 즉 인간도 동물이며 진화 과정의 일부라는 사실을 깨달아야 한다고 주장하는 것이다. 그는 특히 리처드 라이더Richard Ryder가 처음 사용했고, 현재 프린스턴대학교Princeton University 교수인 피터 싱어Peter Singer가 널리 퍼뜨린 개념인 '종차별주의speciesism'에 깔려 있는 절대주의적 전제를 강하게 비판한다.[50] 그러나 도킨스는 유전적 돌연변이와 자연선택의 결과물인 다른 모든 생물체와 인간 사이에서 중요한(주목할 만한) 구분점을 이끌어낸다. 즉 **우리 인간만이 우리의 유전자에 저항할 수 있다**는 것이다. 줄리안 헉슬리Julian Huxley 같은 작가들은 다윈주의 진화에서 급진적이라고 생각하는 측면을 토대로 윤리 체계를 세워 나가려고 했으나, 도킨스는 그러한 시도가 모두 잘못되었다고 생각한다.[51] 자연선택은 아마도 생물학적 진화를 주도하는 힘일 것이다. 그러나 설사 그렇다 하더라도 이 주장에 내포

---

49. 다윈의 주장을 보려면 Maurice Mandelbaum, *History, Man, and Reason: A Study in Nineteenth-Century Thought*(Baltimore, MD: Johns Hopkins University Press, 1971), pp.77-88와 Dov Ospovat, *The Development of Darwin's Theory: Natural History, Natural Theology, and Natural Selection 1838-1859*(Cambridge: Cambridge University Press, 1995), pp.229-235를 참조하자.

50. *A Devil's Chaplain*, pp.20-25.

51. 여기서 Paul L. Farber, *The Temptations of Evolutionary Ethics*(Berkeley, CA: University of California Press, 1994), p.136을 참조하자. 파버는 헉슬리의 '자연주의는 자신이 발견한 척하는 관찰 사실을 가정'하므로, 그의 '윤리는 개인의 가치를 인간사에 투영한 것'이라고 말했다.

된 분명한 윤리적 시사점을 지지할 필요가 있다는 뜻은 아니다.

이는 다윈주의 이론이 '적자생존' 윤리를 뒷받침한다는 주장만큼 중요한 주장이다. 최근에 발견된 다윈의 자필 편지를 보면, 다윈은 이 같은 '사회적 다윈주의' 접근법이 신빙성이 있다고 생각했던 것으로 보인다.[52] 그러나 다윈의 다른 저술을 보면 다윈은 일반적으로 그러한 결론을 경계하고 있음을 알 수 있다. 반면 도킨스의 입장은 강경하다. 인간은 유전자의 포로가 **아니고**, 유전자의 독재에 대항해 언제든 반란을 일으킬 수 있다는 것이다.

> 학문을 하는 과학자로서 나는 열렬한 다윈주의자이다. 자연선택이 진화의 유일한 동력은 아니더라도, 자연을 탐구하는 사람이라면 누구에게나 자연에 목적이 있다는 환상을 떠올리게 하는 유일한 동력임은 분명하다고 믿는다. 그러나 동시에 내가 과학자로서 다윈주의를 지지하지만, 다윈주의가 인간사를 운영하는 방법과 정치학이 될 때만큼은 열렬한 반다윈주의이기도 하다.[53]

도킨스는 자신의 입장을 종양학자에 비유할 수 있다고 말한다. 종양학자의 직업적인 전공은 암을 **연구하는 것**이고, 직업적인 사명은 암과 **싸우는 것**이다.

같은 주제가 『이기적 유전자』에도 등장한다. 도킨스는 이기적 유전자에서 유전자 결정주의에 맞서서 인류의 존엄성과 자유를 열렬히 옹호하

---

52. Richard Weikart, "A Recently Discovered Darwin Letter on Social Darwinism"(*Isis 86*, 1995), pp.609-611.

53. *A Devil's Chaplain*, pp.10-11.

며 결론을 맺는다. 우리는, 즉 도킨스의 (인간) 독자들은 이기적 유전자에 대항하여 반란을 일으킬 수 있다.

> 우리에게는 태어날 때부터 있는 이기적 유전자와, 필요하다면 인간에게 주입된 이기적 밈조차도 거부할 수 있는 힘이 있다. 우리는 순수하고 사심 없는 이타주의를 신중하게 함양하고 육성할 방법을 의논할 수 있다. 이러한 순수한 이타주의는 자연에서는 찾을 수 없으며 세계사를 통틀어 이전에는 존재하지 않았다. 우리는 유전자 기계로 지어졌고 밈 기계로 길러졌지만 창조주에 대항할 힘이 있다. 우리는 지구상에서 유일하게 이기적 복제자의 독재에 맞서 반란을 일으킬 수 있다.[54]

애초에 우리를 여기까지 올 수 있게 해준 과정에 대항해 반란을 일으킬 수 있을 정도로까지 진화한 종은 확실히 인간이 유일하다. 도킨스가 지적했듯이 이러한 독보적 진화를 이룩할 수 있었던 중심에는 인간 뇌의 진화가 있다. 어떠한 압력으로 인간의 뇌는 지금과 같은 크기로 확장될 수 있었을까?[55] 그리고 그 과정은 왜 진화적으로 중요한 우위를 산출했는가? 인간은 뇌의 확장으로 신진대사량의 사분의 일 가량을 뇌 기능을 유지하기 위해 사용한다. 다시 말해 뇌 기능을 유지하기 위해 상당량의 에너지를 투입해야 하기 때문에 종의 생존이 크게 위협받을 수 있다. 그러

---

54. *The Selfish Gene*, pp.200-201. 초판(1976) 인용은 여기까지이다. 2판(1989)에는 두 장이 추가되어 있다. 도킨스는 '밈'(memes)이라는 용어를 유전자와 유사한 '문화적 복제자' 개념으로서 2판에서 처음 소개한다. 이 새로운 유형의 복제 자에 대해서는 책의 뒷부분에서 더 다룰 것이다.

55. 도킨스가 뭐라고 말했는지 보려면 *Unweaving the Rainbow*, pp.286-90와 *A Devil's Chaplain*, pp.74-77을 참조하자.

나 이유야 어쨌건 인간의 뇌의 확장은 이미 일어난 일이다.[56]

이 추가적인 자원을 현명하게 활용한 덕분에 인간은 인공적인 피임 등을 통해 유일하게 '이기적 유전자'를 전복할 수 있게 되었다.[57] 물론 인공 피임을 계몽된 인간이 유전자에 대항해 반란을 일으킨 용감한 행동 사례로 볼 수 있는지에 대해서는 논란의 여지가 있다. 용감한 반란 행위가 아니라 불법 공모 행위라는 주장도 동등하게 성립할 수 있기 때문이다. 인공 피임을 옹호하는 강력한 논증 가운데 하나는 피임이 폭발적인 인구 증가가 낳을 처참한 결과를 막아 준다는 것인데, 이 논증은 동시에 피임이 인류의 존속을 위협해 인간 유전자 전달을 어렵게 만든다는 주장에서도 성립한다. 그러나 도킨스는 이 같은 비판에 맞서 인간은 행동과 사고에 은밀하게 영향력을 끼침으로써 타고난 이기적 성향에 저항할 수 있다고 주장한다.

인간만이 뇌를 진화시켰다. 우리 뇌는 인간이 어떻게 생겨났는지를 이해할 수 있고 또 어쩌면 더 진화한 영장류가 나타나 인간을 대체할지도 모르는 먼 미래로 우리를 이끄는 과정에 반역할 수도 있다. 도킨스는, 이 지점에서 예상했겠지만, 영장류 동물학자들의 비판을 받아 왔다. 한 가지 예로 프란스 드 왈은 다윈의 주장은 '자연 위에 군림하라'는 주장과는 전혀 상관이 없으며, 오히려 다윈은 '우리의 인간성은 다른 동물과 우리가 공유하고 있는 사회적 본성에 기반하고 있다'는 사실을 강조할 뿐이라고 지적한다.[58]

---

56. 도킨스와는 다른 견해를 알고 싶으면 Geoffrey Miller, *The Mating Mind: How Sexual Choice Shaped the Evolution of Human Nature*(London: Vintage, 2001)를 참조하자.

57. *The Selfish Gene*, pp.109-122.

58. De Waal, *Our Inner Ape*, p.22.

유전자는 정말로 이기적인가?

『이기적 유전자』라는 제목을 채택하면서 도킨스는 인간의 본성을 이해하고자 할 때, 자신이 단순한 사실, 즉 진화론이 시사하는 바가 무엇인지만을 말하고 있다고 여겼다.

이 책이 주장하는 것은 우리 인간을 비롯한 모든 동물은 유전자가 창조한 기계라는 것이다. …… 나는 성공적인 유전자에서 기대할 수 있는 지배적인 속성이 무자비한 이기심이라고 생각한다. 이러한 유전자의 이기심은 생물 개체의 이기심으로 나타날 것이다. 그러나 우리가 보듯이 유전자가 유전자 자신의 이기적인 목적을 달성하기 위해 생물 개체 수준에서는 제한된 형태의 이타주의를 조장하는 예외적인 상황들이 있다. 마지막 문장에 나타난 '예외적', '제한된'이라는 단어가 중요하다. 이와는 반대로 믿고 싶어하는 우리의 바람만큼이나 보편적 사랑과 모든 종의 번영은 진화론적 관점에서는 성립하지 않는 개념이다.[59]

1920년대와 1930년대에 몇몇 사회적 다윈주의자들은 실제로 진화론이 인간의 특정 행동을 정당화하는 과학적 근거를 제공한다고 주장했다.[60] 도킨스는 우리가 이러한 사회적 다윈주의자들의 주장을 알아야 하

---

59. *The Selfish Gene*, pp.9-10의 원문 재인용.

60. Gregory Claeys, "The 'Survival of the Fittest' and the Origins of Social Darwinism" (*Journal of the History of Ideas 61*, 2000), pp.223-40을 참조하자. 여기에 해당하는 사례가 몇몇 나치 사상의 근거를 이루었던 사회적 다윈주의의 한 형태이다. Richard

는 중요한 이유 중 하나는 우리의 유전적 역사가 인간으로 하여금 이기적으로 행동하도록 만들어 놓은 방식을 경고하고 **저항할 수 있게 해 주기** 때문이라고 주장한다. "자비심과 이타심을 가르치려고 노력해야 한다. 어차피 이기적으로 태어났기 때문이다. 우리 안에 있는 이기적 유전자가 무엇을 원하는지를 이해하려고 노력해야 한다. 그러면 최소한 그들의 설계를 교란할 수 있는 기회라도 가질 수 있기 때문이다."[61] 우리 유전자는 '우리가 이기적으로 행동하도록' 지시할 수 있지만, 우리에게 그 지시에 복종해야 할 의무는 없다. 그보다 우리 인간에게는 만약 '공익을 위해 개개인이 너그럽고 이타적으로 협력하는 사회를 건설하고 싶다면' 능동적으로 유전자에 저항해야 한다는 인식이 있다.

그런데 유전자를 '이기적'이라고 말할 수 있을까? 많은 논객이 도킨스의 '이기적 유전자 개념에 대해 우려를 표했다. 메리 미드글리Mary Midgley라는 철학자는 도킨스의 '이기적 유전자'라는 표현을 비판했는데, 부분적인 이유는 그 정의의 모호함 때문이었으며 더 근본적으로는 철학적 불성실함 때문이었다. "원자atom가 질투심이 많다거나 코끼리가 추상적이라거나 비스켓이 목적론적일 수 없는 것만큼이나 유전자도 이기적이거나 이타적일 수 없다."[62] 미드글리는 '이기심'이라는 속성을 유전자에 부여하는 것은 인간 중심적 사고를 대변하며, 이러한 사고방식은 유전자가 인간의 속성과 부도덕함까지 가지고 있다고 오해하게 만든다고 주장했다. 미드글리는 유전자는 이기적일 수 없다고 주장한다. 이기적이라는 단어는

Weikart, *Hitler's Ethic: The Nazi Pursuit of Evolutionary Progress*(New York: Palgrave Macmillan, 2009).

61. *The Selfish Gene*, p.10.

62. Mary Midgley, "Gene-Juggling"(*Philosophy 54*, 1979), pp.439-458.

오로지 행동의 주체가 될 수 있는 생물체에게만 유효하게 적용할 수 있다.[63] 은유적 혹은 비유적 언어의 타당성을 고려했을 때, 미드글리의 지적은 합당하다. 결국 문제는 이기적이든 아니든 유전자가 '행동한다'고 말할 수 있느냐는 것이다. 유전자는 복제할 뿐이다. 유사목적론적으로도 유전자가 '행동한다'거나 '행위한다'고 말할 수 없다. 그러나 이 지적은 합당했음에도 불구하고, 불행히도 유전자에 대한 도킨스의 시각을 오인해서 빚어진 혼란스러운 과학적 논쟁의 소음 속에 묻히고 말았다.[64]

도킨스는 미드글리가 지적한 논점을 정확하게 인지하고 있었다. 개인적으로는 도킨스가 『이기적 유전자』에서 이 논점을 면밀히 다루었다고 생각한다. 도킨스가 과학에서 비유를 사용하는 데 능숙하다는 사실은 인정할 필요가 있다. 도킨스는 박사학위 논문에서도 특히 행동 관련 주제를 과학적으로 설명하고 기술할 때에 모형이나 '시각적 보조 자료'를 어떻게 적절하게 사용할 수 있는지에 대해 여러 장을 할애했다.[65] 도킨스는 유전자가 주관이 있다는 것과 유전자가 행동하는 주체라는 것 사이에는 분명한 구분이 존재하며, 자신은 두말할 나위 없이 유전자가 행동하는 주체라는 뜻으로 이기적 유전자라는 용어를 사용했다고 주장했다. 이 용어가 어떤 식으로 해석되든지 간에 유전자는 이기적인 것**처럼** 행동한다. 도킨스

---

63. 도킨스 비판가들이 진화생물학계에서 주기적으로 지적하는 논점이다. 예시로 Steven Rose, "The Rise of Neurogenetic Determinism"(*In Consciousness and Human Identity*, edited by John Cornwell, Oxford: Oxford University Press, 1998), pp.86-100 을 참조하자.

64. 도킨스의 응답을 보려면 Richard Dawkins, "In Defense of Selfish Genes"(*Philosophy 56*, 1981), pp.556-573을 참조하자.

65. Richard Dawkins, "Selective Pecking in the Domestic Chick"(*D. Phil. Thesis*, Oxford University, 1966), pp.183-185.

는 『이기적 유전자』에서 다음과 같이 말했다. "우리는 유전자가 의식을 가지고 목적을 위해 행동한다고 생각해서는 안 된다. 그러나 눈먼 자연선택은 유전자가 마치 목적을 가지고 행동하는 것처럼 보이게 만들므로 축약적 설명의 방편으로서 목적 지향적 언어를 사용해 유전자를 설명하는 것이 편리할 수도 있다."[66](다윈 자신이 일찍이 '자연선택'이 훨씬 더 복잡하고 오묘한 실제 과정을 '축약적으로 설명한 것'이라고 말한 적이 있다는 사실에 주목할 필요가 있다.)

도킨스는 유전자가 의식적으로 이기적이지는 않다는 점을 꽤 분명히 했다. 그러나 유전자의 생리는 의식적으로 이기적으로 행동하는 주체를 닮았다. 도킨스는 『이기적 유전자』의 서론 부분에서 '이기적'이라는 용어의 사용을 완벽히 방어할 수 있는 설명을 제시한다. '이기적'이라는 용어는 '주관적이 아니라 **행동 주체적**'이라는 뜻으로 쓰였다. 도킨스는 '여기서 동기심리학psychology of motives은 전혀 고려하지 않는다.' 문제는 '행위의 **결과**'가 해당 생물체의 '생존 전망을 밝게 하느냐 어둡게 하느냐'이다.[67] 유전자가 주관적인 동기를 가지고 있다고 생각해서는 안 된다. 그러나 유전자가 주관을 가지고 행동한다고 생각하는 것은 발견적 교수법[학습자가 자력으로 문제를 해결할 수 있도록 돕는 교수법—역주]적으로나 교육학적으로는 도움이 될 수 있다.[68]

만약 우리가 언제나 원하기만 하면 부실한 표현을 전문적인 용어로 탈바꿈시킬 수 있다고 스스로를 안심시키면서 유전자가 의식적으로 목

---

66. *The Selfish Gene*, p.196.

67. *The Selfish Gene*, p.11.

68. *The Selfish Gene*, p.88.

적을 가지고 행동하는 것처럼 말하는 것을 용납한다면, 이런 질문을 해 볼 수 있다. 이기적인 단일 유전자가 하려고 하는 일은 무엇인가?

도킨스는 '이기적 유전자'라는 개념이 유전자가 서로 협력한다는 생각과 모순된다고 여기지도 않았다. 도킨스는 『이기적 유전자』의 30주년 기념판(2006년) 서문에서 이 점을 강조하면서, 자신도 『불멸의 유전자』 나 『협력적 유전자』 같은 다른 제목을 진지하게 고려한 적이 있다고 밝힌다. 『이기적 유전자』의 이곳저곳에서 도킨스는 이기적 유전자 사이에서 무엇을 협력의 형태라고 볼 수 있는지가 중요하다고 강조한다. 자연선택 과정은 상생(실제로는 협력하는 것이 아닐지라도)하며 상호 작용하는 유전자 집단을 선호한다.

비생물학자에게는 이 모순이 이해하기가 힘들다. 예견했던 대로 도킨스는 이 논점을 전달할 때도 탁월한 비유를 사용한다. 도킨스는 옥스퍼드 대학교와 케임브리지 대학교가 보트 경기를 펼치는 상황을 예로 든다. 아홉 명의 선수들이 서로 협력해 정해진 목표를 달성하고자 할 때 훌륭한 선수가 못하는 선수들 사이에 있으면 경기에서 질 수밖에 없다. 따라서 코치의 임무는 가능한 선수풀에서 최선의 선수 집단을 선별하는 것이다.[69]

도킨스는 유전자를 능동적인 행동 주체로 묘사하는 경향에 관해서도 비판을 받았다. 여기에 관해서는 좀 더 면밀한 검토가 필요하다. 이 논점은 옥스퍼드 대학교에서 체계생물학system biology을 연구하는 데니스 노블Denis Noble이 『이기적 유전자』에 나오는 다음의 문단을 두 가지 이유를 들어 문제시하면서 부각되었다. 먼저 문제가 된 문단은 유전자를 능동적인

---

69. *The Selfish Gene*, p.40.

행동 주체로 묘사한다. 둘째는 실험적으로 증명 가능한 명제를 넘어선 형이상학적 추론에 의존한다.

> (유전자는) 거대한 군체 속에 떼를 지어 우글거린다. 육중한 몸집으로 느릿느릿 걷는 로봇 안에 안전하게 머물며 바깥 세상과는 차단되어 있다. 복잡하고 간접적인 방법으로 바깥 세상과 소통하고 교묘하게 바깥 세상을 원격 조종한다. 유전자는 당신과 내 안에 있다. 유전자는 우리의 몸과 마음을 창조했다. 유전자를 보전하는 것이 우리가 존재하는 궁극적인 이유이다.[70]

노블은 이 문단에서 유전자가 자신의 운명을 통제할 수 있는 능동적인 행위 주체로 묘사되었다는 사실은 제쳐 두더라도, 관찰로 증명할 수 있는 사실은 무엇이고 형이상학적 추론은 무엇인지를 묻는다. 이 문단에서 실험으로 확증할 수 있는 사실은 유전자가 '당신과 내 안에 있다'라는 문장뿐이라고 노블은 말한다. 나머지는 모두 추론에 불과하다. 노블은 원문에서 실험으로 확증 가능하다고 생각한 문장만 남겨 놓고 장난스럽게 고쳐 써서 완전히 다른 형이상학적 추론으로 만들어 버린다.

> (유전자는) 거대한 군체 속에 갇혀 있다. 지능이 고도로 발달한 생물체 속에 갇힌 채로 바깥 세상의 영향을 받는다. 복잡한 과정을 통해 바깥 세상과 소통하는데 이 과정에서 마치 마법처럼 눈먼 상태에서도 기능이 생겨난다. 유전자는 당신과 내 안에 있다. 우리는 유전자가 지닌 암

---

70. *The Selfish Gene*, p.21.

호가 출력될 수 있게 허락해 주는 시스템이다. 유전자를 보전하는 것은 우리가 생식 활동을 할 때 경험하는 기쁨에 전적으로 의존한다.[71]

노블이 고쳐 쓴 문단에서는 인간이 통제의 주체이다. 우리는 능동적이고 유전자는 수동적이다.

그렇다면 노블이 쓴 문단에서 관찰 가능한 사실은 무엇이고 추론에 해당하는 내용은 무엇인가? 도킨스가 쓴 원문과 마찬가지로 증거가 있어서 확증할 수 있는 부분은 유전자가 '당신과 내 안에 있다'는 부분뿐이다. 나머지는 모두 추론에 근거하고 있으며 실험으로 탐구할 수 있는 영역을 벗어나 있다. 도킨스와 노블은 완전히 다른 시각으로 현상을 바라보고 있을 뿐이다. 둘 다 틀렸을 수 있다. 둘 다 매우 다른 일련의 가치와 믿음을 제시한다. 그러나 둘의 주장은 '실험적으로는 동등하다.' 다른 말로 하면 둘의 주장 모두 동일한 정도의 관찰 증거와 실험 증거에 근거하고 있다. 그렇다면 어떤 주장이 옳은가? 어떤 주장이 더 과학적인가? 과학적 입장에서 어떤 주장이 더 낫다고 어떻게 결정할 수 있을까? 노블이 관찰한 바와 같이 '어느 누구도 실증적 차이를 발견할 수 있는 실험을 생각해 낼 수 없는 것처럼 보인다.'[72]

노블의 도킨스 비판은 '이기적 유전자'식 접근법이 현 과학계에서 어떻게 받아들여지고 있는가 하는 의문을 불러일으킨다. 다음 부분에서 이

---

71. Denis Noble, *The Music of Life: Biology Beyond the Genome*(Oxford: Oxford University Press, 2006), pp.11-15, 특히 p.13를 참조하라.

72. 노블은 지금이라면 누적된 관찰 사실로 도킨스의 주장에 맞설 수 있다고 주장할 것이다. Denis Noble, "Neo-Darwinism, the Modern Synthesis and Selfish Genes: Are they of Use in Physiology?"(*Journal of Physiology 589*, no. 5, 2011), pp.1007-1015.

에 대해 살펴보기로 하자.

'이기적 유전자'식 접근법은 무엇을 남겼는가?

시간이 지나면 비로소 보이는 것들이 있다. 1960년대 후반에 새로운 시대가 도래하는 지점에 서 있는 듯한 느낌이 윌리엄스와 도킨스를 포함한 몇몇 진화학자를 감염시켰던 것으로 보인다. 지금의 우리로서는 그것이 어떤 느낌인지 짐작하기 힘들다. 진화가 오로지 이기심을 바탕으로 일어난다고 본 새로운 관점은 다윈의 견해와는 무관할 뿐만 아니라, 제시하는 증거만큼이나 과장된 수사법에 의존하고 있었다. 도킨스는 집단선택설을 '무성의한 무의식적 집단선택설'이라 부르며 무시했다. 도킨스는 집단선택설에서 유전자의 눈gene's-eye 관점이 다윈주의의 회복을 대변한다는 주장, 그리고 이를 반대하는 사람은 '예수회처럼 세상 돌아가는 이치에 밝고 광신적으로 신집단선택설을 옹호하는 저항 세력'으로 간주해야 한다는 주장에는 문제가 있다고 지적했다.[73] 그러나 다윈은 방대한 저서에 걸쳐 다양한 관점에서 집단선택설의 개념을 조목조목 기술했다. 다윈은 주로 어떻게 자연선택이 이타적인 행동과 도덕적 본능을 불러일으킬 수 있는지를 설명했다. 만약 이타적 행동과 도덕적 본능이 '집단의 이익'[74] 에 도움이 된다는 것을 증명할 수만 있다면, 자연선택설에서도 수용

---

73. *The Extended Phenotype*, p.6.

74. Elliott Sober and David Sloan Wilson, *Unto Others: The Evolution and Psychology of Unselfish Behavior*(Cambridge, MA: Harvard University Press, 1998), pp.4-6. 도킨스가 다윈이 『인간의 기원』에서 '이례적으로 한 문단에서 다룬 것을 제외하고는' 집단선택설을 설파한 적이 없다고 믿었던 것은 옳지 못하다.

이 가능하다고 다윈은 주장했다.

1970년대에 집단선택설이 부활하는 바람에 유전자의 눈으로 진화를 바라본다는 도킨스의 접근법은 아주 심각한 어려움에 부닥쳤다. 『이기적 유전자』는 진화생물학자 대부분이 진화가 '집단의 이익을 위해' 일어난다는 설명을 거부하는 시점에 등장해, 모든 적응은 생물 개체의 이기심으로 말미암아 일어난다고 주장했다.[75] 유전자가 '자연선택의 근본적 단위'라는 도킨스의 주장은 집단선택설에 맞서는 주장으로 받아들여졌다. 아마도 이것은 그의 주장을 자연선택이 일어나는 과정에 대한 이해가 부족한 것으로 성급하게 받아들였던 것에 대한 반발이었을 것이다.

최근에 도킨스는 "생물종 집단의 차별 생존으로 진화가 일어난다는 주장은 명확하지도 않고 논리적이지도 않다."[76]라고 하면서 '집단선택설'을 비판했다. 비평가들은 도킨스의 집단선택설 비판이 부당하며, 그가 해당 학문 분야의 발전에 무지하다고 비판한다.[77] 도킨스의 유전자의 눈 관점 접근법이 비판하는 대상은 20세기 전반을 장악했던 '순진한 집단선택설naïve group selectionism'임이 분명하다. 이 순진한 집단선택설은 '집단 간 선택'을 강조한다. 그러나 1970년대 후반과 1980년대에는 '집단 간 선택'

---

75. David Sloan Wilson and Edward O. Wilson, "Rethinking the Theoretical Foundation of Sociobiology"(*Quarterly Review of Biology 82*, 2007), pp.327-348.

76. 이것은 도킨스가 E. O. Willson의 Social Conquest of Earth을 거만하게 호도하여 논평한 내용을 인용한 것이다. "The Descent of Edward Wilson"(*Prospect*, May 24, 2012), www.prospectmagazine.co.uk/science-and-technology/ edward-wilson-social-conquest-earth-evolutionary-errors-origin-species(accessed August 7, 2014).

77. 도킨스를 신랄하고 타당하게 비판한 David Sloan Wilson, "Richard Dawkins, Edward O. Wilson, and the Consensus of the Many"(*Huffington Post*, June 11, 2012), www.huffingtonpost.com/david-sloan-wilson/richard-dawkins-edward-o-b1588510.html(accessed August 7, 2004)를 참조하자.

이 진화의 주요 동력이 아니라는 당시에 팽배했던 주장은 부당하며, 따라서 재고해야 한다는 사실이 점점 명백해졌다.[78] 그런데도 도킨스가 계속해서 집단선택설을 거부하는 것은 자연선택이 여러 단위에서 일어날 수 있다는 학계의 합의와 크게 어긋난다. 집단선택설에 대한 학계의 논의는 1970년대 이래로 더욱 진전했다.

과학이 진보한다는 사실, 그리고 축적된 증거와 관찰된 사실을 토대로 기존 이론과 패러다임을 끊임없이 검토하고 수정할 때 과학적 통찰을 얻을 수 있다는 사실을 인정하는 것이 중요하다. 사물을 관찰하는 방법, 곧 그리스어 *테오리아theoria*가 정말로 의미하는 것은, 이후에 산적한 증거들에 스스로 압도되었음을 확인하는 어느 시점에 증거들을 만족스럽게 종합하여 제시할 수 있는 방법이다. 한때 당연하고 직관적이라고 여겼던 것들이 점점 복잡하고 억지스럽고 말이 안 되는 것처럼 보이게 된다. 유전자의 눈 관점에서 보는 진화론이라고 예외일 수는 없다.

그러나 이러한 과학의 생리 때문에 도킨스의 접근법이 비판받는 것은 아니다. 과학은 나그넷길이며, 지나온 길을 뒤로 하고 계속 앞으로 나아간다. 바로 이 점이 자연 과학과 인문학의 차이일 것이다. 출간된 지 15년이 지난 후에도 여전히 읽히는 과학 논문은 거의 없다. 반면에 많은 인문학 서적은 시간이 지나도 고전으로서의 위치를 공고히 다지며 문화 자본의 일부가 된다.[79] 도킨스의 『이기적 유전자』는 대중성과 뛰어난 글솜씨

---

78. Mark E. borrello, "The Rise, Fall and Resurrection of Group Selection"(*Endeavour 29*, 2005), pp.43-47. 바뀐 관점의 예로 다음을 참조하자. Charles J. Goodnight and Lori Stevens, "Experimental Studies of Group Selection: What Do They Tell Us about Group Selection in Nature?"(*American Naturalist 150*, 1997), S59-S79.

79. 분석 내용은 다음을 참조하자. Italy Calvino, *Why Read the Classics?*(New York: Pantheon, 1999).

와 지적 날카로움을 고루 갖춘 덕분에 출판된 지 40년이 지난 오늘날에도 여전히 읽히고 있다.

그러나 『이기적 유전자』가 **정말로** 다윈주의인가? 어떤 의미에서 보면 『이기적 유전자』는 다윈주의에서 갈라져 나왔다고 할 수 없다. 다윈은 유전자에 대해서 아무것도 몰랐기 때문이다. 다윈은 자연선택의 단위(특히 생물 개체)에 다각도로 접근했고, 유전자가 아니라 돌연변이가 유전된다고 생각했다.[80]

그러나 역대 과학 문헌이 제공하는 지식 범위 내에서 도킨스의 접근법에 의문이 제기되고 있다는 사실을 알아야 한다. 이러한 의문은 단순히 도킨스의 접근법이 '다윈주의적'이냐 아니냐 하는 의문, 또는 학술적인 '비판'이라고 볼 수 없다는 대중적인 오해를 넘어선다. 이제 도킨스 접근법에 대한 대표적인 비판을 살펴보고 각각의 의미를 짚어 보자.

도킨스의 접근법을 우려하는 초기의 목소리는 다윈주의에서 말하는 '생명의 나무tree of life'[진화 계통수를 표시한 것—역주] 모델과 관련이 있다.[81] 이 모델은 도킨스의 저서 가운데 『눈먼 시계공』에서 처음 등장했고, 『이기적 유전자』에서도 넌지시 언급된 적이 있다. 도킨스는 '완전 중첩perfect nesting'이라는 개념을 이용해 '변형이 있는 계통descent with modification'이라는 다윈주의 공식을 설명한다.[82] 진화의 계통을 설명하려면 가계도처럼 나뭇가지 구조가 필요하다. 그러나 박테리아나 고세균archaea 같은 단순 생물체의 게놈 서열에 대한 최근 연구를 보면, 생물체끼리 반복적으로 유

---

80. Fern Elsdon-Baker, *The Selfish Genius: How Richard Dawkins Rewrote Darwin's Legacy*(London: Icon, 2009), pp.103-123의 주장을 참조하자.

81. 확장된 논의는 *The Blind Watchmaker*, pp.255-284를 참조하자.

82. *The Blind Watchmaker*, p.259.

전자 혹은 유전자 결합체gene cluster를 전달한다는 사실을 알 수 있다.[83] 초기에 이루어진 연구 대부분은 주로 부모 한쪽이나 양쪽으로부터 유전자를 물려받는 수직적 유전을 통해 종이 진화한다고 가정했다. 그러나 미생물 유전자 서열을 비교해 보면 수평적 유전도 흔하게 일어났음을 짐작할 수 있다. 실제로도 생명의 나무 아랫부분에 있는 생물체들 사이에서 광범위한 수평적 유전자 전달이 일어나고 있다는 증거가 많아지고 있다.[84] 이처럼 생명의 나무 뿌리 부근의 고리가 분명히 서로 교차하고 있음을 설명하려면, '생명의 나무' 이미지를 수정할 필요가 있다.

이쯤에서 '다윈주의 수평선Darwinian horizon'을 언급하지 않을 수 없다. 다윈주의 수평선이란 진화의 시간을 거슬러 올라가 수평적 유전자 전달이 빈번히 일어남으로써 다윈주의의 기존 설명에 문제가 생기는 지점을 가리킨다. 다윈주의는 진화에서 수직적 유전자 전달이 우세하다고 상정하므로, 수평적 유전자 전달은 번외편 정도로 치부하고 말 것이다. 그러나 수평적 유전자 전달이 본편이 되는 순간 상황은 곤란해진다. 여기서 우리는 잠시 숨을 고르고 일이 어떻게 되어 가는지 지켜보아야 한다. 나는 이 문제 때문에 도킨스가 『이기적 유전자』의 접근법을 전면 수정해야 한다고 생각하지는 않는다. 다만 일반적인 다윈주의로는 진화의 역사 전체를 아우를 수 없는 때가 있음을 시사하는 정도로는 수정해야 한다고 생

---

83. 해당 증거와 논점에 관한 설문 조사는 Luis Boto, "Horizontal Gene Transfer in Evolution: Facts and Challenges"(*Proceedings of the Royal Society B 277*, 2010), pp.819-827을 참조하자.

84. 예시로 K. Henze, C. Schnarrenberger, and W. Martin, "Endosymbiotic Gene Transfer: A Special Case of Horizontal Gene Transfer Germane to Endosymbiosis, the Origins of Organelles and the Origins of Eukaryotes"(*In Horizontal Gene Transfer*, edited by M. Syvanen and C. Kado, London: Academic, 2001), pp.343-352를 참조하자.

각한다.

도킨스의 접근법을 비판하는 일반적인 논거는 살펴보았으니 이제 좀 더 구체적인 비판을 살펴보려고 한다. 어떤 이들은 『이기적 유전자』에 철저한 수학적 분석이 결여되어 있다는 사실에 우려를 표한다. 피셔나 홀데인 같은 초기 진화이론학자들의 강점 가운데 하나는, 어떻게 돌연변이가 발생하고 어떻게 이 돌연변이가 자연선택을 통해 집단 전체로 퍼지는지를 수학적으로 증명한다는 것이다. 그렇다면 도킨스는 왜 자신의 이론을 수학적으로 증명하지 않을까? 부분적인 이유는 『이기적 유전자』가 대중과학서이기 때문이다. 복잡한 수식은 일반 독자들의 발목을 잡아 책장을 넘기지 못하게 할 것이 분명하다.[85] 하지만 도킨스의 접근법을 수학적으로 증명하는 것이 불가능한 것은 아니다. 최적화 이론을 이용해 유전자를 '적합성을 최대로 하는 대리인fitness-maximizing agent'으로 놓고 수식화할 수 있다.[86]

유전자의 눈 관점의 접근법의 인식론적 위치에 대한 비판도 있다. 앞서 우리는 유전자가 정말 이기적일 수 있는지,[87] 유전자가 의도를 가지고 행동한다는 식의 표현을 사용하는 것이 적절한지,[88] 그리고 애초에 유전자를 정의하는 데서 오는 어려움[89] 등을 놓고 제기된 의혹을 살펴보았다.

---

85. 이 주장의 원전은 Grafen, "Intellectual Contribution"이다.

86. 해당 논의를 보려면 A. Gardner and J. J. Welch, "A Formal Theory of the Selfish Gene" (*Journal of Evolutionary Biology 24*, 2011), pp.1801-1813을 참조하자.

87. Burt and Trivers, *Genes in Conflict*, pp.1-18.

88. 더 자세한 내용은 Brian Charlesworth, "Conflicts of Interest"(*Current Biology 16*, 2006), R1009-R1011을 참조하자.

89. Elisabeth Anne Lloyd, "Why the Gene Will Not Return"(*Philosophy of Science 72*, 2005), pp.287-310와 다음 책인 Beurton, Falk, and Rheinberger(eds., Concept of the

하지만 여전히 도킨스가 '진화가 일어나는 방법에 관한 실증적 이론'을 옹호하는지, 아니면 단순히 '발견적 교수법heuristic의 관점에서 진화에 관하여 생각하는 것'을 옹호하는지를 놓고 논란이 일고 있다.[90] 유전자의 눈 관점의 접근법은 **과정**을 가리키는가, 아니면 **관점**을 가리키는가? 유전자의 선택 과정과 유전자의 눈 관점 사이에는 둘을 구분할 수 있는 차이가 존재한다.[91] 문제는 이 두 가지를 혼동할 때 발생한다. 생물학자가 다양한 관점에서 연구하는 것과 다양한 과정으로 연구하는 것은 아예 다른 이야기이다.

유전자의 눈 관점은 반드시 유전자 선택으로 일어났다고 할 수만은 없는 사건을 관찰할 때 유용할 수 있다.[92] 예를 들어 케네스 워터스Kenneth Waters는 완전히 다른 모델에 근거해 해석할 수 있는 현상을 유전자의 눈 관점으로 보면 이해할 수 있다고 주장했다. "전통적인 수준에서 (환경 간의) 개념적 차이를 구분하는 이들은 현상(예를 들어 T 대립유전자의 선택 같은)을 다중수준 선택multiple level selection 과정으로 간주한다. 그러나 윌리엄스를 따르는 유전자 선택학자들은 같은 현상을 놓고도 서로 다른 유전 환경 내에서 동등한 수준에서 일어나는 여러 개의 선택 과정으로 간주할 뿐이다."[93] 다른 사람들이 '집단선택설'로 더 잘 설명할 수 있다고 주장

Gene), Pearson, "Genetics; What Is a Gene?"을 참조하자.

90. Okasha, *Evolution and the Levels of Selection*, pp.146-149를 참조하자.

91. '유전자 선택'을 옹호하는 입장은 P. Kitcher, K. Sterelny, and C. K. Waters, "The Illusory Riches of Sober's Monism"(*The Journal of Philosophy 87*, no. 3, 1990), pp.158-161을 참조하자.

92. Okasha, *Evolution and the Levels of Selection*, p.148.

93. C. Kenneth Waters, "Tempered Realism about the Force of Selection" (*Philosophy of Science 58*, no. 4, 1991), pp.553-573. 동일 저자의 다음 논문인 "Why Genic and

하는 자료들을 유전자의 눈 관점으로 수용할 수 있을지도 모른다.[94] 따라서 유전자의 눈 관점을 옹호하는 이들은 주장하기를, 진화를 동일한 정도로 충분하게 잘 설명하는 주장이 여럿 있지만, 그중에는 유전자 수준에서 진화를 설명하는 주장도 항상 포함되어 있다고 한다.[95] 그러나 이러한 다원주의적 관점은 정확한 실험적 반증이 불가능하다는 점에서 개인적으로 우려스럽다.[96]

'이기적 유전자'라는 발상은 대중 문화의 틈새시장을 파고들어 일부에서는 정설로 자리매김한 것처럼 보인다. 그런데 많은 연구자들은 진화 이론에 관해서는 다중수준에서의 통합적인 접근이 필요하다고 주장한다. 즉 유전자를 비롯해 생물체를 구성하는 여러 유전 요소가 유기적으로 협력한다고 보는 것이다. 아마도 협력을 유도한 것은 역설적으로 무자비한 경쟁이었을 것이다. 전반적으로 볼 때 도킨스의 유전자의 눈 관점은 진화 과정의 복잡함을 이해하는 데 발전적 교수법으로서 유용한 것으로 남아 있다. 하지만 여러가지 중 하나의 접근법일 뿐, **독보적인** 결정적 진화 이론은 아니라는 시각이 늘어나고 있다.

Multilevel Selection Theories Are Here to Stay"(*Philosophy of Science 72*, 2005), pp.311-333도 참조하자.

94. 선택 수준에 대한 논의는 Edward O. Wilson, "One Giant Leap: How Insects Achieved Altruism and Colonial Life"(*BioScience 58*, 2008), pp.17-25를 참조하자. 더 일반적인 논의는 Wilson and Wilson, "Rethinking the Theoretical Foundation of Sociobiology"를 참조하자.

95. 해당 접근법에 대한 비판은 중요 논문인 R. N. Brandon and H. F. Nijhout, "The Empirical Nonequivalence of Genic and Genotypic Models of Selection: A (Decisive) Refutation of Genic Selectionism and Pluralistic Genic Selectionism"(*Philosophy of Science 73*, no. 3, 2006), pp.277-297을 참조하자.

96. 해당 주장은 Noble, "Neo-Darwinism"을 참조하자.

지금까지 도킨스가 주장한 '다윈주의' 접근법의 개요를 살펴보았다. 그렇다면 도킨스의 관점이 시사하는 바는 무엇인가? 도킨스의 관점이 인생관이나 아니면 '종교' 같은 더 넓은 의미에서의 세계관에 미치는 영향은 무엇인가? 도킨스가 발전시키고 유창하게 대변하는 다윈주의 세계관의 이모저모와 그 종교적 함의는 4장에서 자세히 알아보고자 한다. 이 중요한 문제를 탐구하기 위해, 이 주제를 명쾌하게 다루고 있으며 도킨스의 주요 저작 가운데 하나라 할 수 있는 『눈먼 시계공The Blind Watchmaker』을 살펴볼 것이다. 하지만 우리는 먼저 『눈먼 시계공』에서 드러난 도킨스의 분석 이면에 깔린 보다 보편적인 주제를 짚고 넘어가야 한다. 과학은 어떻게 과학적 신념을 확립하는가? 그 확립 과정이 종교에 시사하는 바는 무엇인가? 다음 장에서는 이런 보편적 주제에 대해 이야기하고자 한다.

3장
눈먼 신앙?
과학과 종교에서 증거와 증명과 이성의 위치

인간이 지식을 탐구할 때 주요 과제 중 하나는 단순한 '의견'과 '지식'을 구분할 수 있는가이다. 우리는 어떻게 근거가 확실하고 철저한 고증을 거친 믿음과 전혀 근거 없는 의견을 구분할 수 있을까? 이 논쟁은 플라톤 때로 거슬러 올라가 현재까지도 이어진다. 자연과학과 철학 혹은 신학에서는 어떤 조건이 충족되어야 우리에게 주어진 믿음이 합당하다고 결론 내릴 수 있는가가 핵심 화두이다. 도킨스는 세상에 관해 유일하게 믿을 수 있는 지식은 과학 지식뿐이라고 생각한다. 철학자, 변호사, 신학자를 비롯해 누구든지 지식을 보존하기 위해서 가짜 주장을 할 수 있다. 그러나 자연과학만큼은 우리가 사는 세상에 관해 진실한 이해를 제공한다.

비록 도킨스와 나는 자연과학의 문화적 권위와 지성적 시사점에 대해 견해를 달리하지만, 자연을 과학적으로 탐구를 하다 보면 심심찮게 느끼게 되는 경이로움에서 희열을 느낀다는 점은 같다. 과학은 인류가 지적 탐구에서 거둔 위대한 성공 신화이다. 과학은 가장 안전하고 믿을 만한 인류의 지식 형태로서 널리 인정받으면서도 결코 자만하지 않은 덕에 선망의 대상이 되었다. 과학자는 모든 것에 대하여 언급할 필요가 없고, 철저하고 실험 가능한 탐구를 통해 진실임을 증명할 수 있는 것에 대해서만 이야기하면 된다는 사실을 안다.

한편으로 과학의 문화적 권위는 과학의 능력 밖에 있는 문제에 대해 이야기하지 않는 것을 원칙으로 하는 데서 온다. 예를 들어 가치와 의미의 문제는 실험 가능하지 않기 때문에 과학의 범주를 벗어난 문제라고 간주한다. 과학의 문화적 권위 및 지성적 권위는 윤리적, 정치적, 종교적 논쟁에서 철저히 중립을 유지하는 데서 온다. 다윈의 열렬한 지지자인 토마스 헉슬리Thomas H. Huxley(1825~1895년) 또한 이 점을 강조하며 과학이 "특정 교리나 신조를 채택하는 것은 곧 자살 행위이다."라고 말하기도 했다.[1] 이 같은 극적인 주장은 1880년 4월에 헉슬리가 런던 왕립 과학 연구소에서 『종의 기원』의 '시대가 도래했음'을 축하하는 연설 말미에서 나왔다. 종교주의자든 반종교주의자든 근본주의자가 자연과학을 장악했더라면, 오늘날과 같은 과학의 지성적 순수성은 와해되고 문화적 권위 또한 위태로워졌을 것이다.

과학은 세상 만물을 가장 잘 이해하기 위한 끝없는 탐색이다. 오늘날 우리가 세상을 이해하는 방식은 백 년 전에 세상을 바라보던 방식과는 다르다.(백 년 전 과학자들은 우주의 영속성을 믿었다. 그러나 지금은 정반대로 빅뱅이라고 하는 원시 화구primordial fireball로부터 우주가 탄생했다고 보편적으로 믿는다.)[2] 화학자이자 유명한 과학 철학자인 마이클 폴라니

---

1. Thomas H. Huxley, *Darwiniana*(London: Macmillan, 1893), p.252.

2. Helge S. Kragh, *Conceptions of Cosmos: From Myths to the Accelerating Universe*(A

Michael Polanyi(1891~1976년)는 명민한 관찰력으로 과학자들이 진실이라고 믿었던 많은 사실 가운데 일부는 결국에 틀렸다고 증명되었고, 과학자들 또한 이 사실을 잘 알고 있다고 말했다. 문제는 (진실이라고 주장할 당시에는) 무엇이 틀린 믿음인 줄 알 수 없다는 데 있다.

오늘날 과학자 대부분은 다윈의 자연선택설이 우리가 세상에서 관찰할 수 있는 사실을 가장 잘 설명하는 이론이라고 믿는다. 그러나 도킨스 자신이 바로 지적했듯이 결국에는 다윈주의 자체도 수정해야 하고 어쩌면 거부해야 할 수도 있다. "다윈주의를 버리거나 대폭 수정이 필요함을 알려주는 새로운 사실을 21세기에 후배 과학자들이 밝혀낼 가능성을 인정해야만 한다."[3] 도킨스의 이러한 주장은 일부 염려에도 불구하고 절대적으로 옳다. 과학은 증거를 축적하고 그 증거를 이론적으로 검증하면서 발전해 왔다. 이 과정에서 때로는 이전에 옳다고 믿었던 믿음을 버려야만 한다.

과학 이론의 한시성을 인정하는 것은 어떤 개인이나 세대가 믿고 싶은 것을 제멋대로 선택해 믿는 상대주의를 포용하는 것과는 다르다. 이론적 판단은 증거에 근거해야 한다. 증거는 시간에 걸쳐 천천히 축적되어, 역사학자 토마스 쿤이 명명한, '패러다임의 변화'를 서서히 유도한다. 패러다임의 변화란 축적된 증거가 우리로 하여금 사물을 바라보는 방식을 급진적으로 바꿀 수밖에 없게 만드는 변화를 일컫는다.[4]

---

History of Cosmology, Oxford: Oxford University Press, 2006).

3. *A Devil's Chaplain*, p.81.

4. Paul Hoyningen-Huene, *Reconstructing Scientific Revolutions: Thomas S. Kuhn's Philosophy of Science*(Chicago: University of Chicago Press, 1993), pp.197-265. *Philosophy of Science*, (Chicago: University of Chicago Press, 1993), 197-265쪽.

과학을 하는 이들에게 증거에 기반한 사고의 중요성은 아무리 강조해도 지나치지 않는다. 과학적 사고는 사고방식을 미리 규정해 놓고 따르기보다는 우주 특유의 본질에 순응해 변화해 왔다. 미지의 물리적 우주가 예측할 수 있는 대상이 아니라는 사실은 합리성이 발견의 문제이지 예측의 문제가 아님을 분명히 알려 준다. 과학자가 던져야 할 질문은 '이것이 합리적인가?'가 아니라 '이것이 진실이라고 생각하는 이유가 무엇인가?'이다. 과학은 증거에 기반한 사고이다.

도킨스가 강조하는 증거에 기반한 사고는 도킨스로 하여금 관찰 가능한 사실에 충분히 기반을 두지 않은 모든 종류의 믿음에 대해 매우 비판적인 태도를 견지하게 했다. "나는 진실의 신봉자로서 증거로 뒷받침되지 않은 확고한 신념에 대해 매우 회의적이다."[5] 도킨스의 저작에서 반복해서 드러나는 그의 핵심 신념 중 하나는 종교적 신앙은 '증거가 결여된 혹은 심지어 증거에 반하는 눈먼 신뢰'라는 것이다.[6]

어떻게 믿음을 생성하고 증명하는지에 대한 토론은 이루 말할 수 없이 중요하며, 도킨스가 이러한 논쟁을 활성화하는 데 기여한 공은 혁혁하다. 도킨스와 논쟁의 대척점에 선 이들까지도 주목을 받았다. 사람들은 그들의 신념 체계를 지속하는 방법에 많은 관심을 갖게 되었다. 인지심리학 연구는 사람들이 '믿음을 견지하기 위해 증거를 찾고 모으고 해석하려는 경향이 있다'[7]는 사실을 반복해서 증명했다. 때로 암묵적 믿음은 자료 해석에 크게 영향을 미쳐 사람들이 정보를 처리하고 판단하는 방식에도

---

5. *A Devil's Chaplain*, p.117.

6. *The Selfish Gene*, p.198.

7. Richard E. Nisbett and Lee D. Ross, *Human Inference: Strategies and Shortcomings of Social Judgment*(Englewood Cliffs, NJ: Prentice-Hall, 1980), p.192.

영향을 미친다. 종교적 믿음의 체계든 반종교적 믿음의 체계든 간에, 믿음의 체계 자체를 위협하고 훼손하고 도전하고 한정하고 부정하는 모든 것에 저항하는 것은 당연하다. 이러한 암묵적 이론은 때로 고착화된 가정으로 말미암아 '거의 자료에 휘둘리지 않는' 지경에까지 이른다.[8] 관찰 사실들은 기존의 믿음 체계에 부합하도록 다듬어지고 강조된다.

도킨스의 종교 비판에서 가장 의아한 것 중에 하나는 종교가 이성적으로 관찰과 경험을 사유하기를 거부하는 '눈먼 신앙'을 대변한다고 끈질기게 주장하는 것이다. 일부 종교인들이 그러하다는 것에는 의심의 여지가 없지만, 그것은 그저 일부의 행태일 뿐이다. 이러한 관찰의 부정확성은 종교계와 무신론계 양쪽에서 도킨스에 대한 비판을 양산했다.

옥스퍼드 대학교의 신학자인 케이스 와드Keith Ward는 도킨스가 '경쟁 관계에 있는 견해를 체계적으로 조롱하고 악마화'[9]한다고 비난했다. 자신과 반대되는 의견을 곡해하는 도킨스의 습관은 아마도 도킨스의 글에서 가장 매력적이지 않은 요소일 것이다. 도킨스의 이런 습관은 도킨스가 은둔자처럼 자신만의 세계에 갇혀 종교를 포함한 대안적 사고방식과 진정으로 소통하기를 거부한다는 인식을 강하게 심어 줄 뿐이다.

도킨스의 세계관에서 증거가 차지하는 위상에 대한 논의는 도킨스가 '신앙'이라는 개념에 어떻게 접근하는지 탐구함으로써 시작할 수 있을 것이다.

---

8. Nisbett and Ross, *Human Inference*, p.169.

9. Keith Ward, *God, Chance and Necessity*(Oxford: One World, 1996), pp.99-100.

신앙은 눈먼 신뢰인가?

신앙이란 "눈먼 신뢰를 뜻하며 증거라고는 눈곱만큼도 찾을 수 없다."[10] 도킨스가 1976년에 처음으로 내세운 신앙에 대한 이러한 관점은 종교에 대한 도킨스의 태도를 결정지은 '핵심 사상' 가운데 하나이다. 1989년에 들어서 도킨스는 더욱 강경한 태도를 보이기 시작했다. "신앙은 이제 '일종의 정신병'이 되었다."[11] 1992년에 에든버러Edinburgh 국제 과학 축제에서 도킨스는 강의 도중 자신의 이 같은 타협 불가능한 핵심 사상을 다시 거론했다. 이 강의에서 도킨스는 신앙과 증거의 관계에 대한 자신의 관점을 피력했다. 그는 신앙의 지적 무책임함을 통렬히 비난했다. "신앙은 중대한 책임 회피이자 증거를 평가하고 생각해야 할 필요를 회피하는 비겁한 변명이다. 신앙은 증거가 결여된 믿음, 어쩌면 증거의 부재 때문에 가능한 믿음이다. …… 신앙은 논증으로 정당화할 수 없다."[12] 4년 후 도킨스는 '올해의 인문주의자'라는 타이틀을 얻는다. 이듬해 '더 휴머니스트The Humanist'라는 학술지에 실린 수상 소감에서 도킨스는 신앙을 우리 시대의 최대악이라고 간주하고, 이를 박멸하기 위해 해야 할 일을 역설한다.

---

10. *The Selfish Gene*, p.198.

11. *The Selfish Gene*, p.330. (이 부분은 2판에서 추가되었다.)

12. 이 강의는 통일된 제목이 없어서 'Lions 10, Christians Nil'이라는 제목으로 *The Nullafidian* 이라는 전자 저널의 vol. 1, no. 8(December 1994)에 출간되었다. 이 저널은 스스로를 '무신론적 인본주의와 자유사상에 관한 전자 학술지'라고 소개한다. 이전에는 '루시퍼의 메아리'라는 이름으로 알려져 있었다. 페이지 번호를 따로 매기지 않으며, 1996년 3월에 폐간되었다.

에이즈 바이러스나 '광우'병 등등 기타 여러 질병이 인류에 가하는 위협을 두고 종말 운운하며 사태를 부풀리는 것이 유행이지만, 내 생각에 신앙에 비견할 만한 해악은 세상에 없다. 해악의 정도를 따지자면 천연두 바이러스에 필적하는데, 근절의 어려움을 따지자면 천연두 바이러스보다 훨씬 더 박멸하기 어렵다. 증거에 입각하지 않은 믿음인 신앙은 모든 종교가 자행하는 최대악이다.

도킨스는 신앙을 증거에 기반해 세상 만물에 접근하는 자연과학과 대조한다. "진실을 사랑하는 사람으로서 뒷받침할 증거도 없으면서 굳게 견지하는 믿음은 의심할 수밖에 없다."[13]

도킨스는 여기서 과학과 종교에서 증명과 증거와 신앙이 차지하는 위치에 대해 질문한다. 이런 매혹적인 주제를 논의할 수 있는 공론장을 마련해 준 것에 관해서는 도킨스에게 감사해 마땅하다. 그래서 여기서는 이 주제와 관련해 과학철학과 과학의 역사에서 제기되어 온 논제들을 탐구할 것이다. 그리고 도킨스의 주장처럼 이 문제가 정말 그렇게 단순하게 결론지을 수 있는 문제인지 자문해 볼 것이다. 내가 무신론자였던 시절에 도킨스의 주장을 접했더라면 그럴 듯하고 설득력 있다고 생각했을 것이다. 그러나 지금은 아니다.

어떤 믿음이든지 간에 모든 믿음은 증거에 기반해야 한다는 도킨스의 주장은 절대적으로 옳다. 여러 면에서 도킨스의 접근법은 영국 수학자인 윌리엄 클리포드William K. Clifford(1845~1879년)의 접근법과 닮았다. 클리포드는 자신이 쓴 저명한 논문 「믿음의 윤리」The Ethics of Belief(1877년)에서

---

13. *A Devil's Chaplain*, p.117.

다음과 같이 주장한다. "불충분한 증거에 기반한 믿음은 언제 어디서 누가 믿든지 간에 틀린 믿음이다."[14] 클리포드는 증거에 기반한 믿음은 단순한 지적 책임에서 한발 더 나아가 근본적인 도덕적 의무라고 주장한다. 그 누구도 논증이나 증거로 확정되지 않은 것을 믿어서는 안 된다. 나도 물론 클리포드의 주장에 동의하지만, 클리포드가 사용한 '불충분한' 증거라는 용어가 상당히 모호하다는 사실은 짚고 넘어가야 한다. 특히 과학적 설명의 주춧돌이라 할 수 있는 논리적 추론의 문제를 다룰 때에는 더더욱 말이다.

다행히 클리포드는 수학자였기에 추론에 의존하는 보다 경험적인 과학에 대해서도 충분히 알고 있었다. 그러나 그렇다고 하더라도 클리포드의 과학적 방법에 관한 설명에 근본적인 문제가 있다는 것은 분명하다. 예를 들어 '증거에 의한 이론의 과소결정'이라는[15] 고질적인 문제를 다룰 때 클리포드는 능력의 한계를 드러낸다. 증거에 의한 이론의 과소결정이라는 명제는 과학을 철학과 역사에 구애 받지 않고 단순하게 지켜 나가길 원하는 이들에게 먹구름을 드리우는 끈질긴 어려움 가운데 하나이다. 만약 과학적 방법에 관한 클리포드의 비현실적인 설명을 다윈의 '종의 기원'에 적용했더라면, 다윈의 이론은 물론이고 과학에서 믿음의 위치에 관한 클리포드의 설명 또한 비과학적이라고, 심지어 비윤리적이라고 철퇴를 가해야만 했을 것이다. 다행히도 이 문제는 클리포드의 설명이 미흡하

---

14. William Kingdon Clifford, *The Ethics of Belief and Other Essays*(Amherst, NY: Prometheus, 1999), pp.70-96.

15. 예시로 Laurie Calhoun, "The Underdetermination of Theory by Data, 'Inference to the Best Explanation', and the Impotence of Argumentation"(*Philosophical Forum 27*, 1996), pp.146-160을 참조하자.

다고 판결이 나면서 쉬이 해결되었다.

다윈은 자연선택설이 증명될 수 없다는 사실을 꽤 분명히 했고, 자연학자 허튼F. W. Hutton이 이 사실을 지적한 것을 두고 칭찬해 마지않았다. "허튼은 종의 변화를 직접 증명할 수 없다는 사실과 자연선택설이 현상을 분류하고 설명하는지에 따라 가라앉거나 헤엄쳐 나아가야 한다는 사실을 알아챈 극소수의 인물 가운데 한 명이다. 이토록 자명한 사실을 알아챈 사람이 극소수라는 사실이 매우 흥미롭다."[16] 다윈은 자연선택설의 운명이 자신이 모은 관찰 자료를 '분류하고 설명하는' 능력에 달려 있다고 믿었다. 다윈은 자신의 이론과 관련한 모든 문제를 솎아낼 수 있다고 생각하진 않았지만, 자연선택설이 현존하는 설명 가운데 가장 설득력 있는 이론이라는 자신감만은 여전했다.[17]

클리포드 접근법의 불완전성은 1897년에 출간된 유명한 논문인 「믿으려는 의지The Will to Believe」의 주제이기도 하다. 이 논문에서 심리학자인 윌리엄 제임스William James(1842~1910년)는 인간은 지적 선택을 해야 하는 위치에 있다고 주장한다. 제임스에 따르면, 이러한 지적 선택은 '강제적이고 생명력이 있으며 획기적'이다.[18] 그는 세상에서의 경험을 이해하기 위해서는 누구에게나 '작업 가설'이 필요하다고 주장한다. 물론 작

---

16. *The Life and Letters of Charles Darwin*(edited by F. Darwin, 3 vols., London: John Murray, 1887, vol. 2), p.155. 허튼은 다윈의 관점 해석가로 더 주목할 만한 가치가 있다. 예시로 John Stenhouse, "Darwin's Captain: F. W. Hutton and the Nineteenth-Century Darwinian Debates"(*Journal of the History of Biology 23*, 1990), pp.411-442를 참조하자.

17. Charles Darwin, *Origin of Species*(6th edn., London: John Murray, 1972), p.444. 이전 판에는 해당 발언이 나오지 않는다.

18. William James, "The Will to Believe"(*In The Will to Believe and Other Essays in Popular Philosophy*, New York: Longmans, 1897), pp.1-31, 특히 p.3.

업 가설은 완벽하게 증명할 수 없을 때가 많다. 그러나 사람들은 실제 세상을 살아갈 때는 작업 가설이 만족스럽고 믿을 만한 관점을 제공한다고 믿기 때문에 작업 가설을 받아들이고 행동의 근거로 삼는다. 제임스에게 신앙은 믿음의 한 특정한 형태이며 일상에 속속들이 스며 있다. 제임스는 신앙을 다음과 같이 정의한다. "신앙이란 의심이 여전히 이론적으로 가능한가에 관한 믿음이다." 이 정의에 따라 제임스는 "신앙은 작업 가설의 동의어이다."라는 결론에 이른다. 비록 제임스는 때때로 희망 사항에 불과한 일에 지적 무게를 부여한다는 이유로 비난을 받지만(미국의 과학자이자 실용 철학자인 찰스 피어스Charles S. Peirce(1839~1914년)가 이같이 비난했다), 제임스 자신은 그렇게 생각하지 않았다. 제럴드 마이어스Gerald E. Myers의 제임스 연구에서 보듯이, "제임스는 이성에 민감하고, 자연에 실험적이며, 따라서 수정에 취약한 신앙을 항상 옹호했다."[19]

그렇다면 도킨스는 어떠한가? 우선 도킨스가 내린 신앙의 정의는 무엇이고, 그 정의가 도대체 어디서 왔는지를 살펴보자. 신앙이란 "눈먼 신뢰이며 티끌만한 증거조차 없다." 도대체 왜 이 난해하고 대표성이라고는 전혀 없는 정의를 모든 사람이 받아들여야 하는가? 도킨스는 그의 「딸을 위한 기도Prayer for My Daughter」에서 지금 우리가 하는 이야기와 밀접한 관련이 있는 중요한 주장을 한다. "다음번에 누군가가 너에게 어떤 것이 옳다고 말하거든 그들에게 이렇게 말하렴. '그 주장이 옳다고 주장하는 근거가 뭐죠?' 그리고 만약 그들이 이 질문에 그럴듯한 대답을 내놓지 못하거든 바라건대 그들의 입에서 나온 한 마디의 말이라도 믿을지 말지를 아

---

19. General E. Myers, *William James, His Life and Thought*(New Haven, CT: Yale University Press, 1986), p.460.

주 신중하게 고민하렴."[20] 그렇다면 종교인들이 이렇게 부조리한 방식으로 '신앙'을 정의하고 이해한다는 근거는 무엇인가? 나는 신앙을 부조리하게 정의하지 않는다. 내 주변에서도 그런 사람은 단 한 명도 만나 보지 못했다.

안타깝게도 도킨스는 자신이 내린 신앙의 정의를 방어하지도 않을뿐더러, 신앙을 부조리하게 정의하고 이해하는 것이 종교계의 대표적인 입장이라는 증거 또한 제시하지 않는다. 더군다나 자신의 주장을 뒷받침하는 믿을 만한 근거도 인용하지 않는다. 나는 도킨스가 신앙을 이런 식으로 정의하는 것을 받아들일 수도 없을뿐더러, 그의 주장을 진지하게 받아들이는 신학자도 여태껏 만나보지 못했다. 도킨스가 주장하는 신앙의 정의는 여러 기독교 교파가 공식적으로 표방하는 신앙 중에 어떤 것으로도 변호될 수 없다. 도킨스가 내린 신앙의 정의는 그 혼자만의 정의일 뿐이다. 도킨스는 자신의 의도에 맞춰 신앙을 정의하고서는 마치 자신이 비난하고자 하는 대상이 실제로 그러한 것처럼 호도하고 있을 뿐이다.

정말 걱정스러운 점은 저명한 기독교 작가 중에 그 누구도 도킨스가 내린 신앙의 정의를 채택하고 있지 않는데도, 도킨스 자신은 진심으로 신앙이 '눈먼 신뢰'라고 믿고 있는 것 같다는 것이다. 도킨스의 중심에 자리한 이 같은 사상은 종교와 종교인을 향한 그의 태도를 전부 설명해 준다. 그러나 중심 사상도 종종 시험대에 올릴 필요가 있다. 도킨스는 신앙이 '눈먼 신뢰'라고 주장할 수 있다. 그러나 기독교인의 생각은 다르다. 유명한 영국 성공회 신학자인 그리피스-토마스W. H. Griffith-Thomas(1861~1924년)가 내린 신앙의 정의를 옮겨 적어 보겠다. 그의 정의

---

20. *A Devil's Chaplain*, p.248.

는 기독교 작가 대부분이 동의하는 전형적인 신앙의 정의이기 때문이다. "(신앙은) 인간의 본성 전체에 영향을 미친다. 신앙은 충분한 증거에 기반을 둔 마음의 이해에서부터 시작된다. 그리고 그 이해에 기반을 둔 마음속 확신으로 지속되며 의지의 동의를 얻어 확고해진다. 이 의지로 말미암아 앞서 말한 이해와 확신이 행동으로 이어져 나타나게 된다."[21] 이 같은 정의는 신뢰할 만한 좋은 정의이다. 신앙의 특징을 이루고 있는 핵심 요소를 기독교인이 이해하는 대로 잘 종합하고 있기 때문이다. 이 정의에 따르면, 신앙은 "충분한 증거에 기반을 둔 마음의 이해에서부터 시작된다." 이 구절을 뒷받침할 만한 수많은 증거를 제시하는 다른 기독교 작가들을 일일이 인용해서 독자를 지치게 할 필요는 굳이 없다고 본다. 어쨌든 도킨스는 자신이 내린 편향되고 근거 없는 '신앙'의 정의가 기독교의 대표적인 특징이라고 주장하고 있으므로, 이를 증거에 기반해 논증할 책임 또한 그에게 있다.

도킨스는 손수 허수아비를 만들어 손수 쓰러뜨리고 있는 셈이다. 이는 그다지 어렵지도 않고, 엄청난 지적 공력을 필요로 하지도 않는다. 신앙은 유치하다고들 한다. 아직 미숙해서 이리저리 쉽게 휘둘리는 어린 아이들이나 세뇌할 수 있는 것이지, 성인이 신앙을 가지는 것은 참을 수 없이 부도덕할뿐더러 그 지적 수준을 의심 받아 마땅하다. 성인이 되었으면 앞으로 나아가야 한다. 과학적으로 증명할 수 없는 것을 왜 믿어야 하나? 도킨스는 신을 믿는 것은 산타클로스나 치아 요정[미국에서는 빠진 치아를 베개 밑에 두고 자면 치아 요정이 치아를 가져가는 대신 돈을 두고 간다고 믿는 풍습이 있다-역주]을

---

21. W. H. Griffith-Thomas, *The Principles of Theology* (London: Longmans, 1930), xviii. 따라서 신앙은 '확실한 증거'와 '확실한 정합성'을 포함한다. 신앙은 '맹목적이지 않고 지성적이다.'(xviii-xix).

믿는 것과 다를 바 없다고 주장한다. 심신이 다 자랐으면 미신에서도 빠져 나와야 한다는 것이다.

이러한 논증은 어른들 논쟁에 실수로 끼어든 초등학생 수준의 논증이나 다름없어 보인다. 전문가답지도 않을뿐더러 설득력도 떨어진다. 사람들이 신과 산타클로스와 치아 요정을 동일한 범주로 묶어 생각한다는 주장을 뒷받침할 만한 어떤 경험적 증거가 없기 때문이다. 나는 여섯 살 때부터 산타클로스와 치아 요정의 존재를 믿지 않았다. 신을 믿게 된 건 무신론자로서 얼마간의 세월을 보내고 열여덟 살이 되었을 무렵이었고, 내 신앙이 일종의 유아적 회귀라고 생각한 적은 단 한번도 없다.

만약 다소 단순한 도킨스의 논증이 조금이라도 타당성을 갖추려면, 신과 산타클로스 사이에 실제로 유사성을 증명해야 한다. 도킨스의 주장에는 당연히 그런 증명 과정이 없다. 사람들이 신에 대한 믿음을 산타클로스나 치아 요정을 믿는 유치한 믿음과 같은 범주로 간주하지 않는다는 사실은 누구나 안다. 물론 도킨스의 주장은 신을 믿는 것이나 산타클로스를 믿는 것이나 실재하지 않는 존재를 믿는다는 점에서 매한가지라는 것이다. 그러나 이런 식의 주장은 도킨스가 논증에서 무엇이 전제이고 무엇이 결론인지조차 헷갈려 하고 있다는 사실을 드러낼 뿐이다.

산타클로스와 치아 요정은 아이들이 만들어낸 개념이 아니다. 설령 아이들이 이러한 미신을 지키기 위해 어른들과 공모를 했다고 할지언정 산타클로스와 치아 요정에 대한 미신을 아이들에게 주입한 장본인이 어른들이라는 사실은 달라지지 않는다. 도킨스는 신에 대한 믿음 또한 독재자적인 어른들이 아이들에게 주입한 믿음이기 때문에 배격해야 한다는 입장을 취한다. 그러나 이러한 생각의 주입이 소비에트 연합이나 다른 무신론 국가에서도 어떻게 똑같이 자행되었는지를 살펴보지 않고서 20세기 무신론의 발전을 논하는 것은 불가능하다.[22] 무신론이 옳다고 국민을 설득하는 데 실패한 소련 당국은 결국 설득 대신 세뇌를 선택했다.

1954년 7월 소련 공산당은 학교에서 무신론 헌신 교육을 강화할 것을 명령했다. 신에 대한 믿음은 논증으로도 무력으로도 제거할 수 없었기 때문이다. 결국 소련 정부가 선택할 수 있었던 유일한 방법은 자라나는 아이들에게 사상 주입 교육을 강제적으로 시행하는 수밖에 없었다. 소련의 교과서는 '종교는 세계를 광적이고 변태적으로 반영한다' 혹은 '종교는 대중의 영적 노예화를 위한 수단이다' 등의 슬로건을 통해 종교의 해악을 반복해서 주장했다. 종교의 끈질긴 생명력에 위기감을 느낀 소련 공산당국은 "역사, 문학, 자연과학, 물리, 화학 등을 포함한 모든 교과목의 가르침을 무신론으로 물들여야 한다."라고 선포하기에 이르렀다. 그러나 이러한 무신론 세뇌 교육은 결과적으로 1990년대에 소련이 붕괴한 이후 신앙이 대규모로 부활할 수 있는 기초를 닦아준 셈이 되었다.

만약 억지로 주입한 사상은 거짓이라는 도킨스의 주장이 타당하다면, 우리는 무신론이야말로 악하고 비도덕적이며 신뢰할 수 없는, 어린 아이에게 억지로 주입하지 않고서야 믿게 할 재간이 없는 말도 안 되는 주장이라고 결론 내려야 하지 않을까? 그러나 그렇지 않다. 어떤 사상이 제도적으로 남용된다고 해서 무조건 신뢰할 만하지 않다는 뜻은 아니다. 유신론이건 무신론이건 민주주의건 간에 말이다.

때때로 도킨스는 자각하지도 못하는 사이에 논증에서 경계해야 할 '이것은 증명할 수 없다'에서 '이것은 틀렸다'로 논리적 비약을 저지르는

---

22. 예시로 Dimitry V. Pospielovsky, *A History of Marxist- Leninist Atheism and Soviet Anti-Religious Policies*(New York: St. Martin's Press, 1987)을 참조하자.

실수를 하면서 자신이 만들어낸 반종교적 수사법에 스스로 떠밀려가는 듯한 양상을 보인다. 가령 '과학이 영혼을 말살하고 있는가'라는 주제로 1999년에 열린 한 토론에서 도킨스가 당시 청중석에서 나온 한 질문에 어떤 답을 내놓았는지 살펴보자. 당시 질문은 종교가 가까운 친구나 친척의 죽음 뒤에 사람들에게 위안을 주는 것처럼 과학도 위안을 줄 수 있느냐는 것이었다. 도킨스는 이렇게 답했다. "종교가 당신을 위로할 수 있다는 사실이 종교를 진실로 만들어 주지는 않습니다. 거짓에라도 위로받기를 원하느냐 아니냐라는 문제에 관해서는 논란이 있을 수 있겠지만요."[23] 도킨스는 힘들이지 않고 놀랄 만큼 자연스럽게 '위로의 기능이 종교를 진실로 만들어 주지 않는다'에서 '종교는 틀렸다'로 넘어가 버린다. 아마도 이러한 논증 방식은 도킨스의 뿌리 깊고 확고부동한 반종교적 감정을 감안할 때 도킨스 자신에게는 아주 자연스러운 추론일지 모른다. 그러나 논리적으로 타당한 결론은 아니다. A가 증명되지 않았기 때문에 A는 틀렸다라는 논증은 잘못된 논증 방식이다. 도킨스가 주창한 '밈'이라는 개념을 다룰 때 보겠지만, 밈과 같은 가상의 존재는 그 실재가 증명된 적이 없는, 어느 모로 보나 순전히 가상의 개념이다. 그러나 도킨스는 밈의 존재를 믿는다.

신앙은 '눈먼 신뢰'라는 도킨스의 핵심 사상은 그가 행하는 대부분의 종교 비판에 스며 있으므로 반드시 신중하게 살펴볼 필요가 있다. 신앙의 본질에 관한 도킨스의 주장 가운데 하나를 조금 더 자세히 살펴보자. 『이기적 유전자』 제2판에서 도킨스는 '눈먼 신뢰'와 '압도적이며 공공연한

---

23. 1999년 2월 19일 런던에 있는 웨스트민스터(Westminster) 중앙 홀에서 「가디언」(*The Guardian*)의 과학 특파원인 팀 래드퍼드(Tim Radford)의 주재 하에 리처드 도킨스와 스티브 핑커(Steve Pinker) 사이에 벌어진 토론이다.

증거' 사이를 절대적으로 구분해야 한다고 제안했다. "그러나 결국 신앙이란 무엇인가? 신앙은 증거가 전무한 상태에서 무언가를 믿도록 이끄는 마음의 상태이다. 무엇을 믿는지는 중요하지 않다. 만약에 어떤 사실을 뒷받침하는 충분한 증거가 있다면, 그 사실을 믿는 데는 굳이 신앙의 힘까지 빌릴 필요가 없다."[24] 이러한 증거와 믿음의 관계에 관한 관점은 자연과학에서는 지속가능하지 않은 관점이다. 왜냐하면 '증거가 전혀 없다'와 '(믿음을) 전적으로 뒷받침하는 증거가 없다'를 구분할 수 있는 핵심을 제시하지 못하기 때문이다.

빅뱅에 의한 단일우주론이 옳으냐 아니면 다중우주론이 옳으냐를 놓고 우주론 학계에서 현재 벌어지고 있는 논쟁을 예로 들어 보자.[25] 내가 알고 있는 저명한 동료 과학자들 가운데는 전자를 지지하는 사람도 있고 후자를 지지하는 사람도 있다. 단일우주론과 다중우주론 둘 다 충분한 지식에 기반해 논리적으로 사고하는 과학자들이 선택할 수 있는 이론이다. 이들은 주어진 증거를 어떻게 가장 잘 해석할 수 있는지를 판단하는 각자의 기준에 의거해 결정을 내리고 그 결정을 믿지만, 그들의 해석이 맞는지 틀렸는지는 증명할 수 없다. 다소 불편한 이 과정은 도킨스가 대담하게 선언하는 "만약에 어떤 사실을 뒷받침하는 충분한 증거가 있다면, 그 사실을 믿는 데는 굳이 신앙의 힘까지 빌릴 필요가 없다."라는 주장과 하나도 들어맞지 않는다. 과학은 그런 것이 아니기 때문이다.[26]

---

24. *The Selfish Gene*, p.330.

25. 단일 우주론이냐 다중 우주론이냐 하는 문제를 탐구한 저명한 사상가들의 저술 모음집은 Bernard Carr, ed., *Universe or Multiverse?*(Cambridge: Cambridge University Press, 2007)을 참조하자.

26. '증거'(evidence)와 '논거'(warrant)의 관계에 관한 중요한 논의는 Susan Haack,

엄밀히 따지면, '증명'은 논리와 수학에만 적용된다. 우리는 '전체는 부분보다 크다'라는 명제를 증명하듯이 2+2=4라는 수식을 증명할 수 있다.

이론 물리학자였다가 신학자로 변모한 존 폴킹혼John Polkinghorne은 과학계와 종교계에서 진짜로 논쟁해야 할 문제는 믿음을 증명하거나 입증할 수 있는 것으로 간주해야 하는가 하는 것이라고 주장한다.[27]

> 과학이든 종교이든 바보만이 거부할 수 있을 만큼 논리적으로 반박 불가능한 증명을 해낼 수 있다고 장담하지 못한다. 어느 쪽도 어느 정도의 지적 불안정성은 피할 수 없기 때문에 결과적으로 진실을 추구할 때 어느 정도는 신중함이 필요하다. 경험과 해석은 뫼비우스의 띠처럼 얽혀 있다. 과학조차 이 딜레마(이론으로 실험을 해석한다. 실험으로 이론의 옳고 그름을 확인한다.)에서 완전히 벗어날 수 없다.

비록 논리나 수학에서 우리가 기대하는 만큼의 엄정한 증거를 댈 수는 없을지라도 과학 이론(혹은 종교적 믿음)을 타당하다고 믿을 만한 충분한 이유를 댈 수는 있다. 그러나 조금 더 깊이 생각해 보면 우리는 이러한 형태의 엄정한 증거라는 것이 실은 논리와 수학이라는 다소 좁은 세계에만 한정해 존재한다는 사실을 깨닫게 된다.

'증명가능성'과 '진실'을 헷갈리지 않는 것이 중요하다. 과학에서는 연속적으로 관찰을 할 때는 질문을 하도록 되어 있다. 관찰한 사실을 설명하려면 무엇이 진실이어야만 하는가? 관찰 결과와 가장 잘 맞아 떨

Evidence and Inquiry(Oxford: Blackwell, 1993), pp.158-181을 참조하자.

27. 이 발언이 나온 배경은 John Polkinghorne, *Theology in the Context of Science* (London: SPCK, 2008), pp.84-86을 참조하자.

어지는 현실의 '큰 그림'은 무엇인가? 찰스 퍼스Charles Peirce는 과학자들
이 최선의 설명을 제공하는 이론을 만들어 내는 과정을 일컬어 '가추법
abduction, 假推法'이라고 명명했다. 지금은 이 방법을 '최선의 설명으로의
추리'라는 이름으로 더 많이 부른다.

가장 전통적인 가추법의 예는 아마도 도킨스와 내가 존경해 마지않
는 다윈의 『종의 기원』에서 찾을 수 있을 것이다. 나나 도킨스나 『종의 기
원』을 과학적 방법의 모범이라고 여긴다. 이 장의 앞부분에서 언급했듯
이, 다윈은 자신의 '자연선택설'이 생물학적 생명체의 기원을 가장 우아
하고 설득력 있게 설명하는 이론이라고 생각했다. 그러나 다윈은 자신의
이론을 증명할 수 없다는 사실 또한 알고 있었다.[28] 문제는 자명했다.

우선 반박이 불가능한 증거라는 것은 있을 수 없다. 어떤 이론을 반박
이나 의심의 여지가 없이 사람들이 받아들이도록 설득할 수 있는 압도적
이고 명명백백한 증거란 존재하지 않는다. 당시에 자연 세계에 대해 알려
졌던 모든 것들은 형질 전환 이론 같은 경쟁 관계에 있던 진화 이론으로
도 수용 가능했다.[29] 게다가 다윈 시대의 많은 과학자들로 하여금 자연선
택설이 취약한 이론이라고 생각하게 만드는 심각한 과학적 반론과 이론
적 난제가 있었다.[30]

---

28. 다윈의 이론에 우려를 표한 허튼에 대한 다윈은 유명한 발언은 *The Life and Letters of Charles Darwin*(edited by F. Darwin, 3 vols., London: John Murray, 1887, vol. 2), p.155 를 참조하자.

29. Pietro Corsi, "Before Darwin Transformist Concepts in European Natural History" (*Journal of the History of Biology 38*, 2005), pp.67-83.

30. 이러한 난제에 관한 논의는 Abigail J. Lustig, "Darwin's Difficulties"(*In The Cambridge Companion to the "Origin of Species"*, edited by Michael Ruse and Robert J. Richards, Cambridge: Cambridge University Press, 2009), pp.109-128을 참조하자.

그러나 해결하기 어려운 이론적 어려움에도 불구하고 다윈은 자연선택설이 옳으며 언젠가는 이 사실이 증명되리라고 믿었다. 다윈은 자신이 직접 관찰한 결과와 이토록 딱 맞아 떨어지는 이론이 어떻게 틀릴 수 있느냐고 반문했다. 그러나 어느 이론에나 미진한 부분이 있으며 해결되지 않은 문제가 많이 있다. 하지만 다윈의 눈에는 자신의 핵심 주장이 증명 불가능하다는 사실에도 불구하고 옳게 보였던 듯하다. "독자는 많은 난제를 맞닥뜨릴 것이다. 그중 몇몇은 너무 어려워 이날 이때까지 쓰러질 만큼 고민을 거듭했다. 그러나 내 판단으로는 그중 대다수는 단지 어려워 보일 뿐이다. 실상 진짜 난제라고 할 수 있는 몇몇 문제도 내 이론에 치명적이지는 않아 보인다."[31]

그래서 과학은 자신의 이론들을 증명하는가? 물론 개중에는 (논리와 수학과는 별개로) 과학이 증명할 수 있는 이론도 있고 이미 증명한 이론도 있다. 예를 들어 물의 화학식이 H_2O라든가[32] 지구에서 달까지의 평균 거리가 384,500킬로미터라는 것은 증명되었다. 그러나 이렇게 증명된 사실은 우리가 사는 세상에 관한 기초적인 사실이다. 더 큰 과학적 의문은 우주의 기원이나 힘과 물질의 본성에 관한 것이다. 그 중에서도 가장 큰 의문은 아마도 모든 것을 설명할 수 있는 '대통일 이론Grand Unified Theory' 이 존재하는가 하는 질문일 것이다. 우리는 우리가 가진 증거로 옳고 그름을 판별할 수 있다고 믿는 질문에는 꽤 괜찮은 대답을 내놓을 수도 있다. 그러나 간과해서는 안 될 사실은 최종 답변을 제시할 수는 없다는 사

31. Charles Darwin, *Origin of Species*(1st edn., London: John Murray, 1859), p.171.

32. 여기에 대해서는 할 말이 많지만 Barbara Abbott, "Water=H₂O"(*Mind 108*, 1999), pp.145-148을 참조하자.

실이다. 왜냐하면 오늘날 과학자들이 믿는 많은 것이 미래의 과학자들이 믿는 사실과 일치하지 않을 수 있다는 것을 우리는 누구보다 잘 알고 있기 때문이다. 수많은 표준 과학 교과서가 '과학은 신앙에 기초한다'는 점을 강조하고 있다는 사실은 놀랄 일이 아니다.[33]

대부분의 사람들은 여기에 문제를 제기하지 않는다. 신앙은 그저 인간 삶의 부분일 뿐이며, 다른 모든 곳에서도 그러하듯 과학에서도 중요한 역할을 담당한다. 그러나 도킨스만이 유독 '신앙'이 종교에 현혹당한 멍청이들 특유의 지적 변태성을 나타내는 단어라며 알레르기 반응을 보이는 것 같다. 신앙은 확고부동한 눈먼 신뢰이다. 글쎄, 사실은 그렇지 않다. 종교적 신앙이든 세속적 신앙이든 간에 신앙은 그저 복잡한 세상을 이해하려는 사람이라면 누구나 지니는 일반적인 태도이다. 철학자 줄리아 크리스테바Julia Kristeva는 "내가 어떤 종교에 속해 있든지 불가지론을 믿든지 무신론을 믿든지 간에 내가 무엇을 '믿는다'라는 말은 내가 그 무엇이 '진실이라고 생각한다'라는 뜻이다."[34]라고 했다. 문화이론가인 테리 이글턴 Terry Eagleton 역시 "우리에게는 논리적으로 확실한 근거가 전혀 없는 믿음이 많지만, 그러한 믿음 자체가 우리에게 즐거움을 준다."[35]라고 말한다.

---

33. Hugh G. Gauch, *Scientific Method in Practice*(New York: Cambridge University Press, 2003), p.152.

34. Julia Kristeva, *The Incredible Need to Believe*(New York: Columbia University Press, 2009), p.3. 그녀의 전반적인 요점은 현대 철학에서 널리 수용되고 있다. 예시로 Slavoj Žižek, *How to Read Lacan*(London: Granta, 2007), pp.93-94와 John Cottingham, *Why Believe?*(London: Continuum, 2009)를 참조하자.

35. Terry Eagleton, "Lunging, Flailing, Mispunching"(*Review of The God Delusion*, October 19, 2006), *London Review of Books*(www.lrb.co.uk/v28/ n20/terry-eagleton/lunging-flailing-mispunching., accessed August 7, 2014).

도킨스는 신앙이 종교에 한정된 개념이라고 생각하는 것 같지만, 사실 신앙이라는 것은 인간의 삶의 모든 현실에 스며 있는 것이다.

무신론 자체는 신앙이지 않나?

과학은 종교인가? 도킨스가 자주 받는 질문이다. 도킨스의 대답은 항상 같다. 과학은 종교가 아니다. 도킨스는 과학은 종교적 믿음이 가진 장점은 모두 가지면서 단점은 하나도 없다고 주장한다. 과학은 현실에 대한 경외감을 불러일으킬 뿐만 아니라 인간성을 고양하고 영감을 북돋운다. 게다가 과학은 신앙이 지니고 있는 문제에서 자유롭다. 자연과학은 실재를 마주할 수 있는 유일하게 타당한 방식이라 할 수 있다. 이 자연과학에 생각의 뿌리를 내린 오늘날의 지성인들이 선택할 수 있는 유일한 입장은 무신론이다. 무신론이야말로 세계를 더할 나위 없이 훌륭하고 간결하게 설명할 수 있는 길이다.

그러나 이러한 주장은 조금만 생각하면 어디서부터 잘못되었는지 금방 알 수 있다. 우리는 이미 종교적 신앙은 '눈곱만큼의 증거도 없는 눈먼 신뢰'[36]라는 도킨스의 주장을 살펴보았다. 도킨스는 신앙을 제멋대로 정의하고선 그 정의를 진지하게 고찰해 보자는 요구에는 응하지 않는다. 이것이야말로 '증거도 없으면서 심지어 증거에 맞서' 고집스럽게 고수하는 틀린 믿음이 무엇인지를 보여주는 훌륭한 예라고 할 수 있다. 반복되는 똑같은 지적에도 아랑곳하지 않고 도킨스는 끈질기게 자신만의 독단적인 '신앙'의 정의를 부여잡고 있다. 그러면 무신론은 (신앙이 아니고) 무

---

36. *The Selfish Gene*, p.198.

엇이란 말인가?

도킨스는 불가지론은 지적으로 안일한 선택이라며 말장난으로 치부해 버린다. 1992년 에든버러 강의에서 도킨스는 아무데나 갖다 붙일 수 있는 불가지론 같은 입장은 '책임 회피'라고 주장했다. "세상에는 가설에 기초한 믿음들이 수없이 많습니다. 우리는 그저 반증할 수 없다는 이유만으로 이러한 믿음들을 붙듭니다." 이 주장에 얼마간의 진실이 포함되어 있는 것도 사실이다. 그러나 문제는 도킨스의 생물학적 논증들은 (무디면서도 독단적이기까지 한 주장들은 빼고 진짜 논증들만 놓고 본다 하더라도) 언제나 종교적 불가지론으로 귀결된다는 점이다. 도킨스는 자신이 의도하는 무신론이라는 관념적 목적지에 도달하기 위해 어쩔 수 없이 비과학적 논거를 추가로 제시한다. 그리고 추가된 논거의 본질은 대개 분석적인 언어가 아니라 허울 좋은 수사법일 뿐이다. 결국 도킨스가 주장하는 무신론은 그가 그토록 신봉하는 과학에 근거하지 않고 자의적으로 생략하고, 대부분 검토하지도 않은 비과학적 가치와 믿음에 기초한다. 이 점은 매우 중요하므로 더 자세히 다루고자 한다.

무신론과 종교적 믿음 사이에 벌어진 논쟁은 지난 수세기 동안 이어져 철학자들조차 지루하다며 진저리를 칠 정도로 이미 하나에서 열까지 모두 논의되었다. 그 결과 논쟁은 교착 상태에 이르렀다. 어느 누구도 신의 존재를 입증하지도, 그렇다고 반증하지도 못했다. 도킨스가 이 교착 상태를 달갑게 여기고 있지 않음은 분명하다.

도킨스가 주장하는 무신론에서 가장 두드러진 점 가운데 하나는 무신론의 필연성과 과학적 토대를 주장하는 자신만만함이다. 과학철학에 익숙한 이들에게는 희한하리만치 근거도 없고 이해할 수도 없는 이상한 자신감이다. 1965년에 양자물리학으로 노벨 물리상을 받은 리처드 파인만

Richard Feynman(1918~1988년)이 종종 지적하듯이, 과학적 지식은 확실성의 정도가 다양한 주장의 집합체이다. 어떤 주장은 거의 불확실하고 어떤 주장은 거의 확실하지만, 어떤 주장도 절대적으로 확실하지는 않다.[37] 그러나 도킨스는 무신론이 마치 순수 논리의 결정체이고, '자연이라는 책book of nature'에서 추론할 수 있는 이론인 것처럼 행동한다. 무신론이 일련의 공리에서 추론할 수 있는 유일한 결론인 것처럼 주장한다.

철학에 조예가 깊은 대다수는 이쯤 되면 이런 질문을 던지고 싶을 것이다. 자연과학이 관찰 가능한 자료로부터 추론한 사실을 바탕으로 진보한다고 할 때, 도킨스는 어떻게 무신론을 그토록 확신할 수 있는가? 때때로 도킨스는 신 없는 세상의 확실성을 간증하듯이 말한다. 또한 마치 허점 없는 논리적 논증이 도달할 수 있는 안전하고 필연적인 결과가 곧 무신론인 것처럼 말한다. 그러나 자연과학의 방법이 연역적이지 않은데도 어떻게 도킨스는 무신론의 확실성을 그토록 단언할 수 있을까?

이 문제 때문에 나는 도킨스의 글을 읽는 내내 혼란스러웠다. 추론의 정의 자체가 불확실성을 내포하며, 미성숙한 결론에 도달하지 않기 위해서는 엄청난 노력을 기울여야 한다. 그렇다면 도대체 도킨스는 무신론이 과학에 기초하고 있다고 어떻게 그렇게 확신하는 것일까? 도킨스가 검토한 증거를 똑같이 검토한 다른 이들은 아주 다른 결론에 다다랐다. 지금까지의 논의에서 분명히 드러났듯이, 무신론이 자연과학자들에게는 유일하게 타당한 세계관이라는 도킨스의 주장은 불안하고 신뢰할 수 없는 판단이다. 그러나 내가 불안한 이유는 도킨스가 자신의 주장을 옹호하기 위

---

37. 특히 Richard P. Feynman, *What Do You Care What Other People Think?*(London: Unwin Hyman, 1989)와 Richard P. Feynman, *The Meaning of It All*(London: Penguin, 1999)을 참조하자.

해 사용하는 지적 논증의 오류 때문만은 아니다. 그보다 도킨스가 무신론을 주장할 때 드러내는 광포함이 더욱 내 신경을 건드린다. 도킨스의 무신론이 과학보다 다른 데 기초하고 있다는 사실을 감안할 때, 이 광포함의 이면에는 분명히 무언가 굉장히 감정적인 부분이 작용하고 있으리라고 추측할 수 있다. 그러나 도킨스의 무신론 사상의 바탕에 그의 개인적 감정이 깔려 있다고 단언할 수 있는 근거는 아직 찾지 못했으므로 다른 데서 답을 찾아야만 한다.

그 답을 찾기 위해 티머시 샤나한Timothy Shanahan이 도킨스 특유의 논증 방식을 자세하게 분석한 글을 읽었다.[38] 샤나한은 도킨스와 굴드 Stephen Jay Gould가 생물학적 자료에 접근하는 방식을 비교한다. 그는 도킨스는 논리적 전제에 의거해 결론을 내린다고 지적하면서, 이러한 방식은 궁극적으로 (간접적이긴 하지만) 경험적 자료에 기초한다고 말한다. "타당한 연역 논증의 본질은 특정 전제가 주어졌을 때 전제의 진실 여부와 상관없이 결론이 필연적으로 도출된다는 것이다."[39] 사실 도킨스는 본질적으로 귀납적 접근을 사용해 다윈주의 세계관을 옹호한다. 그러나 다윈주의 세계관으로부터 일련의 전제를 추출한 다음에는 이 전제로부터 안전한 결론을 연역한다.

비록 샤나한은 굴드와 도킨스가 어떻게 진화 과정에 대해 서로 상반되는 결론에 도달하는지를 분석하는 데 그치지만, 그의 분석을 도킨스의

---

38. Timothy Shanahan, "Methodological and Contextual Factors in the Dawkins/Gould Dispute over Evolutionary Progress"(Studies in History and Philosophy of Science Part C: Studies in History and Philosophy of Biological and Biomedical Sciences 32, 2001), pp.127-151.

39. Shanahan, "Methodological and Contextual Factors", p.140.

종교적 관점에까지 확장하여 적용해 볼 수도 있다. 도킨스는 다윈주의가 관찰 사실에 대한 최선의 설명이라는 결론을 추론한 다음, 한낱 잠정적인 과학 이론을 모든 것을 포괄하는 이데올로기적 세계관으로 변모시킨다. 따라서 무신론은 증명이 따로 필요 없는 일련의 공리로부터 논리적으로 도출된 결론처럼 보인다. 즉 연역 추론되어 논리적으로 확실성을 지니는 것처럼 보인다. 그러나 무신론은 궁극적으로는 (논리적으로 확실성을 지닐 수 없는) 귀납 추리에 의거하고 있을 뿐이다.

도킨스가 무신론을 설득력 있는 논증의 결과라고 믿는 것은 분명하다. 그러나 다른 사람들은 무신론이 설득력 있다고 생각하지 않는다. 도킨스는 어쩔 수 없이 불가지론에서 무신론으로 '신앙의 비약leap of faith'을 감행한다. 이는 무신론에서 불가지론으로 비약하는 이들과 마찬가지의 방법이다. 무신론이 신앙의 한 형태라는 주장에는 문제가 없다. 누구나 무신론도 신앙의 한 형태라는 것을 안다. 그리고 누구나 인생에서 정말로 중요한 것은 때로 인간이 증명할 수 있는 영역 너머에 있다는 사실도 안다. 어느 누구도 완벽한 확신을 가지고 신의 존재에 관한 질문을 해결할 수는 없을 것이다. 그런 질문은 지구가 편평하다든가 DNA가 이중나선 구조를 가지고 있다든가 하는 질문과는 다른 범주에 속한다. 오히려 그런 질문은 민주주의가 전체주의보다 나은가 하는 질문에 더 가깝다. 이러한 질문은 과학적 방법으로는 해결할 수 없다. 그러나 과학적인 방법으로 해결할 수 없다고 해서 이런 질문에 개인적으로 결론을 내릴 수 없다는 뜻은 아니다. 또한 그러한 결론이 비합리적이라는 뜻도 아니다. 비합리성에 대해서는 다음 장에서 조금 더 깊이 알아보도록 하자.

기독교 신앙은 비합리적인가?

앞서 살펴보았듯이 도킨스의 신앙 분석은 지나치게 단순할 뿐 아니라, 종교적 맥락에서 이 단어가 어떻게 사용되는지는 전혀 고려하지 않는다는 것을 알 수 있다. 오스트리아의 철학자인 루트비히 비트겐슈타인 Ludwig Wittgenstein(1889~1951년)은 어휘가 문맥마다 다른 뜻으로 사용될 수 있다는 반박이 불가능한 주장을 했다. 그는 단어가 사용되는 '삶의 형식Lebensform'이 단어의 의미를 결정하는 데 중요하다고 보았다. 그의 지적대로 정확히 똑같은 단어라도 다양한 상황에서 각각 다른 뜻으로 사용될 수 있다. 이로 말미암아 생기는 혼란을 피하는 한 방법은 각 상황에 꼭 들어맞는 완전히 새로운 어휘를 만들어서 단어의 뜻이 서로 헷갈리지 않도록 정의하는 것이다. 그러나 이는 현실적인 해결 방안이 아니다. 언어는 살아 있는 생명체와 같아서 인위적으로 제어할 수 없다.

비트겐슈타인에 따르면, 단어의 의미를 혼동하는 것을 피하기 위한 가장 현실적인 방안은 각 상황에 맞게 단어의 뜻을 정의하기 위해 노력하는 것이다. 이를 위해서는 단어가 관련을 맺고 있는 '삶의 형식' 속에서 단어의 연상 작용과 용례에 대해 세밀하게 연구하는 것이 필요하다.[40] 어떤 상황에서 어떤 뜻으로 사용되는 단어가 다른 상황에서도 정확하게 같은 뜻으로 사용될 것이라고 맹목적이고 순진하게 가정하지 않고, 대신 단어가 서로 다른 문맥에서 어떻게 사용되며 그 뜻이 어떻게 달라지는지를

---

40. Ludwig Wittgenstein, *Lecture and Conversations on Aesthetics, Psychology and Religious Belief*(Oxford: Blackwell, 1966). "철학자들이 저지른 중대한 실수가 무어냐고 내게 묻는다면 (중략) 언어를 들여다볼 때 단어의 형태로 이루어진 용법이 아니라 단어의 형태를 본 것이라고 말하겠다."

각별한 주의를 기울여 정립할 필요가 있다는 데 모두가 동의한다.

사실 이는 현직 과학자에게는 친숙한 문제이다. 현직 과학자라면 일상에서 통용되는 단어를 실험실 환경에서 더 정확하고 제한된 의미로 사용하는 데 익숙하기 때문이다. 나는 1970년대 후반 옥스퍼드 대학교 생화학과의 조지 라다George Radda 경의 연구실에서 수년 동안 일했다. 매주 아침 열한 시면 연구실 동료들과 아주 오래된 화로 주위에 삼삼오오 모여 커피를 마시곤 했다. 옆 사람에게 누군가 "설탕 좀 건네줘!"라고 부탁할 때, 그 설탕이 실제로 가리키는 것은 자당sucrose, 더 정확히는 알파-디-글루코피라노실-베타-디-프락토퓨라노사이드α-D-glucopyranosyl-β-D-fructofuranoside이다. 오늘날 자연과학에서 '설탕sugar'이라는 단어는 매우 다양한 범주의 화학 물질을 지칭하며, 여기에는 사탕수수에 들어 있는 자당sucrose, 우유에 들어 있는 젖당lactose, 과일에 들어 있는 과당fructose이 모두 포함된다. 자당과 젖당과 과당은 당도의 차이가 크다. 예를 들어 젖당의 당도는 자당의 당도의 16퍼센트에 불과하다.

따라서 일상에서 사용하는 '설탕'이라는 단어는 실제로는 더 넓은 과학적 범주의 설탕 가운데 특정 형태의 설탕, 즉 1, 2-글리코시드glycoside만을 지칭한다. 이 단순한 어휘의 차이가 특히 과도한 자당 섭취에서 비롯하는 건강 문제와 관련해서 어마어마한 혼란을 일으킬 수도 있다.[41] 또 누군가로 하여금 커피에 (자당 대신) 젖당을 넣게 만들 수도 있다. 커피에 자당을 한 스푼 넣었을 때 느낄 수 있는 단맛을 내려면 젖당을 여섯 스푼은 넣어야 한다. 하지만 이러한 혼란은 일어나지 않는다. 커피를 마시려

---

41. Madeleine Sigman-Grant and Jaime Morita, "Defining and Interpreting Intakes of Sugars"(*American Journal of Clinical Nutrition 78*, 2003), 815S-626S.

고 모인 사람들은 모두 어떤 단어가 맥락마다 다른 뜻으로 사용된다는 사실을 잘 알고 있고 그 차이 또한 구분할 수 있기 때문이다.

그러므로 더 이상 문제가 생기지 않는다. 그저 서로 다른 세상에서 살아가는 일에 익숙해지고 다른 세상에서 사용하는 언어의 미묘한 차이에 민감해지기만 하면 된다. 그러면 공동체마다 어떤 단어가 뜻하는 바가 다를 수 있다는 사실을 깨닫게 될 것이다. 외부인은 그 미묘한 언어의 차이에 곤혹스러워 하거나 종종 왜 다른 공동체에서 언어를 다르게 사용하는지를 이해하지 못할 수도 있다. 그러나 언어를 다르게 사용해서 다른 사람을 속이려는 불순한 의도 따위는 절대 없다. 공동체별로 전문적인 필요에 따라, 또는 공동체가 관여하는 일의 성격에 따라 언어가 다르게 진화하는 것은 자연스러운 현상이다. 그저 공동체별로 다른 언어 체계를 사용할 줄 알아야 하고 단어가 문맥에 따라 다른 언어로 사용될 수 있다는 사실에 민감해지기만 하면 된다. 달리 말하면 다른 공동체 구성원들에게 "이 단어를 무슨 뜻으로 사용했니?"라고 물을 수 있어야 하고, 그들의 단어 사용이 당신의 단어 사용과 일치하지 않을 수 있다는 사실을 받아들일 수 있어야 한다. 결코 그들이 틀렸다거나 당신이 옳다는 뜻이 아니다. 만약에 그들이 틀리고 당신이 옳다면 학제간 소통은 불가능할 것이다. 과학자들은 일상용어를 다르게 사용한다. 신학자들도 마찬가지이다. 어떤 학문에 발을 들여 놓기 위한 첫걸음은 해당 학문의 언어 사용 방식을 이해하는 것이다.

도킨스가 이 사실을 모를 리 없다. 철학자 메리 미드글리가 『이기적 유전자』 가설을 비판한 것을 두고 도킨스는 미드글리가 과학자의 언어 사용법을 이해하지 못한 것이 분명하다며 조롱했다. 도킨스가 미드글리를 비판한 글은 도킨스 자신에게 그대로 되돌려 주기 위해 인용할 만한 가치가 있다.

> (미드글리는) 생물학이나 생물학자들이 사용하는 언어를 이해하지
> 못하는 것 같다. 내가 만약 미드글리의 전문 분야에 앞뒤 안 재고 뛰
> 어든다면, 나의 무지도 들통나리라는 것에 추호의 의심도 없다. 하지
> 만 그랬다면 나는 미드글리보다는 조금 더 조심스러운 어조를 선택했
> 을 것 같다. 현재로선 우리 둘 다 내 전문 분야에 있는데도 (미드글리
> 쪽에서는 여전히 몰아붙이니) 나로서는 싸움이 끝났다고 생각하기 어
> 렵다.[42]

그런데 이 상황이 기독교 신학에 대해 아무것도 모르는 리처드 도킨
스가 신학의 영역으로 뛰어 들어와서 신학에서 통용되는 단어를 사용하
고 있는 신학자들에게 해당 단어의 의미를 새로 가르치려 드는 것과 무엇
이 다른가? 아니면 신학자들이 정말로 '눈먼 신뢰'라는 뜻으로 '신앙'이
라는 단어를 사용하고 있기라도 한단 말인가? 도킨스는 언어를 통해 기
독교 신학을 이해하는 첫 단추부터 잘못 끼웠다. 이것이 기독교 신학에
관한 도킨스의 비판을 진지하게 받아들일 수 없는 이유이다.

여기서 정확히 짚고 넘어갈 것이 있다. 전문 신학자로서 나는 고전
기독교 전통이 항상 합리성의 가치를 높이 평가해 왔으며, 신앙이 이성
의 완전한 포기나 증거에 맞서는 믿음을 종용하지 않는다고 망설임 없

---

42. Richard Dawkins, "In Defence of Selfish Genes"(*Philosophy 56*, 1981), pp.556-573. 미
   드글리의 원래의 글은 Mary Midgley, "Gene-Juggling"(*Philosophy 54*, 1979), pp.439-
   458을 참조하자. 도킨스의 비판에 대한 미드글리의 대답인 Mary Midgley, "Selfish Genes
   and Social Darwinism"(*Philosophy 58*, 1983), pp.365-377의 원문을 재인용했다.

이 단언할 수 있다. 진실로 기독교 전통은 이 점에서만큼은 변치 않는 입장을 고수해 왔으므로 더더욱 도킨스가 어떻게 신앙을 눈먼 신뢰라고 생각하게 되었는지 이해하기가 힘들다. 옥스퍼드 대학교의 리처드 스윈번Richard Swinburne이나 예일 대학교Yale University의 니콜라스 월터스토프Nicholas Wolterstorff, 노트르담 대학교University of Notre Dame의 앨빈 플랜팅가Alvin Plantinga 같은 이 시대에 유명한 기독교 철학자의 책이나 C. S. 루이스C. S. Lewis(1898~1963년)[43] 같은 유명한 작가의 책만 훑어보았어도, 그들이 얼마나 열정적으로 '과연 신에 관해 타당하고 증거에 입각하고 논리 정연한 주장을 할 수 있는가?'라는 질문에 답하기 위해 헌신하고 있는지를 알 수 있을 텐데 말이다.[44] 논점은 '눈먼 신뢰'가 아니라 신에 대한 물음을 놓고 증거가 다양하게 해석될 수 있을 때에 어떻게 정보에 입각해 합리적이고 논리적으로 방어할 수 있는 판단을 내리느냐 하는 것이다.

아마도 도킨스는 요새 종교에 반대하는 책을 쓰느라 바빠서 종교 서적은 들여다볼 여유도 없는 모양이다. 드물지만 도킨스가 고전 신학자를 인용할 때가 있다. 그런데 그마저도 도킨스는 재인용을 하는 경우가 많고, 그래서 때로 위험한 결론을 내리기도 한다. 가령 도킨스는 초대 기독교 저술가인 테르툴리아누스Tertullianus (160~225년 무렵)를 단 두 문장에 근거해 신랄하게 비평한다. 도킨스가 비판하는 테르툴리아누스의 문장은 "그것은 불가능하기 때문에 틀림없다."와 "그것은 불합리하기 때문에 믿

---

43. Alister E. McGrath, "An Enhanced Vision of Rationality: C. S. Lewis on the Reasonableness of Christian Faith"(*Theology 116*, no. 6, 2013), pp.410-417.

44. Richard Swinburne, *The Coherence of Theism*(Oxford: Clarendon Press, 1977)와 Nicholas Wolterstorff, *Reason within the Bounds of Religion*(Grand Rapids, MI: Eerdmans, 1984)와 Alvin Plantinga, *Warranted Christian Belief*(Oxford: Oxford University Press, 2000)와 같은 저술을 염두에 두고 한 말이다.

어야 한다."이다.[45] 도킨스는 이 모순을 이해하는 데 쏟을 시간이 전혀 없었던 것 같다. "미치는 건 한 순간이다."['리어왕'에 나오는 대사를 인용해 패러디하는 것이다-역주]

도킨스가 단 두 문장을 근거로 테르툴리아누스의 접근 방식이 루이스 캐럴Lewis Carroll의 『거울 나라의 앨리스Through the Looking Glass』에 나오는 하얀 여왕의 접근 방식과 유사하다고 판단한다. 이 책에서 하얀 여왕은 아침을 먹기 전에 여섯 가지 불가능한 일을 믿으라고 말한다. 비록 도킨스는 테르툴리아누스를 중요하게 생각할 만한 가치도 없다고 생각하지만, 도킨스가 전통 기독교 신학을 대표하는 인물 중 한 명을 언급하는 사례는 손에 꼽으므로 진지하게 들여다볼 필요가 있다고 생각한다. 테르툴리아누스나 기독교에 대해 도킨스가 우리가 미처 몰랐던 사실을 알려줄 수도 있지 않은가. 하다못해 도킨스 자신에 대해서라도 말이다.

테르툴리아누스는 북아프리카 카르타고 출신의 로마 신학자이다. 그는 "그것은 불합리하기 때문에 믿어야 한다."라는 문장을 쓴 적이 없다. 도킨스가 (원문을 직접 읽지 않고) 원문을 인용한 제2차 출처를 재인용할 때, 인용문이 왜곡되는 일이 종종 일어난다. 그런데 이번에 인용한 테르툴리아누스의 문장도 잘못된 인용이며, 그 사실이 알려진 지도 이미 꽤 오래되었다.[46] 따라서 도킨스는 테르툴리아누스가 쓴 원문을 직접 읽지 않고 신뢰할 수 없는 제2차 출처에서 그것을 가져다 쓴 것이라고 추정할 수 있다.

---

45. *A Devil's Chaplain*, p.139.

46. 자세한 것은 Robert D. Sider, "Credo Quia Absurdum?"(*Classical World 73*, 1978), pp.417-419를 참조하자.

"그것은 불가능하기 때문에 틀림없다."라는 문장은 테르툴리아누스가 쓴 것이 맞다. 그러나 이 문장이 쓰인 앞뒤 문맥을 보면, 테르툴리아누스는 단 한 순간도 '눈먼 신앙'을 주장하고 있지 않다는 사실이 분명히 드러난다.[47] 그 문맥에서 테르툴리아누스는 신앙과 이성의 관계나 기독교의 증거의 기초를 논하고 있지 않다. 다만 그는 아리스토텔레스를 패러디하고 있을 뿐이다. 이는 1916년 이래로 밝혀진 사실이다. "이 문장은 종종 잘못 인용된다. 그보다 더 자주 마치 테르툴리아누스가 종교의 지성을 업신여기고 경멸하여 마음속에 감춰 둔 비합리적인 편견이 해당 문장에서 드러났다는 오해를 받는다. 그러나 이러한 오해는 테르툴리아누스의 저작을 직접 읽어 보면 말끔히 없어진다."[48]

그렇다면 테르툴리아누스가 말하고자 하는 바는 무엇인가? 테르툴리아누스는 그저 기독교 복음에서 그리스도의 죽음의 의미는 근본적으로 기존 문화와 직관을 거스른다는 이야기를 하고 있을 뿐이다. 기독교 복음이 기존 지식으로는 받아들이기 어렵다는 사실이 자명하다면, 왜 굳이 이를 설명하려 드는가? 이에 테르툴리아누스는 아리스토텔레스의 『레토릭 Rhetoric』에 나오는 구절을 패러디하여 상식을 뛰어넘는 주장이야말로 진리일 수도 있다고 주장한다. 왜냐하면 그렇게 함으로써 상식 밖으로 빠져나올 수 있기 때문이다. 이는 아마도 아리스토텔레스를 아는 사람을 겨냥한 수사학적 농담이었을 것이다.

문맥에서 떼어 놓은 문장 하나로 신앙의 합리성을 깊이 이해하고 있

---

47. Tertullian, *De paenitentia*, v.4.

48. James Moffat, "Tertullian and Aristotle"(*Journal of Theological Studies 17*, 1916), pp.170-171. 더 최근 연구는 Robert D. Sider, *Ancient Rhetoric and the Art of Tertullian* (London: Oxford University Press, 1971), pp.56-59를 참조하자.

는 테르툴리아누스를 폄훼하는 것은 완전히 틀렸을 뿐만 아니라 부당한 처사이다. 이성에 관한 테르툴리아누스의 태도를 압축해 말해 주는 구절을 꼽으라면, 바로 다음 구절일 것이다. "이성은 신의 속성이다. 왜냐하면 만물의 창조주인 신이 이성으로 예측할 수 없고 계획할 수 없고 결정할 수 없는 일이란 존재하지 않기 때문이다. 게다가 신이 우리가 이성으로 탐구하고 이해하길 바라지 않는 일 또한 존재하지 않는다."[49] 이 구절의 핵심은 '이성으로 탐구하고 이해할 수 있는 일'에 한계가 없다는 뜻이다. 인류를 창조할 때 합리적으로 사고할 수 있는 능력을 부여한 신은 우리가 이성을 통해 세상을 탐구하고 설명하기를 기대한다. 오늘날 기독교 신학자 대부분이 여기에 동의하며 과거에도 마찬가지였다. 물론 어디에나 예외는 있다. 그러나 도킨스는 예외를 기독교 신학의 원칙인 것처럼 다루고 싶어 하는 것 같다. 매우 미심쩍은 결론을 증거도 없이 내놓으면서 말이다.

기독교 신학자는 여러 가지 이유로 자신들의 신앙이 지적으로 타당하다고 생각한다. 가장 큰 이유는 아마도 기독교 신학이 현실을 논리 정연하게 설명하고 있기 때문일 것이다. C. S. 루이스는 기독교 사상이 제시하는 현실에 관한 설명이 훨씬 만족스러워 '말만 번지르르하고 깊이가 없는 합리주의'를 버렸다고 그의 글에서 쓰고 있다. 루이스는 자신이 '귀납 추리'로 신을 믿게 된 '경험 신학자'라고 선언했다.[50] 그는 자신의 신앙을 이

---

49. Tertullian, *de paenitentia i*, 2. "Quippe res dei ration quia deus omnium conditor nihil non ratione providit disposuit ordinavit, nihil enim non raione tractari intellegique voluit."

50. 이 문구는 "Early Prose Joy"(held at the wade Center, Wheaton College, Illinois)에서 찾을 수 있다. 루이스의 개종(혹은 재개종)에 대한 대강의 내용은 내 저서인 Alister E. McGrath, *C. S. Lewis-A Life. Eccentric Genius, Reluctant Prophet*(London: Hodder &

루는 합리적인 근간을 간결하고 함축적인 문장으로 설명하는데, 이는 웨스트민스터 대성당 '시인 구역'에 있는 그의 추모비에 새겨진 글귀이기도 하다. "나는 해가 뜨는 걸 믿듯이 기독교를 믿는다. 눈으로 그것을 볼 수 있기 때문만이 아니라 그로 말미암아 다른 모든 것 또한 볼 수 있기 때문이다."[51]

루이스의 이러한 사고방식은 G. K. 체스터턴의 저작에서 영향을 받았을 수도 있다. 체스터턴은 처음에 불가지론자였다가 1903년에 신앙에서 결정적인 전환점을 맞이하게 된다. 체스터턴은 한 신문에 투고한 글에서 왜 자신을 비롯해 많은 사람이 기독교를 지적으로 진지하게 받아들이는지를 설명했다. "기독교는 세상을 이해하기 쉽게 설명하기 때문에 우리는 기독교로 돌아간다." 체스터턴은 이론을 시험한다는 것은 곧 이론에 맞지 않는 관찰 결과가 있는지 검증하는 것이라는 사실을 깨달았다. "코트가 몸에 맞는지 안 맞는지를 알 수 있는 가장 좋은 방법은 코트와 사람을 따로따로 재는 것이 아니라 코트를 사람에게 입혀 보는 것이다." 체스터턴의 생각을 직접 들어 보자.

우리 가운데 다수가 기독교 신앙으로 돌아간다. 이런저런 논증 때문이 아니라 그 이론을 채택했을 때 모든 상황이 맞아 떨어지기 때문이다. 입었을 때 몸에 딱 맞는 코트와 같기 때문에 돌아가는 것이다. …… 이론은 마법의 모자와 같아서 (머리에) 쓰면 역사가 마치 유리로

Stoughton, 2013), pp.135-151을 참조하자.

51. C. S. Lewis, "Is Theology Poetry?"(*In C. S. Lewis: Essay Collection*, London: Collins, 2000), p.21.

된 집처럼 투명하게 보인다.[52]

　체스터턴은 기독교의 현실 인식이 부분적인 요소를 떼어 놓고 볼 때가 아니라 전체로 볼 때 설득력이 증명되었다고 주장한다. 개별적인 관찰 사실들은 기독교가 참임을 '증명'하지 않는다. 다만 그 개별적 관찰 사실들을 기독교를 통해 이해할 수 있다는 사실에서 기독교의 타당성을 증명할 수 있다. 체스터턴은 이를 귀납적 통찰력이 가득한 문장으로 옮긴다. "현상은 종교를 증명하지 못하지만, 종교는 현상을 설명한다." 체스터턴에게 과학 이론이든 종교 이론이든 어떤 이론이 좋은 이론인지 아닌지를 판단하는 근거는 그 이론의 설명 범위와 우리를 둘러싼 세계에서 보이는 것과 우리 안에서 경험하는 것을 잘 설명할 수 있는 설명력에 달려 있다.

　도러시 세이어스Dorothy L. Sayeres의 저작에서도 체스터턴과 유사한 견해를 찾아 볼 수 있다. 세이어스는 기독교가 '우주에 대해서 유일하게 지적으로 만족스러운 설명'[53]을 제공하는 것 같다고 확신한다. 기독교인에게 신앙이란 논리적으로 증명할 수 있는 영역을 넘어서는 믿음이지만, 동시에 합리적인 근거를 찾을 수 있는 믿음이란 사실 또한 간과해서는 안 된다. 신앙은 근거가 있는 타당한 믿음의 형태이다. 신앙은 어둠으로의 맹목적인 비약이 아니라 우리가 속해 있는 큰 그림의 즐거운 발견이다.

　하지만 나는 여기서 기독교가 옳다는 사실을 증명하려는 것이 아니다. 내가 증명하고자 하는 바는 두 가지이다. 첫째, 기독교를 믿는 사람들은 기독교가 합리적이라고 믿으며 이러한 믿음의 타당성을 인정받을 수

---

52. G. K. Chesterton, "The Return of the Angels." (*Daily News*, March 14, 1903).

53. Letter to L. T. Duff, May 10, 1943: *The Letters of Dorothy L. Sayers*(vol.2: 1937 to 1943, edited by Barbara Reynolds, New York: St. Martin's Press, 1996), p.401.

있다고 생각한다. 둘째, 도킨스는 이에 대해 제대로 아는 바가 없다.

과학 이론의 급진적인 교체 문제

나는 고등학교 때 물리를 배우면서 그 가운데 자리잡고 있는 이상한 모순을 점차 깨닫게 되었다. 한편으로는 현대 물리학 이론은 의심의 여지 없이 신빙성 있고 인류가 소망해 온 가장 안전한 지식의 형태라고 확신했었다. 그러나 예나 지금이나 우리는 아직 어둠이 깔린 낯선 영역에 뛰어들 때마다 "한때 물리학자들은 이것을 믿었으나, 이제는 아니오."라는 음모를 감춘 듯한 낮은 음성을 듣게 되곤 한다. 이런 일은 열여섯 살짜리도 이해할 수 있을 정도로 간단한 빛의 본성과 관련해서도 일어났다. 한때 빛이 이동하려면 매개가 있어야 한다고 생각했다. 그러나 1960년대 이후로는 아무도 그렇게 생각하지 않는다. 한때 사람들은 빛이 순수한 파장으로 이루어져 있다고 생각했다. 그러나 지금은 빛이 광자로 이루어져 있다는 사실을 누구나 안다. 처음에 나는 빛의 이동에 매개가 필요하다든지 빛이 파장으로 이루어져 있다든지 하는 생각이 16세기쯤에나 유행했을 줄 알았다. 하지만 이내 무시무시한 진실을 알게 되었다. 빛의 본성에 관한 진실이 알려진 지가 불과 40년밖에 되지 않았다는 사실이다. '한때'라고 하는 것이 실은 '꽤 최근에'를 뜻한다는 것을 알게 된 것이다.

과학에서 '급격한 이론의 교체' 문제는 과학적 방법의 범위를 설명할 때 결코 간과해서는 안 될 문제이다. 오늘날 과학 지식이 미래를 설명하는 방법을 결정하거나 미래 세대가 지금의 과학 이론을 계속 믿을 것이라고 장담하기란 불가능하다. 19세기 후반에도 사람들은 당시 과학 이론에 대해 자신만만했다.[54] 이론적 안정성이 곧 이론적 진실을 나타내는 증거라고 간주하던 때가 있었다. 그러나 이는 곧 자기만족에 불과했다는 것이 드러났다.

19세기의 많은 유명한 과학자들은 그들이 알아야 할 가치가 있는 것들은 다 알게 되었다고 생각했다. 1871년에 제임스 클러크 맥스웰James Clerk Maxwell(1831~1879년)은 물리학 분야에서 알아낼 수 있는 모든 것이 이미 다 밝혀졌기 때문에 남겨진 일이라곤 소수점 다음 자리를 구하는 것밖에 없다며 짜증을 부렸다.[55] 막스 플랑크Max Planck(1858~1947년)는 1875년에 뮌헨 대학교Ludwig-Maximilians-Universität München, Ludwig Maximilian University of Munich에서 앞으로 무엇을 연구할지 막막하다고 말했다. 같은 대학교의 물리학 교수가 플랑크에게 연구할 만한 가치가 있는 것이 하나도 남지 않았다고 선언하는 바람에 자연과학을 연구할 가치가 사라져 버렸다는 것이다.[56] 전하 연구로 새로운 장을 열었던 로버트 밀리컨Robert A. Millikan(1868~1953년)은 1890년대 초반에 미국 학계에서 어떻게 물리학이 '죽은 과목'으로 취급받고 있었는지를 회고했다.[57] 물리학은 죽은 과목이라는 인식이 팽배했었음은 당시 여러 과학 저서가 증언한다. 미국의 대

---

54. 다음의 훌륭한 연구인 Lawrence Badash, "The Completeness of Nineteenth-Century Science"(*Isis 63*, 1973), pp.48-58을 참조하자.

55. W. D. Niven, ed., *The Scientific Papers of James Clerk Maxwell*(2 vols., Cambridge: Cambridge University Press, 1980, vol. 2), p.244.

56. Max Planck, *A Scientific Autobiography*(New York: Philosophical Library, 1949), p.8.

57. Robert A. Millikan, *The Autobiography of Robert A. Millikan*(New York: Houghton, Mifflin, 1950), pp.23-24. 밀리컨에 대해서는 Robert Hugh Pargon, *The Rise of Robert Millikan: Portrait of a Life in American Science*(Ithaca, NY: Cornell University Press, 1982)를 참조하자.

표적인 천문학자였던 사이먼 뉴컴Simon Newcomb(1835~1909년)은 1888년에 중요한 것은 거의 다 관측했고, 남은 것은 현재 지식 체계를 잘 통합하는 일뿐이라고 자신 있게 말했다.[58] 물론 혜성 몇 개가 더 발견될 수도 있다. 그러나 '큰 그림'은 완성되었다. 남은 일은 세부적인 밑그림을 완성하는 것뿐이다.

그러나 1920년에 이르러 물리학계에 혁명이 일어났다. '고전 물리학'의 시대가 막을 내리고 양자 역학, 상대성 이론, 빅뱅 이론이 지배하는 새로운 시대가 밝았다. 19세기의 마지막 십 년까지도 20세기를 휩쓴 변화의 조류를 전혀 감지할 수 없었다. 19세기의 어느 누구도 당대에 확신했던 모든 과학적 사실을 뒤엎어 버릴 만한 거대한 격변이 오리라고는 예상치 못했다. 당시 이론들은 완성된 것처럼 보였고 영원불변할 것만 같았다. 그러나 단 한 세기만에 새로운 이론적 패러다임이 들어섰다.

역사가와 과학철학자들은 한 세대에 걸쳐 현실에 대한 최선의 설명이라고 믿었던 이론들이지만, 새로운 발견이나 기존 사실을 더 정확하게 설명하는 이론이 나오는 바람에 다음 세대에 와서는 폐기된 이론들의 목록을 작성했다. 어떤 이론들은 놀라울 만큼 안정적이기도 했지만, 대부분이 급진적으로 수정되었고 나머지는 아예 폐기되었다.[59]

마이클 폴라니가 말했듯이, 자연과학자는 나중에 거짓으로 드러날 것을 알면서도 무언가를 믿어야 하는 사람들이다. 그러나 현재 믿는 것 중

---

58. Simon Newcomb, "The Place of Astronomy among the Sciences"(*The Sidereal Messenger 7*, 1888), pp.69-70.

59. 생물 과학에 대한 Sylvia Culp and Philip Kitcher, "Theory Structure and Theory Change in Contemporary Molecular Biology"(*British Journal for the Philosophy of Science 40*, 1989), pp.459-483의 주장을 참조하자.

에 무엇이 거짓으로 판명될지는 알 수 없다. 역사는 과학 이론이 더 나은 이론에 의해 지속적으로 폐기되어 왔다는 사실을 보여 준다. 그런데도 도킨스는 어째서 현재 자신의 믿음이 참이라고 그토록 확신할 수 있을까? 한때 확실하다고 믿었던 지식도 시간이 지남에 따라 무너질 수 있다는 사실을 모르는 과학역사가가 과연 있을까?

따라서 과학 이론은 잠정적으로만 성립한다. 달리 말하면 과학 이론은 실험적 관찰 사실을 설명할 수 있는 이론 가운데 현재 가장 최선이라고 믿는 이론이라는 것이다. 현재 알려진 사실에 대한 더 나은 설명이 나타나거나 새로운 정보가 밝혀져 우리가 알고 있던 사실을 다르게 이해해야 할 때가 오면 급진적인 이론 교체가 일어난다. 미래를 내다볼 수 없는 한 어떤 이론이라도 '옳다'고 단정 짓는 것은 불가능하다. 지금 현재로서는 과학자들이 이 이론이 최선의 설명이라고 믿고 있다고 말할 수는 있다. 아니 그렇게 말해야만 한다. 역사는 현재의 모든 이론적 상황이 시간이 흘러도 진실일 것이라고 주장하는 사람을 바보로 만든다. 문제는 지금의 이론들 중에서 어떤 이론이 다음 세대에서 재미있는 실패였다며 폐기되고, 어떤 이론이 존속하게 될지 알 수 없다는 것이다.

만약 이론이 폐기된다면 해당 이론에 토대를 둔 세계관은 어찌 될까? 이론적 토대가 붕괴된 세계관은 어떻게 될까? 다시 한 번 말하지만 역사는 한 세계관을 뒷받침하는 과학 이론이 붕괴될 때 일어날 일에 대해서 수차례 경고한다. 붕괴된 이론에 토대를 둔 세계관은 사상누각이다.

"진화 생물학자들은 현재 다윈주의가 지구상의 생명체를 이론적으로 가장 잘 설명한다고 믿는다."라고 말하는 것이 정확한 표현이다. 그러나 이 말이 미래 진화 생물학자들도 같은 믿음을 공유하리라는 뜻은 아니다. 다윈주의가 옳다고 믿을 수 있지만 실제로 옳은지는 알 수 없다. 다윈주의가 진실인지 아닌지를 알려면 다윈주의가 가설이라는 입장에 서야 미래에 새로이 나올 증거를 바로 볼 수 있다. 우리가 현재 알고 있는 사실에 근거하여 다윈주의가 진실이라는 입장을 취할 수는 있다. 그러나 과학사가 분명히 보여 주는 진실은 앞으로도 새로운 증거가 계속해서 나타날 것이고, 따라서 대다수가 오랫동안 믿었던 이론도 급진적으로 수정되거나 심지어는 폐기될 수도 있다는 것이다.

다윈주의도 그 중에 하나가 될 것인가? 앞서 살펴보았듯이 도킨스 또한 미래 세대에 다윈주의가 폐기되거나 급진적으로 수정될 수도 있다는 사실을 잘 안다. 그렇다면 무신론이든 유신론이든 간에 다윈주의에 토대를 두고 있는 세계관에는 어떤 일이 일어날까? 유일하게 솔직한 대답은 '알 수 없다'이다. 다른 과학 이론과 마찬가지로 다윈주의 역시 아무리 잘 봐 주어도 종착역이 아니라 임시 휴게소일 뿐이다.

과학의 한계

자연과학의 접근법은 경험적이다. 즉 자연과학은 세계를 탐구할 때에 관찰과 실험의 적용에 의존한다. 그러나 경험주의는 원칙적으로 관찰 가능하지 않은 실재에 대해 추정하는 것을 거부한다. 유명한 과학 철학자인 바스 반 프라센Bas van Fraasen은 이 점을 분명히 했다.

경험주의자가 되려면 실제 관찰 가능한 현상이 아닌 것에 대한 믿음은 보류하고, 사실상 객관적인 양상이란 존재하지 않는다는 사실을 받아들여야 한다. 경험주의자가 과학적 주장을 할 때에는 경험적 세계, 즉 실재하며 관찰 가능한 세계에 대한 진실만을 탐구했음을 보여 주어야 한다. …… 실재하고 관찰 가능한 것 너머에 존재하는 현실에 관한 진리를 끌어다가 관찰 가능한 자연의 섭리에 내재한 규칙성을 설명하라고 하는 요구를 단호하게 거부해야 한다.[60]

'실재하며 관찰 가능한' 것을 강조하는 것은 과학에게 다른 학문과 구별되는 정체성을 부여하는 동시에 한계를 설정한다.

'과학만능주의'라는 어색한 단어는 '과학제국주의'[61]라고도 하는데, 과학으로 모든 문제를 해결할 수 있고, 인간의 본성을 설명할 수도 있고, 도덕적으로 무엇이 올바른지도 알 수 있다는 믿음을 가리키는 말이다.[62] 과학만능주의는 알고 있거나 알 수 있는 모든 것은 과학적 방법으로 맞고 틀림을 증명할 수 있다고 주장한다. 과학적 방법으로 맞고 틀림을 증명할 수 없는 모든 것은 기껏해야 개인적인 의견 또는 믿음에 지나지 않고, 최악의 경우에는 망상이나 환상일 수도 있다. 그러나 자연과학자 가운데 과학제국주의를 받아들이는 사람은 드물다. 소수의 철학자와 다수의 '과학적 무신론scientific atheism'을 신봉하는 집단만이 과학제국주의를 포용하는 듯 보인다.

비경험적 개념으로서의 가치와 의미는 자연과학의 범위 너머에 있다.

---

60. Bas C. van Fraassen, *The Scientific Image*(Oxford: Oxford University Press, 1980), pp.202-203.

61. John Dupré, "Against Scientific Imperialism"(PSA: *Proceedings of the Biennial Meeting of the Philosophy of Science Association 2*, 1994), pp.374-381.

62. 과학만능주의에 대한 비판은 Frederick A. Olafson, *Naturalism and the Human Condition: Against Scientism*(London: Routledge, 2001)와 Mikael Stenmark, *Scientism: Science, Ethics and Religion*(Aldershot: Ashgate, 2001)을 참조하자. 관련 주제에 대해 감을 잡고 싶으면 Susan Haack, *Defending Science-Within Reason: Between Scientism and Cynicism*(Amherst, NY: Prometheus, 2003)을 참조하자.

이 두 개념은 자연 상수constants of nature가 아니기 때문에 세상에서 읽어 내거나 측정할 수 없다. 철학자 힐러리 퍼트넘Hilary Putnam이 바르게 지적 했듯이, '윤리학에서의 교정'이라는 것이 존재하지만, 윤리적 사고는 '물 리학에서 틀린 것을 바로잡아 온 것처럼' 하지 않는다는 것이 중요하다.[63] 18세기 이후로 사람들은 과학이 도덕적 가치를 양산할 수 있다는 주장을 가로막는 어마어마한 지적 걸림돌이 있다는 사실을 알게 되었다. 바로 관 찰 가능한 사실로부터 도덕적 가치를 이끌어내는 논증은 불가능하다는 사실이다.

종교는 신의 존재나 삶의 의미, 가치의 본질 같은 과학적 방법으로 답 을 찾을 수 없는 질문들을 던진다. 물론 합리적인 토론은 가능하다. 그러 나 경험적인 개념이 아닌데도 과학적인 분석이 가능한지에 대해서는 매 우 의심스럽다. 면역학 연구로 노벨 생리의학상을 수상한 피터 메더워 경 Sir Peter Medawar(1915~1997년)은 '선험적' 질문과 물질적 우주의 조직과 구조에 관한 질문을 구분 지었는데, 개인적으로 매우 중요하고도 타당한 구분이라고 생각한다. 메더워 경은 종교와 형이상학은 선험적 질문을 탐 구하는 학문이고, 자연과학은 물질적 우주의 조직과 구성에 관한 질문을 탐구하는 학문이라고 생각했다. 그는 '과학이 대답할 수 없는 질문이 존 재하며, 과학이 아무리 발전해도 이러한 질문에 대답할 수 있을 것 같지 않다.'는 사실을 감안할 때, 과학에 한계가 있을 '가능성이 매우 높다'고 주장했다.[64]

---

63. Hilary Putnam, "Was Wittgenstein Really an Anti-Realist about Mathematics?" (*In Wittgenstein in America*, edited by Timothy McCarthy and Sean C. Stidd, Oxford: Oxford University Press, 2001), pp.140-194, pp.185-186.

64. Peter B. Medawar, *The Limits of Science* (Oxford: Oxford University Press, 1985),

그렇다면 메더워 경은 과학이 어떤 질문에 답할 수 없다고 생각했을까? 그것은 '우리 모두는 무엇을 위해 여기에 있는가?', '삶의 이유는 무엇인가?' 따위의 질문이었다. 중요한 질문이므로 이 질문에 답을 구하려는 태도는 옳다. 그러나 과학을 제대로 한다면, 이 질문에 관한 답을 구하는 데 과학은 도움이 되지 않을 것이다. 다른 방법을 찾아야 한다. 칼 포퍼Karl Popper는 이러한 '궁극적 질문'은 그 자체로서도 중요할 뿐만 아니라 과학적 방법을 초월한다는 점에서 중요하다고 말했다.

> 과학이 존재의 수수께끼나 현세에서 인간의 사명 같은 궁극적 질문에 답을 내릴 수 없다는 사실을 깨닫는 것은 중요하다. 사람들은 이 사실을 비교적 잘 이해해 왔다. 그러나 위대한 과학자와 덜 위대한 과학자 가운데 일부가 상황을 오해하기도 했다. 과학으로 윤리적 원칙을 선언할 수 없다는 사실을 아예 그런 원칙이 존재하지 않는 것으로 잘못 해석한 탓이다.[65]

신비와 광기와 난센스

도킨스는 '합리성 하나면 만능이다.'라는 간단명료한 계몽주의 시대 접근법을 훌륭하게 대변한다. 도킨스의 이러한 태도는 특히 '신비'를 주제로 한 논의에서 두드러진다. 도킨스는 신나게, 약간 성급하다 싶을 정

---

p.66.

65. Karl R. Popper, "Natural Selection and the Emergence of Mind"(*Dialectica 32*, 1978), pp.339-355, p.342.

도로 신비는 '명백한 광기 아니면 초현실적 난센스'[66]에 불과하다고 깎아
내린다. 우리는 어떤 일이든 이해할 수 있다. 만약 우리가 이해하지 못하
는 일이 있더라도 무서운 속도로 진보하는 과학 덕분에 머잖아 이해할 수
있게 될 것이다. 상상이 현실이 되는 것은 시간문제이다. '신비' 운운하는
종교인은 그저 너무 게으르거나 겁이 많아 제정신도 제대로 가눌 줄 모르
는 비합리적인 신비주의자일 뿐이다.

이러한 도킨스의 생각은 '신비'의 개념을 효과적으로 희화한 것이다.
그러나 희화는 희화일 뿐이다. 신학자는 '신비'라는 단어를 다음과 같은
의미, 즉 '참이며 고유의 합리성을 지녔지만 아직 인간의 마음으로 완전
히 이해하기란 불가능한 것'이란 의미로 사용한다. 몇 년 전에 나는 일본
어를 배우기 시작했지만, 얼마 못 가 그만뒀다. 표기법을 세 개나 배워야
했고, 어휘도 내가 아는 그 어떤 언어와도 유사하지 않았고, 문법도 서구
적인 내 사고방식으로는 전혀 논리적이지 않아 보였기 때문이다. 요약하
자면 나는 일본어를 이해할 수가 없었다. 그러나 내가 일본어를 이해하지
못한 것은 (일본어의 문제가 아니라) 내 문제이다. 일본어를 사용하는 사
람이 있으니 일본어가 합리적이고 이해 가능한 언어라는 사실은 분명하
다. 단지 내가 배우는 데 실패했을 뿐이다.

'신비' 개념은 반직관적이라는 의미로 사용될 때를 제외하면, 결코 '비
합리성'을 뜻하지 않는다. 물론 현재 인간의 이성으로 이해할 수 있는 능
력 밖에 있는 개념일 수는 있다. 그러나 그렇다고 해서 토마스 아퀴나스
Thomas Aquinas가 강조했듯이, 신비와 이성이 반대되는 개념이라는 뜻은
아니다. 인간의 마음이 이러한 실재를 통째로 이해하기에는 한계가 있을

---

66. *A Devil's Chaplain*, p.139.

뿐이다. 그러므로 우리는 한계를 인정하고 우리가 할 수 있는 일을 해야 한다. 우리는 신이 아니므로 존 던John Donn이 말한 '신의 은총의 육중한 무게'를 감당하기 어렵다.

신비를 다루는 것은 비단 신학에서만의 문제가 아니다. 다윈주의 진화에서 다루는 방대한 시간 같이 자연의 광대함에 다가가려는 모든 시도에도 같은 문제가 뒤따른다. 따라서 자연과학에서도 '신비'라는 단어와 개념을 사용할 수밖에 없다. 도킨스가 과학을 비판하는 포스트모던 비평가들을 조롱하기 위해 쓴 글을 보면, 도킨스 또한 이 사실을 잘 알고 있음을 분명히 알 수 있다.

> 현대 물리학은 우리에게 눈으로 볼 수 있는 것 이상의 진리가 있다는 사실을 가르쳐 준다. 혹은 마치 아프리카에서 중간 정도의 거리를 중간 속도로 움직이는 중간 크기의 대상을 인식하는 데 적합하도록 진화한 것 같이 너무나 제한적인 인간의 정신으로 인식할 수 있는 것 이상의 진리가 있다는 사실을 가르쳐 준다. 심오하고 숭고한 신비 앞에서 철학자 흉내나 내는 이들이 하는 저급한 지적 놀음은 성인의 관심을 끌만한 일말의 가치도 없어 보인다.[67]

정확히 내가 하고 싶은 말이다.

양자역학은 '신비'라는 범주에 딱 들어맞는 과학 분야의 좋은 예이다. 우리는 양자역학이 진리이며, 양자역학만의 심오한 합리성을 지녔다고 믿는다. 그러나 때로 이해가 불가능한 학문처럼 보이기도 한다. 1972년과

---

67. *A Devil's Chaplain*, p.19.

1973년에 옥스퍼드 대학교에서 양자역학을 공부할 당시 나는 내 수학이 한계에 봉착했음을 느꼈다. 도킨스도 동의할 것이다. 양자역학의 결론이 '심란할 만큼 반직관적일 수 있다.'[68]라고 서술하고 있으니 말이다.

요점은 과학계와 종교계 모두 우리의 사유 방식에 영향을 미치는 증거의 역할 때문에 생기는 지적 난제를 인정하면서 관찰 가능한 사실을 '가능한 한 가장 잘 설명하는 이론'을 제시하기 위해 경험의 모호함과 씨름하고 있다는 사실이다. 경험에 대한 분석은 종종 매우 복잡하고 때로 상당히 반직관적인 개념을 만들어 낸다. 종교에 적대적인 많은 자연과학자가 경솔하게도 종교의 개념적 복잡성을 조롱한다. 또한 과학은 단순한 개념을 다루며, 종교 같은 영역을 탐구하는 쓸데없는 모험은 피한다고 주장한다. 그러나 이 문제를 조금 더 진중하게 생각해 본 사람들은 그렇게 속단하지 않는다.

프린스턴 대학교의 과학 철학자인 바스 반 프라센은 과학은 정당하게 단순한 반면, 종교는 부당하게 복잡하다는 주장에 대해서 매우 회의적이다. 프라센도 양자 이론을 예로 든다. "삼위일체, 영혼, 각개성, 보편자, (아리스토텔레스의) 제1질료와 가능태 같은 개념 때문에 혼란스러운가? 하지만 이는 (양자 역학에서 설명하는) 닫힌 시공간의 타자성, 사건지평, EPR 상관관계, 부트스트랩 모형 같이 상상도 할 수 없는 개념에 비하면 아무것도 아니다."[69] 프라센은 미로 같이 복잡하다고 하는 중세 신

---

68. *A Devil's Chaplain*, pp.18-19. 루이스 월퍼트(Lewis Wolpert)의 뛰어난 연구인 *The Unnatural Nature of Science*(London: Faber & Faber, 1992)를 인용했다.

69. Bas van Fraassen, "Empiricism in the Philosophy of Science"(In Images of Science: Essays on Realism and Empiricism, edited by P. Churchland and C. Hooker, 245-308, Chicago: University of Chicago Press, 1985), p.258.

학과 철학에서보다 현대 물리학의 몇몇 분야에서 더 개념적인 사고와 상상력이 필요하다고 생각했다. 그의 요점은 우리는 경험을 통해 경험 세계와 현상의 세계를 파악함으로써 단순함과는 거리가 먼 이론적 개념을 만들어 내는데, 이는 현상의 세계를 유지하기 위해서 필연적이라는 것이다.

정통 기독교 신학자에게 삼위일체 교리는 기독교인으로서 경험한 신을 지적으로 파악하고자 하는 노력 끝에 다다른 필연적인 결과이다. 물리학자가 양자 현상의 세계와 씨름하여 삼위일체 교리만큼이나 추상적이고 어려운 개념을 도출해 낸 것처럼 말이다. 그러나 신학자나 물리학자나 정확하고 타당한 이론이나 교리를 이끌어내고 발전시키기 위해 현상의 세계를 지적으로 파악하려고 꾸준히 노력한다는 점에서는 같다. 현상의 세계를 축소하기보다 유지하기 위해서 말이다.

도킨스는 '신비'에 대해 가장 깊이 고찰한 그의 저서 『무지개를 풀며 Unweaving the Rainbow』에서 과학에서 기적이 차지하는 위치를 탐구한다. 그는 이 책에서 여전히 종교를 향한 적대감을 드러내면서도 경외감과 경이로움이 사람들이 실재를 이해하기 원하게끔 하는 데 중요한 역할을 한다는 사실을 인정한다. 특별히 그는 왜 종교적으로 신비에 접근하는 것이 의미가 없고 무익한지를 몸소 보여 주는 우매한 신비주의자로서 시인 윌리엄 블레이크William Blake를 꼽는다. 도킨스는 신비가 주는 기쁨을 갈망하는 블레이크의 마음은 이해가 가지만, 방향이 잘못되었기 때문에 오류를 범했다고 지적한다.

경외, 존경, 경이를 향한 충동이 블레이크를 신비주의로 이끌었다. …… 정확히 같은 이유로 과학에 이끌린 사람도 있다. 해석은 다르지만 동기는 같다. 신비주의자는 경이로움을 누리고 신비를 즐기는 데 만족한다. 우리가 '이해할 수 있는 일'이 아니기 때문이다. 과학자도 똑같은 경이로움을 느끼지만, 거기서 안주하고 만족하지 않는다. 과학자는 신비의 심오함을 인식하면서도 "하지만 우리는 연구해서 파헤칠 거야."라고 덧붙인다.[70]

사실 '신비'라는 단어와 이 단어가 가리키는 범주가 무엇인지가 문제가 되는 것이 아니다. 문제는 '신비'와 씨름하는 쪽을 택할 것이냐 아니면 금단의 영역으로 치부해 버리고 안일하게 안주하는 쪽을 택할 것이냐 하는 것이다.

이 장에서는 신빙성 있는 결정과 의견을 내릴 수 있도록 과학이 어떤 역할을 하는가에 대해서 도킨스가 어떻게 이해하고 있는지를 살펴보았다. 이 문제가 중요하다는 것만은 분명하다. 그러나 우리는 과학 전반에 초점을 맞춰 살펴보았지, 진화 생물학만 콕 집어 논의하지는 않았다. 진화 생물학은 종교와 어떤 연관이 있고, 삶의 심오한 질문과는 어떤 연관이 있는가? 다음 장에서는 다윈주의 세계관이 지니는 종교적 함의를 분명하게 서술한 도킨스의 『눈먼 시계공』The Blind Watchmaker(1983년)을 살펴보려 한다.

---

70. *Unweaving the Rainbow*, p.17.

4장

눈먼 시계공
진화이므로 신을 제거하는가?

도킨스는 초기 저작에서 자신이 생각하기에 다윈주의 세계관이 종교에 함축하는 바가 무엇인지를 간단히 설명하고 있지만, 처음으로 이 문제에 체계적으로 접근한 것은 『눈먼 시계공』에서이다. 부제 '진화론은 우주가 설계되지 않았다는 사실을 어떻게 밝혀내는가'는 『눈먼 시계공』의 핵심 주제 가운데 하나이기도 하다. 『눈먼 시계공』은 도킨스의 가장 중요한 저작 가운데 하나로 도킨스의 능수능란한 화술과 다윈주의 세계관을 신봉하는 태도가 여실히 드러난다. 도킨스는 '다윈주의 세계관이 참일 수밖에 없'으며 '신비나 우리의 존재 이유를 설명할 수 있는 알려진 유일한 이론'[1]임을 설득하기 위해 이 책을 썼다고 밝힌다. 그는 다윈주의는 지구상에서뿐만 아니라 전 우주를 통틀어 생명이 존재하는 곳이라면 어느 곳에서나 참이라고 주장한다.

---

1. *The Blind Watchmaker*, ix-x.

다윈주의 세계관의 윤곽

『눈먼 시계공』이라는 제목은 17세기 후반에 윌리엄 페일리William Paley 가 그의 기념비적 저서인 『자연 신학Natural Theology』(1982년)에서 신을 '시계공'에 비유한 것을 두고, 도킨스가 만일 신이 존재한다면 필경 눈이 먼 시계공일 것이라고 비꼰 것이다.[2] 페일리는 생물학적 세계의 복잡성은 태엽 시계에 견줄 만하다며, 지적인 관찰자라면 생물 세계를 설계하고 창조한 신이 있다는 결론에 도달할 수밖에 없다고 주장했다.

다윈이 페일리의 논증에서 미흡한 점을 발견하기 전까지 한때나마 페일리가 옳다고 생각한 적이 있다는 사실을 감안할 때, 도킨스의 페일리 비판은 매우 적절하다. 실제로 다윈은 점점 페일리의 이론보다 자신의 진화론을 통해 비글호 탐사에서 관찰한 사실들을 세세한 면에서 더 잘 설명할 수 있다는 것을 깨달았다. 그래서 다윈은 자신의 연구 결과를 출간해 왜 자신의 이론이 더 설득력 있는지를 설명해야겠다고 결심하게 되었다.[3] 도킨스의 페일리 비판은 현대의 페일리 추종자까지 싸잡아 비판한다는 점에서 다윈의 페일리 비판의 업데이트 버전이라고 할 수 있다.

『눈먼 시계공』을 아우르는 중요한 주제는 두 가지이다. 첫째, 생물 세계는 너무나 복잡해서 마치 이면에 신적 설계자가 존재하는 것 같지만, 사실은 그저 '설계된 것처럼 보일' 뿐이다. 생물 세계의 복잡성은 (누구

---

2. *The Blind Watchmaker*, pp.4-6.

3. William Sweet, "Paley, Whately, and 'Enlightenment Evidentialism'"(*International Journal for Philosophy of Religion 45*, 1999), pp.143-166, Matthew D. Eddy, "The Rhetoric and Science of William Paley's Natural Theology"(*Theology and Literature 18*, 2004), pp.1-22를 참조하자.

도 개입하지 않은) 눈먼 진화 과정의 결과일 뿐이다. 생명체는 자연선택을 통해 진화한다. 자연선택은 '앞을 내다볼 수도 없고 결과를 계획할 수도 없으며 아무런 목적도 없는' 과정이다.[4] 둘째, 다윈주의 세계관으로도 우리가 관찰할 수 있는 사실을 더 우월하고 간단하게 설명할 수 있으므로 굳이 신이라는 존재를 끌어들여 중복 설명할 필요가 없다.

이 중에서 두 번째 주제는 도킨스가 종교와 관련해 과학을 어떻게 이해하고 있는지를 보여주는 중요한 한 단면이다. 도킨스는 그의 기념비적 논문 「다윈의 승리: 보편적 진리로서의 다윈주의Darwin Triumphant: Darwinism as Universal Truth」에서 다윈의 진화론은 다른 일시적인 과학 이론과 동일한 선상에 놓고 보아도 단순한 과학 이론 이상이라고 생각하기 시작했다. 다윈주의는 실재를 총체적으로 설명하는 세계관이자 범우주적으로 적용 가능한 '세월이 흘러도 변치 않는 보편적인universal and timeless' 법칙으로 보아야 한다. 이와는 대조적으로 마르크스주의 같은 경쟁 관계에 있는 세계관은 '한시적이고 지엽적인parochial and ephemeral'[5] 관점으로 보아야 한다. 왜냐하면 다윈의 자연선택설에 비해 실재를 과학적으로 이해하는 토대가 부실하고, 따라서 그로부터 파생되는 세계와 인간의 본성에 대한 이해도 부족하기 때문이다. 이렇듯 도킨스는 사회윤리 논쟁이 벌어지는 원탁에서 과학 활동을 대표하는 이론들 가운데 하나로서 다윈주의가 정당한 자리를 차지한다고 생각하는 데서 그치지 않는다. 도킨스는 다윈주의가 실재를 설명하는 하나뿐이고 결정적인 그 이론이라고 확신한다.

---

4. *The Blind Watchmaker*, p.21.

5. "Darwin Triumphant: Darwinism as Universal Truth"(*In A Devil's Chaplain*), pp.78-90.

진화 생물학자 대부분은 다윈주의가 실재를 묘사할 수 있는 이론들 가운데 하나라는 데 동의한다 그러나 도킨스를 비롯한 몇몇은 여기서 더 나아가 다윈주의로 모든 것을 설명할 수 있다고 주장한다. 다윈주의는 세계관이자 거대한 서사, 즉 거대 담론이다.[6] 다시 말해 다윈주의는 인생에서 부딪치는 커다란 질문들을 검토하고 답을 제시할 수 있는 총체적인 틀이다. 도킨스가 다윈주의를 '세계관'으로 추앙하자 포스트모던 작가들로부터 비난이 빗발쳤다. 포스트모던 작가들에게 거대 담론이란 마르크스주의자이냐 프로이트주의자이냐 다윈주의자이냐에 관계없이 저항해야만 하는 이론이나 법칙이다.[7] 도킨스를 향한 포스트모던 작가들의 이러한 비판은 종종 포스트모던 관점에서 과학 자체를 비판하는 것으로 여겨지기도 하지만, 분명한 것은 이들이 과학에 기반을 둔 것처럼 보이는 세계관을 비판하고 있다는 것이다.

『눈먼 시계공』에서 도킨스는 심혈을 기울여 자연계 특히 생물학 수준에서 설계된 것처럼 보이는 대상에 관한 허상을 무너뜨리고자 한다. 인간의 눈과 같이 생물 세계에는 무작위적인 자연선택만으로는 도저히 설명할 수 없는 매우 복잡해 보이는 현상들이 있다. 그런데 이런 현상을 설명하기 위해서는 조물주라는 존재를 끌어들일 수밖에 없는가? 자연에서 관

---

6. 이 맥락에서 이 용어를 사용하는 것이 타당한지를 보려면 Dena Pedynowski, "Science(s): Which, When and Whose? Probing the Metanarrative of Scientific Knowledge in the SOcial Construction of Nature"(*Progress in Human Geography 27*, 2003), pp.735-752 을 참조하자.

7. 이해를 돕기 위해 다음 예시인 Luke Davidson, "Fragilities of Scientism: Richard Dawkins and the Paranoid Idealization of Science"(*Science as Culture 9*, 2000), pp.167-199를 참조하자. 과학을 문화적으로 설명하는 것을 과학적으로 비판하는 보다 일반적인 포스터모던적 반응은 Brian Martin, "Social Construction of an 'Attack on Science'"(*Social Studies of Science 26*, 1996), pp.161-173을 참조하자.

찰할 수 있는 광대하고 복잡한 생물체의 구조를 설명할 수 있는 다른 방법은 없을까?[8]

『눈먼 시계공』은 이러한 질문에 관한 도킨스의 대답이다. 이보다 나중에 쓴 『불가능한 산 오르기Climbing Mount Improbable』에서는 여기서 다룬 중요한 몇 가지 논점을 확장해 전개한다. 이 두 책에서 도킨스가 공통으로 주장하는 논점은 단순한 생물체가 오랜 시간에 걸쳐 복잡한 형태로 진화했다는 것이다.

생명체가 우연히 나타났다고 하기에는 너무 개연성이 떨어질 뿐만 아니라 너무 아름답게 '설계되었다.' 그러면 생명체는 도대체 어떻게 나타나게 된 것일까? 그 답은, 즉 다윈이 제시한 답은 우연히 나타날 수 있을 만큼 충분히 원시적이고 단순한 개체가 점점 단계적으로 진화했다는 것이다. 점진적인 진화 과정에서 단계마다 나타난 성공적인 변화는 바로 이전 단계만 놓고 보자면 우연히 나타날 수 있을 만큼 충분히 단순한 변화였다. 그러나 이러한 단계가 누적되어 이루어진 진화 과정을 전체로 놓고 보면 단순한 우연으로 보이지 않는 것이다.[9]

불가능할 것만 같은 생명체의 발전 과정을 이해하기 위해서는 진화가 일어났던 장구한 시간을 염두에 두고 생각해야 한다. 도킨스는 이 점을 '불가능한 산'이라는 비유를 들어 설명한다. 한쪽에서 보면 '높고 깎아지른 듯한 절벽'만 보여 도저히 오를 수 없을 것만 같은 산이 있다. 그러나

---

8. 이 주제에 관한 훌륭한 연구는 Michael Ruse, *Darwin and Design: Does Evolution Have a Purpose?*(Cambridge, MA: Harvard University Press, 2003)에서 찾을 수 있다.

9. *The Blind Watchmaker*, p.43.

다른 쪽에서 보면 분명 같은 산인데도 '저 멀리 고지까지 등선이 꾸준히 완만하게 뻗은 목초지'[10]이다.

도킨스는 우리가 어떤 복잡한 구조물을 보면 직관적으로 저렇게 복잡한 구조물이 우연히 나타났을 리가 없다고 생각해 버리기 때문에 '설계의 환상'을 떠올리게 된다고 주장한다. 대표적인 좋은 예가 인간의 눈이다. 인간의 눈은 신이 세상을 설계하고 창조했다고 주장하는 이들이 신이 존재한다는 증거로 자주 인용하는 것이다. 『불가능한 산 오르기』에서 가장 세밀하고 논쟁적인 부분 가운데 하나는 도킨스가 인간의 눈 같은 복잡한 생물 기관이 시간이 충분히 주어진다면 어떻게 단순한 형태에서 복잡하게 진화할 수 있는지를 실험으로 보여주는 부분이다.[11]

사실 여기까지는 표준적인 다윈주의의 입장이다. 그러나 도킨스는 여기에 새로운 것을 추가하는데, 그것은 그가 엄선한 연구 사례와 비유로 섬세하고 명확하게 주장을 전개하고 예증하고 방어하는 방식이다. 그는 다윈주의를 생물학 이론이 아니라 세계관으로 바라보기 때문에 자신의 주장을 순수 생물학의 경계 너머로 끌어가는 데 망설임이 없다. 진화 과정에서 신이 끼어들 개념적인 공간은 전혀 없다. 과거 조물주의 존재로만 설명되던 것들이 이제 다윈주의 틀 안에서 설명될 수 있게 되었다. 따라서 다윈 이후로는 신을 믿을 필요가 없어졌다.

다윈주의가 단순히 불가지론을 장려한다고 생각할 수도 있다. 하지만 그렇지 않다. 도킨스는 다윈이 우리로 하여금 무신론을 믿을 수밖에 없도록 만든다고 생각한다. 도킨스의 생각은 한마디로 설명의 도구로서의 신

---

10. *Climbing Mount Improbable*, p.64.

11. *Climbing Mount Improbable*, pp.126-179.

을 무너뜨릴 뿐만 아니라 신이라는 존재 자체를 뿌리 뽑는다. 그는 1996
년에 쓴 중요한 한 논문에서 세계를 바라볼 수 있는 방식이 현재로선 다
윈주의와 라마르크주의, 그리고 신 이렇게 세 가지밖에 남지 않았다고 주
장한다.[12] 그러나 라마르크주의와 신으로는 세상을 설명할 수 없다. 따라
서 남은 선택은 다윈주의뿐이다. "내가 다윈주의자인 이유는 생각할 수
있는 다른 대안이 오직 라마르크주의와 신뿐인 상황에서 이 둘이 설명 법
칙으로서 제대로 기능하지 않기 때문이다. 그러므로 우주상의 생명체는
다윈주의 아니면 아직 우리가 모르는 방식으로밖에 설명할 수 없다."[13] 여
기서 도킨스는 다윈주의와 라마르크주의, 그리고 신에 대한 믿음이 서로
배타적인 관점이며, 따라서 어느 한 가지를 믿으면 당연히 나머지 둘을
거부할 수밖에 없다는 수사법을 사용해 논증한다. 그러나 많은 다윈주의
자가 다윈주의와 유신론이 만날 수 있는 접점이 있다고 생각한다는 것은
이미 잘 알려진 사실이다. 물론 그 접점의 범위는 당연히 논의에 부쳐져
야 하며 합의에 이르려면 아직 갈 길이 멀지만 말이다. 그러나 도킨스는
다윈주의 아니면 신이라는 철저한 이분법에 토대를 두고 결론을 내린다.
어느 이론도 그렇게 극단적인 사고를 요구하지 않은데도 말이다. (오히려
양립 가능성을 인정하고 있다.)[14] 이러한 이분법적 사고는 자연과학의 방
법을 정당하게 적용하지도 않을뿐더러 적용할 수도 없게 만든다. 이미 만
들어 놓은 이념적 원칙이 도킨스의 사유를 지배하고 있다고 생각할 수밖

---

12. Richard Dawkins, "A Survival Machine"(*In The Third Culture*, edited by John Brockman, New York: SImon & Schuster, 1996), pp.75-95.

13. Dawkins, "A Survival Machine", pp.85-86.

14. Michael Ruse, "Darwinism and Atheism: A Marriage Made in Heaven?"(*Think 2*, no. 6, 2004), pp.51-62.

에 없게 만들 뿐이다.

또한 도킨스의 논증에는 진화를 전반적으로 설명하는 이론으로서 다윈주의와 라마르크주의가 절대 서로 양립할 수 없다는 전제가 깔려 있다. 아마도 1980년대에는 이런 관점이 가능했을 지도 모른다. 그러나 지금은 그렇지 않다. 인간의 진화 과정에 대한 이해가 높아지면서 순수 다윈주의 패러다임만으로는 더 이상 진화를 설명할 수 없게 되었다. 따라서 인간이 진화하는 과정에서 라마르크주의적인 요소가 개입하거나 최소한 일부 진화 과정은 라마르크주의 패러다임으로 가장 잘 설명될 수 있다는 주장이 대두했다.[15] 오늘날에는 인간이 탁월한 인지 능력과 환경 적응력 덕분에 생물학적 진화 과정을 뒤엎을 수 있다는 주장도 있다. 진화와 관련된 학문으로서 인류학과 신경학이 점점 중요해지면서 진화를 생물학적으로 설명하는 데 한계가 있다는 이야기도 나오고 있다.[16]

그러나 여기서는 진화가 신에 관한 믿음에 시사하는 바가 무엇인지를 도킨스가 어떻게 이해하고 있는 지만 살펴보고자 한다. 도킨스가 지금까지 알려진 생명체의 역사와 현재 상태를 자연스럽게 묘사하는 한 가지 방법을 제시했다는 데 우리는 모두 동의할 수 있다. 그러나 여기서 어떻게 신이 없다는 과격한 결론이 나올 수가 있단 말인가? 도킨스의 논증은 진

---

15. 예시로 Eugene V. Koonin and Yuri I. Wolf, "Is Evolution Darwinian or/and Lamarckian?"(*Biology Direct*, November 11, 2009), 4:42, doi: 10.1186/1745-6150-4-42와 Guy Barry, "Lamarckian Evolution Explains Human Brain Evolution and Psychiatric Disorders"(*Frontiers in Neuroscience*, November 26, 2013), doi: 10.3389/fnins.2013.00224을 참조하자.

16. 후각의 감도 발달은 라마르크주의 패러다임 안에서 타당하게 해석할 수 있는 현상의 좋은 예이다. Moshe Szyf, "Lamarck Revisited: Epigenetic Inheritance of Ancestral Odor Fear Conditioning"(*Nature Neuroscience 17*, 2014), pp.2-4.

화 과정을 설명하는 대리인으로서 신을 끌어들일 필요가 없다는 결론을 이끌어낸다. 이 결론은 무신론이든 불가지론이든 기독교적 이해이든 어떤 입장과도 모순되지 않지만, 마찬가지로 그중 어떤 입장도 필연적으로 도출하지는 못한다.

다윈주의는 완전한 설명인가?

『눈먼 시계공』을 관통하는 주요 주제 가운데 하나는 다윈주의가 인간의 기원에 대해 유일하게 합리적이고 궁극적인 설명을 제시하며, 증거를 앞세운 비판에도 맞설 수 있다는 것이다. 그러나 다윈주의 비판가들은 다윈주의가 생명의 기원, 즉 넓게는 종의 기원과 좁게는 인간의 기원에 관한 설명을 완전하게 제시하지도 못하고 제시할 수도 없다고 반론한다. 기껏해야 다윈주의는 생명의 기원에 대한 부분적인 설명밖에 제시하지 못한다. 다른 여러 이론에서 '가장 잘' 설명한 부분만 추려 짜깁기해야만 비로소 부족한 부분을 보충할 수 있다.

이 문제를 좀 더 자세히 논의해 보자. 먼저 '다윈주의 수평선Darwinian horizon'의 중요성에 주목할 필요가 있다. '다윈주의 수평선'이란 생명체가 다윈주의 진화 과정이 작동할 만큼 충분히 복잡하게 발달한 지점을 일컫는다. 도킨스 자신이 올바르게 지적했듯이, DNA는 유전 정보를 놀라우리만치 정확하게 전달하는 수단으로서 다윈주의 패러다임을 구성하는 필수 요소이다. 그러나 DNA 자체도 그러하거니와 관련된 DNA 복제 체제도 초기 생명의 역사에서 비교적 나중 단계에 출현했다는 것이 오늘날의 정설이다.[17] 다윈주의 체제도 지구의 역사에서 비교적 나중 단계에 출현했다. 다른 여러 단계를 거치고서야 비로소 이 진화 체제가 작동할 수 있게 되었다는 것이다.

따라서 다윈주의는 생명의 기원을 설명하지 못한다.[18] 다윈 자신도 『종의 기원』에서 생명이 어떻게 시작되었나 하는 문제는 논의하지 않는다. 비록 다윈은 여러 저술에서 순수하게 자연적인 과정으로 생명의 기원을 설명할 수 있다는 전제를 암시하고 있긴 하지만 말이다.[19] 생명의 기원을 설명하지 못했다는 사실이 다윈 입장에서 뼈아픈 실패라고 생각하는 사람도 있지만, 다윈은 자신의 이론으로 설명할 수 있는 것은 생명의 기원이 아니라 종의 변화라고 분명히 말했다. 즉 다윈의 이론은 어떻게 생명체가 출현했는지가 아니라 어떻게 생명체가 발전했는지를 설명할 뿐이다. 생명체의 기원에 관한 문제는 자신의 이론의 범위 밖에 있다고 다윈은 생각했다.

이제 우리는 생물학적 진화에서 결정적인 DNA의 역할이 무엇이냐 하는 문제로 돌아가야 한다. DNA가 유전 정보를 암호화하는 능력은 긴 사슬 모양의 탄소 화합물을 만드는 능력에 달려 있다. 우주 도처에 지구

---

17. 예시로 Patrick Forterre, Jonathan Filée, and Hannu Myllykallio, "Origin and Evolution of DNA and DNA replication Machineries"(In The Genetic Code and the Origin of Life, edited by Lluis Ribas de Pouplana, New York: Kluwer Academic, 2004), pp.145-168을 참조하자.

18. Liana M. Gabora, "Self-Other Organization: Why Early Life Did Not Evolve through Natural Selection"(Journal of Theoretical Biology 241, 2006), pp.443-450.

19. Juli Peretó, Jeffrey L. Bada, and Antonio Lazcano, "Charles Darwin and the Origin of Life"(Origins of Life and Evolution of the Biosphere 39, no. 5, 2009), pp.395-406.

에서와 같이 진화에 필요한 화학 염기가 존재할까?[20] 만약 그렇다면 생명체가 왜 탄소 화합물에 기반하고 있는지 알아내는 일은 어렵지 않다. 그러나 생물학자 대부분은 진화 과정은 가용할 수 있는 자원이 무엇이냐에 달려 있기 때문에 (도킨스가 믿는 것처럼) 생물학적 진화가 전 우주를 통틀어 보편적으로 일어난다면, 과연 모든 상황에서 동일한 화학적 체제와 매개물이 사용될지 의심스럽다고 주장할 것이다. 지구상에서는 진화 과정에서 인산염이 광범위하게 사용된다.[21] 그러나 지구 이외에 다른 곳에서 일어나는 진화 과정에서는 꼭 그렇지 않을 수도 있다.

결국 지구상에서 진화 과정의 체제에 필수적인 화학 원소 세 가지, 즉 탄소와 질소와 산소의 합성 과정을 고려하지 않고서 진화를 논의하는 것은 불가능하다. 생물학적 진화가 화학 반응을 통해 일어난다는 것은 전혀 새로울 것이 없는 사실이다. 하버드 대학교Harvard University의 화학자인 조사이어 파슨스 쿡Josiah Parsons Cooke(1827~1894년)은 우주의 화학 작용은 생물 진화에서 매우 중요하다고 주장했다. 화학 원소의 근본적인 특성이 생물학적 제약과 가능성을 모두 결정짓는다.

태초의 유기 세포가 존재하기 이전에 그리고 다윈의 자연선택 법칙이 셀 수 없는 세월에 걸쳐 완벽한 인간으로의 진화를 이끄는 작업을 시작하기도 전에, 아니 심지어 지구가 라플라스의 성운으로부터 단단하

---

20. Steven A. Benner, Alonso Ricardo, and Matthew A. Carrigan, "Is There a Common Chemical Model for Life in the Universe?"(*Current Opinion in Chemical Biology 8*, 2004), pp.672-689.

21. 해당 분야 연구의 고전이라 할 수 있는 Frank H. Westheimer, "Why Nature Chose Phosphates"(*Science 235*, 1987), pp.1173-1178을 참조하자.

게 응축되기도 전에 유기 세포를 탄생시킬 수 있는 속성을 지닌 화학 원소가 틀림없이 먼저 있었다.[22]

그러나 탄소나 질소나 산소처럼 생물화학적으로 중요한 원소는 초기 우주의 역사에서 형성되지도 않았고 형성될 수도 없었다. 물질이 '군집clumping'과 '부착accretion'을 통해 별이 되고 핵융합 반응이 잇달아 일어나면서 탄소나 질소나 산소 같은 화학 원소가 생겨났다.[23] ('미세 조정fine tuning'의 대표적인 예로 널리 알려진) 중력의 결합력과 정지질량rest-mass 에너지의 비율은 물질이 점진적으로 '군집'해서 커다란 물체, 즉 별이 되게 하는 비율이다. 별은 엷은 성간 매질interstellar medium 내부에서 거대한 가스 구름에 생긴 난류로 말미암아 탄생한다.[24] 별이 없는 우주는 수소와 헬륨에 아주 소량의 리튬과 베릴륨 같은 기타 원소를 섞어 놓은 것에 불과하다.

그러면 이러한 고찰들로 우리가 알 수 있는 것은 무엇인가? 이 사실들은 우리에게 생물학적 진화에 필요한 깊은 맥락을 알려 준다. 동시에 생물학적 진화가 인간의 기원에 부분적인 답만 알려줄 뿐이라는 사실도 깨닫게 해 준다. 또한 우리가 아는 진화의 체제와 매개체로 활용될 수 있는

---

22. Josiah Parsons Cooke, *Religion and Chemistry*(New York: Scribner's Sons, 1880), p.265.

23. Donald D. Clayton, *Principles of Stellar Evolution and Nucleosynthesis*(New York: McGraw-Hill, 1968), pp.70-72. '미세 조정'에 관해 자세히 알고 싶다면 다음을 참조하자. Alister E. McGrath, *A Fine-Tuned Universe: The Quest for God in Science and Theology*(Louisville, KY: Westminster John Knox Press, 2009).

24. 별 형성에 관한 현재 이론을 잘 요약해 놓은 자료는 Michael D. Smith, *The Origin of Stars*(London: Imperial College Press, 2004), 특히 31-136을 참조하자.

화학 자원들은 지구상에 있는 요소들뿐이라는 사실을 감안할 때, 다윈주의를 전 우주에 적용 가능한 보편적인 체제로 바라볼 수 있는가 하는 문제도 제기될 수 있다. 진화는 우리가 어떻게 여기까지 오게 되었느냐는 질문에 단지 부분적인 답만 제시할 뿐이다. 진화 과정 자체도 궁극적으로 진화로는 설명할 수 없는 다른 과정으로 설명해야 한다.

이제 다윈주의가 신학에 시사하는 바가 무엇이냐는 논제를 놓고 벌어지는 토론을 들여다보자.

설명 가설로서의 신?

어떤 것을 설명하기 위해 신이 필요한가? 윌리엄 페일리는 자연에서 '고안품contrivances', 즉 꼭 누가 설계해서 만든 것 같은 자연 구조물을 발견할 때, 이를 신의 존재로 설명할 수 있다고 주장했다. 도킨스에게 다윈은 갈림길을 낸 사람이다. 그는 다윈 이전에는 세상을 신이 창조했다고 믿는 것이 가능했지만, 다윈 이후에는 '창조는 환상'이라는 생각만이 진실일 수 있다고 주장한다. 다윈주의 세계에는 목적이 없다. 목적이 있다고 생각한다면 스스로를 기만하는 것이다. "우주의 이면에 어떠한 계획이나 목적이나 선악도 없고 단지 냉혹하고 눈먼 무관심만 있다고 가정했을 때, 우리가 바라보는 우주는 그 가정에 정확하게 부합하는 속성을 가지고 있다."[25]

따라서 도킨스는 신은 설명 가설로서 불필요하다고 주장한다. 신은 과학적 설명에서 우리가 알 만한 그 어떤 '유용한 기능'도 가지고 있

---

25. *River out of Eden*, p.133.

지 않다. 이 주장을 뒷받침하기 위해 도킨스는 여러 가지 논증을 제시하는데, 그중에 가장 흥미로운 논증은 바로 '바이오모프 프로그램biomorph programme'[26]이다. 이 유추 논증은 누군가 설계한 것처럼 보이는 것도 사실은 무작위적인 발전을 통해 나타날 수 있다는 것을 보여주고자 함이다. 도킨스는 원숭이 혹은 원숭이 비슷한 어떤 동물이 스물여섯 개의 대문자 알파벳과 스페이스 바가 있는 타자기를 가지고 있는 모습을 상상해 보라고 말한다. 도킨스는 셰익스피어의 햄릿에 나오는 알파벳 스물여덟 개로 이루어진 다음 문장을 제시한다.

METHINKS IT IS LIKE A WEASEL
(내 생각에 그건 족제비 같소)

이 문장을 '목표물 문장'이라고 하자. 셰익스피어 작품을 타자기로 치는 원숭이 비유처럼 컴퓨터는 이제 무작위로 알파벳 스물여덟 개로 이루어진 문장을 생성한다. 말하나 마나 컴퓨터는 목표물 문장과 조금도 비슷하지 않은 문장을 쏟아낸다.

그런데 이제 어떤 일이 일어난다. 컴퓨터에게 생성된 문장을 검토해서 '아무리 조금이라도 목표물 문장과 가장 비슷한 문장'[27]을 선택하도록 지시가 된 것이다. 컴퓨터는 계속해서 문장을 생성하다가 삼십 번째 만에 목표물 문장을 알아볼 수 있을 만큼 비슷한 문장을 만들어 낸다.

---

26. *The Blind Watchmaker*, pp.46-51.

27. *The Blind Watchmaker*, p.47.

METHINGS IT IS LIKE I WEASEL

(내 생강에 그건 으 족제비 같소)

열두 번 정도 더 반복했더니 마침내 컴퓨터는 목표물 문장을 생성하는 데 성공했다. 도킨스는 진화 과정도 우리 예상보다 훨씬 빠르고 효율적으로 질서가 있는 듯한 모습에 도달할 수 있다고 결론짓는다.

그러나 이런 유추 논증에는, 용케 아무 문제가 없는 것처럼 숨기고 있지만, 근본적인 결함이 있다. 프리드리히 바이스만Friedrich Waismann의 말을 빌리자면, 이런 유추 논증은 일부러 유리한 유추만을 선별해서 '철학적 문제를 쫓아내는 주술'의 대표적인 예이다.[28] 여기서 가장 두드러지는 문제는 도킨스 자신이 자연에는 없다고 주장했던 목적을 가지고 있다는 것이다. 즉 이 유추 논증에서와 같은 '목표물 문장'이 자연에서 일어나는 진화 과정에는 존재하지 않는다는 것이다. 도킨스도 바이오모프 프로그램을 설명하면서 마지막에 이 점을 인정하긴 했지만, 이 사실이 자신의 유추 논증에 치명적이라는 사실은 인정하지 않았다.[29] 이 유추 논증은 명백히 틀렸다.

그러나 도킨스가 언급하지 않은 또 다른 문제가 있다. 설계라든가 목적이 있는 선택 같은 개념이 말이나 글로 언급되지 않았을 뿐이지, 사실은 이 유추 논증 속에도 존재한다는 것이다. 유추를 통해 '설계'라는 용어를 직접 사용하지 않아도 되지만 컴퓨터 프로그램 자체에 설계 개념이 내포되어 있으며, 이 설계에 의해 프로그램은 특정 방식으로 문장 생성을

---

28. Friedrich Wasmann, *The Principles of Linguistic Philosophy*(London: Macmillan, 1965), p.60.

29. *The Blind Watchmaker*, p.50.

제어하도록 되어 있다. 도킨스는 인정하지 않지만 이 유추 논증의 바탕에는 인간 중심주의가 깔려 있고, 바로 그 점이 독자로 하여금 이 유추 논증을 타당하다고 생각하게 만드는 것이다. 하지만 (설계된) 컴퓨터 프로그램을 제외해 버리면 이 유추는 그 타당성을 잃게 된다. 따라서 도킨스의 유추 논증은 기껏해야 **비무작위로 선택된 돌연변이 풀에서 무작위로 선택을 할 때**, 각각의 작은 변이가 쌓여 어떻게 커다란 변화가 산출되는지를 보여줄 뿐이다.[30]

이제 이 유추가 정합적인가 하는 문제는 한쪽으로 제쳐 두고, 도킨스가 주장하고자 하는 핵심 내용에 초점을 맞춰 보자. 도킨스는 '무작위적 변이와 비무작위적 누적적 선택 이론'을 통해 설계된 것처럼 보이는 세상을 설명할 수 있다고 주장한다. 따라서 설명 기제로서 신을 가정할 필요가 없다. 여기까지 도킨스의 주장이 맞다고 치자. 이 주장이 시사하는 바는 무엇인가? 도킨스는 신을 개연성 없고 무관한 존재로 치부하고 무시할 수 있기 때문에 무신론만이 유일하게 의미 있는 입장이라는 주장을 이끌어낸다. 그러나 도킨스는 이 결론을 추론하기 위해 반드시 필요한 논리를 제시하지 않는다. 도킨스는 무신론만이 의미 있는 유일한 입장이라는 결론이 자명하기 때문에 증명이 필요 없다고 생각하는 것이 틀림없다. 그러나 그렇지 않다. 이를 증명하기 위해서는 13세기에 활동했던 대표적인 기독교 신학자인 토마스 아퀴나스Thomas Aquinas(1225~1274년)가 주창한 세계관을 살펴볼 필요가 있다.

아퀴나스는 기독교 교리의 근본적인 주제를 통합해 신과 세상의 관계

---

30. *Climbing Mount Improbable*, p.75.

를 이해할 수 있는 틀을 구성했다.[31] 아퀴나스가 만든 이 틀의 기본 개념
은 매우 단순하다. 신이 곧 만물이 존재하는 이유라는 것이다. 그러나 신
의 인과관계는 다양한 방식으로 작용한다. 신은 어떤 일을 직접 할 수도
있지만, 자신이 창조한 질서 속에 그 인과관계의 힘을 위임함으로써 스
스로 작동하도록 할 수도 있다. 아퀴나스는 이 두 번째 방식을 첫 번째 방
식의 대안이 아니라 연장선으로 보아야 한다고 말한다. 신이 창조한 질서
안에서 일어나는 사건은 존재의 궁극적 이유로서 신의 존재를 부정하지
않고도 서로 복잡한 인과관계로 얽혀 존재할 수 있다.

따라서 요점은 창조된 질서가 자연 과학으로 탐구할 수 있는 인과관
계를 보여 준다는 것이다.[32] 이러한 인과관계는 무신론적 세계관을 전혀
시사하지 않고도 '자연법칙' 같은 형태로 탐구할 수도 있고, 상관관계를
입증할 수도 있다. 아퀴나스의 주장을 최대한 간단히 요약하자면 다음과
같다. 신은 세상을 창조할 때 세상을 움직이는 질서와 과정도 함께 창조
했다.

이런 고전적 관점에는 강점도 있고 약점도 있다. 가장 두드러진 강점
은 자연적인 과정과 사건을 탐구할 것을 장려함으로써 다가올 중세 시대
에 자연과학이 발전할 수 있는 이념적 토대를 마련했다는 점이다. 무엇
보다 이런 기독교적 세계관이 다윈 이전에 정립되었다는 사실에 주목해
야 한다. 즉 아퀴나스의 관점은 결코 진화 생물학이라는 새로운 과학이

---

31. 자세한 논의는 Etienne Gilson, *The Christian Philosophy of St. Thomas Aquinas*(Notre
Dame, IN: University of Notre Dame Press, 1994).

32. 중요한 연구인 William E. Carroll, "Aquinas on Creation and the Metaphysical
Foundations of Science"(*Sapientia 54*, 1999), pp.69-91와 같은 책, "Creation, Evolution,
and Thomas Aquinas"(*Revue des questions scientifiques 171*, 2000), pp.319-347을 참
조하자.

기독교에 가하는 위협으로 '말미암은post hoc' 시도라고 말할 수는 없다는 것이다.

자연에는 목적이 없다: 도킨스가 주장하는 자연의 무목적성

앞서 언급했던 인용하기 좋은 도킨스의 주장을 하나 다시 떠올려 보자. "우주의 이면에 어떠한 계획이나 목적이나 선악도 없고 단지 냉혹하고 눈먼 무관심만 있다고 가정했을 때, 우리가 바라보는 우주는 그 가정에 정확하게 부합하는 속성을 가지고 있다."[33] 도킨스는 다윈주의가 자연 세계에서 모든 목적의 개념을 제거해 버린다고 생각한다. 설계한 것처럼 보이거나 목적이 있는 것처럼 보일 수는 있지만, 단지 그렇게 보일 뿐이다. 다윈의 통찰로 목적론teleology이라는 허상이 무너졌다. 도킨스는 토마스 헉슬리에게서 이 주장을 뒷받침할 근거를 찾고자 한다. 토마스 헉슬리는 다윈의 『종의 기원』을 처음 읽었을 때, 자신의 뇌리를 강타한 부분으로 다음 문장을 꼽았다. "흔히들 알다시피 목적론은 다윈의 손에 치명상을 입었다."[34]

그러나 여기서 짚고 넘어가야 할 점이 두 가지 있다. 먼저 헉슬리는 다윈이 논박한 목적론은 '흔히들 알고 있는' 목적론의 한 유형일 뿐이라는 사실을 분명히 했다. 다른 유형의 목적론까지 신빙성을 잃은 것은 아니다. 둘째, 2000년 즈음에 진화 생물학계 내에서는 목적론이 어떤 면에서

---

33. *River out of Eden*, p.133.

34. Thomas H. Huxley, *Lay Sermons, Addresses, and Reviews*(London: Macmillan, 1870), p.301.

는 유용하고 타당하다 하여 다시 대두되었다. 하나하나 간단히 살펴보자.

첫째, 헉슬리는 다윈의 자연선택설이 '목적론을 폐기하고 세계가 설계되었다는 주장을 무력화하는 데 이바지했다'[35]는 주장에 비판적이었다. 헉슬리는 다윈의 관점이 윌리엄 페일리가 퍼뜨린 목적론에 대한 대중적인 이해를 타파했다고 했지만, 동시에 다윈의 진화론이 우주의 심층 구조에 뿌리내리고 있는 '넓은 의미의 목적론'을 입증했다는 사실 또한 분명히 했다. '네이처Nature'에 실린 한 논문에서 아사 그레이Asa Gray가 언급한 내용에 주목할 필요가 있다. "다윈이 목적론을 다시 자연과학으로 데려오는 데 크게 기여했다는 사실을 인정하자. 그러면 형태론과 목적론은 대립하지 않고 결합할 수 있다."[36]

둘째, 생물학자인 프란시스코 아얄라Francisco J. Ayala를 비롯해 여러 사람이 생물학을 설명할 때에 목적론적 언어를 사용하는 것이 타당하며 중요하다고 주장해 왔다.[37] 생물체의 존속이 생물체가 속한 집단의 번식 적합성에 얼마나 기여하느냐에 달려 있을 때, 생물체의 적응을 목적론적으로 설명할 수 있다. 생물 기관이나 항상성 유지 체제나 행동 유형에서 일어나는 적응은 생물체의 생존에나 번식력에 이로운 영향을 미친다. 집단에 돌아가는 유익이 곧 적응이 일어나는 현상학적 '목표'라고 볼 수 있다.

'목적론'이라는 개념은 다양하게 해석될 여지가 있어서 유신론적으로

---

35. Francis Darwin, ed., *The Life and Letters of Charles Darwin*(3 vols., London: John Murray, 1887, vol. 2), p.201을 참조하자.

36. Asa Gray, "Scientific Worthies: Charles Robert Darwin"(*Nature 10*, no. 240, 1874), p.79-81, p.81을 참조하자.

37. Francisco J. Ayala, "Teleological Explanations in Evolutionary Biology"(*Philosophy of Science 37*, 1970), pp.1-15와 같은 책 "Teleological Explanations vs. Teleology"(*History and Philosophy of the Life Sciences 20*, 1998), pp.41-50.

해석할 수도 있고 그렇지 않을 수도 있다.[38] 생물 철학자인 에른스트 마이어Ernst Mayr는 많은 생물학자가 검증할 수도 없는 신학적 교리나 형이상학적 교리가 객관적으로 실재를 설명해야 할 과학 영역에 몰래 들어오려 한다는 의심 때문에 목적론적 주장이나 설명에 저항한다고 정확히 지적했다.[39] 그러나 마이어는 어떤 종류의 목적론이 외부에서 부과되지 않고 생물학적 과정 안에서 식별될 수 있는지를 되묻는다. "생물학자가 소위 '목적론적' 언어를 사용하는 것은 합당하다. 목적론적 언어를 사용한다고 해서 생리화학적physiochemical 설명을 거부한다거나 비인과적 설명을 묵인하는 것이 아니다."[40] 마이어는 자신의 주장을 뒷받침하기 위해 자연 세계에는 목표지향적 행동의 예시가 널려 있다고 주장한다. 실제로 "목표 지향적 과정은 아마도 생물계의 가장 두드러지는 특징일 것이다."[41]

이제 『눈먼 시계공』에서 중요한 역할을 하는 저자와 이미지를 살펴볼 차례이다. 다음에 나올 주요 부분에서는 신을 시계공에 비유한 것을 살펴보고, 19세기 초에 신학자 윌리엄 페일리가 어떻게 이 시계공 비유를 생물 세계에 적용했는지 살펴보도록 하자.

38. Martin Mahner and Mario Bunge, *Foundations of Biophilosophy*(Berlin: Springer, 1997), pp.367-376와 Ernst Mayr, "The Multiple Meanings of 'Teleological'"(*History and Philosophy of the Life Sciences 20*, 1998), pp.35-40을 참조하자.

39. Ernst Mayr, *Toward a New Philosophy of Biology: Observations of an Evolutionist* (Cambridge, MA: Harvard University Press, 1988), pp.38-66, 특히 pp.39-41와 같은 책인 *What Makes Biology Unique? Considerations on the AUtonomy of a Scientific Discipline*(Cambridge: Cambridge University Press, 2004), pp.39-66, 특히 pp.46-47을 참조하자.

40. Mayr, *Toward a New Philosophy of Biology*, p.59.

41. Mayr, *Toward a New Philosophy of Biology*, pp.44-45.

신적 존재인 시계공: 페일리의 커다란 (그러나 정정 가능한) 실수

도킨스가 그토록 많은 시간을 들여 무너뜨리려 한 신을 시계공에 빗 댄 비유는 17세기 후반 로버트 보일Robert Boyle(1627~1691년)이 창안했다. 보일은 세상의 규칙성과 복잡성을 스트라스부르에 있는 루앙 대시계에 비유했다. 이 비유는 '기계론적 철학mechanical philosophy'[42]이라고 알려진 지적 도전에 다소 성급하게 응답한 것이었다. 처음에 물리적 세계에 적용 되던 '시계공' 비유는 18세기 후반에 이르러 생물 세계로 옮겨가 적용되 기 시작했다. 시계공 비유가 생물 세계에 적용된 것에 결과적으로 만족하 는 사람도 있었지만, 매우 불만족스러워하는 사람도 있었다.

『눈먼 시계공』은 '시계공'으로 묘사되는 18세기의 신개념을 매우 성 공적으로 공격한다. 하지만 시계공 비유를 통한 공격이 시사하는 바가 무 엇일까? 도킨스가 실제로 보여 주는 것은 18세기 영국의 역사적 상황에 대응하여 나타났던 창조 교리를 이해하는 여러 견해 가운데 하나일 뿐이 다. 더군다나 도킨스가 공격하는 이 특정 견해는 다윈주의 진화론이 등장 하면서 완전히 와해되었다. 윌리엄 페일리와도 관련이 있는 18세기에 나 타났던 이런 창조론의 견해는 다윈이 공격하기도 이전에 이미 존 헨리 뉴 먼John Henry Newman(1801~1890년)과 같은 당대 유명한 여러 신학자들이 부적절하다며 퇴짜를 놓았다. 이 사실을 염두에 두고 페일리의 주장을 자 세히 살펴보자.

윌리엄 페일리는 생물 세계가 마치 누군가가 설계해 만든 '고안품'처

---

42. 배경은 Margaret J. Osler, *Divine Will and the Mechanical Philosophy: Gassendi and Descartes on COntingency and Necessity in the Created World*(Cambridge: Cambridge University Press, 1994)를 참조하자.

럼 보인다는 점을 강조했다. 페일리의 이러한 입장은 18세기 정치와 종교가 복잡하게 상호 작용하면서 형성된 독특한 영국의 역사에서 연유한다. 18세기 영국의 정치와 종교의 발전은 역사적으로 매우 흥미로울 뿐만 아니라 『눈먼 시계공』에서 도킨스가 펼치는 주장과도 무관하지 않다.[43]

17세기 후반에 영국 정부와 사회 내부에서 벌어졌던 일련의 사건은 영국 국교회가 방어적인 입장을 취할 수밖에 없도록 몰아넣었다.[44] 여러 사건 가운데 특히 이 책과 관련 있는 사건은 바로 이신론Deism의 등장이다. 이신론은 신이 세상을 창조했다는 사실은 인정하지만, 창조 이후에도 신이 계속해서 세계에 개입한다고는 인정하지 않는 견해이다. 이신론의 등장은 기성 교회에 특히 성경과 교회의 교리적 전통을 어떻게 해석할 것이냐와 관련해 문제를 불러일으켰다. 아이작 뉴턴Isaac Newton(1642~1727년)이 세계의 기계적 규칙성을 증명한 데 감명한 많은 교인이 자연 세계에 대한 탐구가 기독교 사상을 방어할 수 있는 새로운 토대가 될 수도 있겠다고 생각하기 시작했다.[45]

사실 자연 세계에 대한 관심은 항상 기독교 지적 전통의 일부분이었다. 그러나 과거의 경우 이러한 전통은 신의 아름다움을 인식하는 방법으로써 자연 세계의 아름다움과 경이로움에 호소하는 등 대개는 기독교적

---

43. *The Blind Watchmaker*, pp.4-6.

44. Lisa M. Zeitz, "Natural Theology, Rhetoric, and Revolution John Ray's Wisdom of God, 1691-1704."(*Eighteenth Century Life 18*, 1994), pp.120-133, Scott Mandelbrote, "The Uses of Natural Theology in Seventeenth-Century England"(*Science in Context 20*, 1007), pp.451-480.

45. James R. Jacob and Margaret C. Jacob, "The Anglican Origins of Modern Science: The Metaphysical Foundations of the Whig Constitution"(*Isis 71*, 1980), pp.251-267.

관점에서 세상을 해석하는 식이었다.[46] 16세기와 17세기에 자연과학의 발전을 이끈 근원적인 충동 가운데 하나는 아주 가까이에서 자연을 관찰하면 신의 지혜를 더 깊이 알 수 있을 것이라는 믿음 때문이었다는 사실은 이미 잘 알려져 있다.[47] 위대한 자연학자이자 그 유명한 『창조 역사 속에 드러난 하나님의 지혜The Wisdom of God Manifested in the Works of Creation』(1691년)의 저자인 존 레이John Ray(1628~1705년)는 1660년에 다음과 같은 말을 했다. "자유인에게 자연의 아름다움을 묵상하고 한량없는 신의 지혜와 선하심을 찬미하는 것보다 더 값지고 즐거운 일은 없다."[48]

그러나 18세기에 들어서면서 상황은 급변했다. '자연 신학natural theology'이라고도 하고 (그리스어로 자연을 뜻하는 physis에서 유래해서) '물리 신학physical theology'이라고도 하는 신학에 대한 새로운 접근법이 발달한 것이다. 즉 자연에서 신의 존재와 속성을 추론할 수 있다는 주장이 대두된 것이었다. 이성주의(합리주의)가 영국 지성계에서 영향력을 더해가자 기성 교회도 이에 대응해 성경에서 오는 것과 같은 전통적 권위보다 자연 세계를 더 강조하기 시작했다. 점점 회의적으로 변해 가는 세상에서 자연 질서에 호소하면 신의 존재와 지혜를 증명할 수 있을 것이라 생각했다.

애초에 이 '자연 신학'은 물리적 세계의 질서, 즉 아이작 뉴턴이 입증

---

46. 예시로 Umberto Eco, *The Aesthetics of Thomas Aquinas*(London: Radius, 1988), Patrick Sherry, *Spirit and Beauty: An Introduction to Theological Aesthetics*(Oxford: Clarendon Press, 1992)를 참조하자.

47. 더 자세히 알고 싶으면 John Hedley Brooke, *Science and Religion: Some Historical Perspectives*(Cambridge: Cambridge University Press, 1991)을 참조하자.

48. Charles Raven, John Ray, *Naturalist*(Cambridge: Cambridge University Press, 1950, p.83를 참조하자.

했던 '천체 역학celestial mechanics'의 규칙성에 호소했다. 순식간에 뉴턴은 마치 예전부터 기독교를 옹호하고 신학을 하는 새로운 방식을 계획하고 준비해 온 사람처럼 비춰졌다. '물리 신학'은 1700년대 초반에 크게 유행했다. 그러나 영원할 것만 같던 과학과 종교의 동맹은 머지않아 돌이킬 수 없는 반목의 길로 들어서기 시작했다.[49] 과거 그 시대의 유명한 과학자들이 옹호했던 접근법을 유능하지 못한 주교와 부주교가 넘겨받았는데, 이들은 간접적으로 접한 지식을 제대로 이해하지도 못한 채로 앵무새처럼 반복했을 뿐 아니라, 그것이 함축하고 있는 의미를 너무 과장하곤 했다. 그러나 뉴턴 체계는 세계가 자생적 체제로 돌아가기 때문에 신적인 존재의 통치나 부양이 필요 없다는 사실을 보여 주는 것 같았다.[50] 뉴턴 체계는 신에 대한 믿음을 장려하기는커녕 불필요하다고 선언했던 것이다.

18세기 말에는 많은 영국의 문화 엘리트들이 뉴턴 체계를 이해해서 다다를 수 있는 결론은 신앙이 아니라 무신론이나 불가지론이라고 생각했다. 물리학과 종교를 통합하려고 했던 뉴턴의 시도는 실패로 돌아갔다. 퍼시 셸리Percy Bysshe Shelley(1792~1822년)는 "정합적 뉴턴주의자는 필연적으로 무신론자일 수밖에 없다."[51]라는 유명한 말을 남겼다. 이 말을 통

---

49. 관련한 면밀한 연구로 다음을 참조하자. H. H. Odom, "The Estrangement of Celestial Mechanics and Religion." (Journal of the History of Ideas 27, 1966), pp.533-558.

50. James E. Force, "The Breakdown of the Newtonian Synthesis of Science and Religion: Hume, Newton and the Royal Society"(In Essays on the Context, Nature, and Influence of Isaac Newton's Theology, edited by R. H. Popkin and J. E. Force, Dordrecht: Kluwer, 1990), pp.143-163.

51. John Gascoigne, "From Bentley to the Victorians: The Rise and Fall of British Newtonian Natural Theology"(Science in Context 2, 1988), pp.219-256.

해 그는 당시 물리학으로 기독교 신앙을 옹호해서 얻을 것은 아무것도 없다는 시대적 합의가 이루어지고 있었음을 보여 준다.

만약 물리학이 막다른 길이라고 한다면 생물학은 어떨까? 행성의 규칙적인 궤도보다 살아 있는 자연 세계에 근거해 신의 존재를 증명하는 논증을 구성해 보는 것은 가능하지 않을까? 페일리는 이러한 접근법을 다시 살릴 수 있는 방법을 찾았고, 결국 되살려서 반론에 맞서기 시작했다. 페일리의 접근법은 예상했던 것보다 훨씬 더 대중적인 성공을 거두었다. 그러나 그와 동시에 기독교 지성이 페일리가 채택한 접근법에 어느 정도 기대고 있다는 완전히 그릇된 인상을 남기게 되었다. 그러면 페일리의 접근법은 무엇이었을까? 그것은 신을 시계공에 비유한 것이었다.

페일리가 쓴 『자연 신학: 자연의 모습으로부터 수집한 신의 속성 및 존재의 증거Natural Theology: or Evidences of the Existence and Attributes of the Deity, Collected from the Appearances of Nature』(1802년)는 19세기 전반 영국의 종교 사상에 막대한 영향을 끼쳤다. 찰스 다윈 역시 어린 시절 이 책을 인상 깊게 읽었다고 한다. 페일리는 뉴턴이 발견한 자연의 규칙성에 큰 감명을 받았다. 그중에서도 특히 '천체 역학'이라고 알려진 분야와 관련한 내용을 인상 깊게 읽었다고 한다. 우주 전체를 규칙적이고 이해 가능한 원칙에 따라 작동하는 하나의 복잡한 체제로 이해할 수 있게 해 주었기 때문이다.

페일리는 시계공으로서의 신이라는 유추를 물리 영역에서 생물 영역으로 옮길 필요가 있다고 생각했다. 즉 자연은 하나의 '고안품'으로 바라보아야 한다. 여기서 '고안품'이라는 단어에는 설계와 건설이라는 뜻이 들어가 있다. 페일리에게는 생물 세계가 (신에 의해) 설계되고 건설되었음이 명백해 보였다. 페일리는 미친 사람만이 복잡한 기계를 만드는 기술이 목적도 없이 우연히 생긴다고 말할 수 있을 것이라고 주장했다. 기계 장치라 함은 곧 고안되었다는 뜻이다. 다시 말해 누군가가 분명한 목적을 가지고 설계하고 제조했다는 뜻이다. 작게는 인간의 몸부터 크게는 세계에 이르기까지 모두 각각의 요구와 처한 상황에 꼭 들어맞도록 설계되고 만들어진 기계 장치라고 할 수 있다.

페일리는 『자연 신학』 첫 장에서 그를 유명하게 만들어 준 시계공 유비를 제시한다. 도킨스는 『눈먼 시계공』에서 이 시계공 비유를 여러 차례 우아하게 인용하여 혹평한다.

풀밭을 걸어가다 돌 하나가 발에 차였다고 상상해 보자. 그리고 그 돌이 어떻게 거기에 있게 되었는지 의문을 품었다고 가정해 보자. 잘은 모르지만 그 돌이 원래부터 거기에 놓여 있었다고 답할 수 있을 것이다. 그리고 이 답이 어리석다는 것을 입증하기란 쉽지 않을 것이다. 그러나 돌이 아니라 '시계'를 발견했다고 가정해 보자. 그리고 어떻게 그시계가 거기에 있게 되었는지 답해야 한다면, 앞에서 했던 것 같은 대답, 즉 잘은 모르지만 그 시계가 원래부터 거기에 있었다는 대답은 거의 생각할 수 없을 것이다. 왜 돌을 발견했을 때는 유효했던 대답이 시계를 발견했을 때는 유효하지 않은가? 왜 첫 번째 질문에 대한 대답으로는 괜찮고, 두 번째 질문에 대한 대답으로는 괜찮지 않은가?[52]

페일리는 이렇게 질문한 다음 시계의 용기며 둥글게 감긴 용수철이며 서로 맞물린 수많은 톱니바퀴며 시계를 덮고 있는 유리까지 세세하게 시

---

52. William Paley, *Works*(London: Wm. Orr & Co., 1849), p.25.

계를 묘사한다. 페일리는 시계를 분해하여 하나하나 꼼꼼하게 묘사한 부분을 독자가 다 읽을 때까지 기다렸다가 결정적인 결론을 제시한다.

> 이 기계 장치를 이해하려면 선행 지식이 있어야 할 수도 있지만, 일단 면밀히 잘 관찰해 보면 필연적으로 이 시계를 만든 제작자가 있을 것이라고 추론할 수밖에 없다. 틀림없이 어느 순간 어떤 장소에서 제작법을 잘 아는 제작자 한 명 또는 여러 명이 우리가 알지 못하는 어떤 목적을 가지고 용도에 맞게 시계를 설계하고 만들었을 것이다.[53]

페일리는 자신의 다른 저작 대부분에서도 그러했듯이, 이 시계공 비유 역시 다른 이류급 학술 자료에서 차용했다. 페일리는 새로운 자연 신학을 연구할 때에도 거리낌 없이 존 레이를 표절한다. 비록 페일리는 독창성 없는 구닥다리 사상가였지만 의사소통에는 탁월했다. 그토록 효과적으로 전달한 내용이 시대에 뒤떨어진 사유방식이기는 했지만 말이다. 17세기 후반과 18세기 초 대부분의 기독교 학계에서는 이미 시대에 뒤떨어지고 유용하지 않다고 평가했던 사유 방식에 페일리는 대중의 입맛에 맞는 글솜씨로 새 생명을 불어넣었다.[54]

페일리는 자연이 의도적으로 설계되고 만들어진 '고안품'이라는 표식이 곳곳에 있다고 주장한다. 자연은 '고안된', 즉 지성이 분명한 목적을 가지고 만든, 일련의 생물학적 구조를 증거로 지니고 있다. "시계에서처럼 자연에서도 고안과 설계의 흔적이 나타난다." 페일리는 자연이 시계보

---

53. Paley, *Works*, p.25.

54. 더 자세한 설명은 Alister E. McGrath, *Darwinism and the Divine: Evolutionary Thought and Natural Theology*(Oxford: Wiley- Blackwell, 2011), pp.85-142를 참조하자.

다 훨씬 더 정교한 고안품이라고 주장한다. 그가 매우 복잡한 구조를 지닌 인간의 눈과 심장을 기계적 용어로 묘사할 때 논증은 최고조에 달한다. 그는 망원경을 사용해 보면 누구나 이 정교한 장비를 설계하고 제작한 사람이 있다는 것을 알 수 있다고 지적한다. 그런데 하물며 훨씬 정교한 인간의 눈을 보고도 설계자가 있다는 사실을 모를 수가 있겠느냐고 반문한다.

페일리는 창조가 일회성 사건이라고 주장한다. 신이 세상을 한 번 창조한 뒤로는 아무런 진화도 일어나지 않았다. 애초에 신은 더 진화할 필요가 없는 완벽한 상태로 세상을 창조했다. 페일리에게 진화라는 개념은 곧 최초의 형태가 완벽하지 않다는 말과 일맥상통했다. 어떻게 완벽한 신이 완벽하지 않은 피조물을 만들 수 있단 말인가? 이렇듯 페일리의 창조론은 진화라는 개념 자체를 배제하기 때문에 자연 속에서 진화가 일어난 흔적을 보여 주는 것만으로도 페일리의 논증 전체를 무너뜨리기에 충분했다.

다윈의 이론은 페일리가 '특수 창조론special creation'에서 억지로 끼워 맞춰 어설프게 설명할 수밖에 없었던 생물 세계의 두 가지 특징을 훨씬 더 자연스럽고 우아하게 설명한다. 첫째는 비글호를 타고 항해할 당시 다윈은 갈라파고스 군도 등지의 섬에 서식하는 생물 집단이 매우 뚜렷한 개성을 보인다는 사실에 깊은 인상을 받았다. 그런데 다윈의 이론으로는 이 현상을 섬의 독특한 환경에 맞추어 진화한 것이라고 쉽게 설명할 수 있지만, 페일리의 이론으로는 이를 설명하기가 어렵다. 둘째, 다윈은 자신의 이론으로 뚜렷한 목적이 없어 보이는 흔적 기관도 설명할 수 있다는 사실을 깨달았다. 페일리는 왜 하나님이 인간을 창조할 때 뚜렷한 기능도 없는 맹장을 만드셨는지 설명하지 못했지만, 다윈은 이 흔적 기관이 과거 진화의 흔적이라고 설명했다. 그러므로 다윈은 자신의 자연선택설이 페일리의 특수 창조론보다 훨씬 더 설명력이 뛰어나다고 생각했다. "특수 창조설에 가려져 있던 몇몇 사실에 마침내 진리의 빛이 비추었다."[55]

도킨스는 페일리가 '생명 기계를 낱낱이 해부해서 아름답고 경건하게 묘사'[56]한다며 자신보다 앞서 페일리를 평가했던 다윈처럼 유창하고 관대하게 페일리의 공적을 치하한다. 도킨스는 페일리를 그토록 매혹시키고 감명시켰던 '시계'의 기계적 놀라움을 무시하는 것은 아니지만, 페일리의 신 논증은 그의 '진심 어린 열정'과 '당대의 여러 훌륭한 생물학 저술'이 무색하게 '완전히 장렬하게 틀렸다'고 주장한다. "자연 속에 있는 유일한 시계공은 눈먼 물리력뿐이다."

도킨스의 페일리 비판은 구구절절 옳다. 초기 빅토리아 시대에 기독교 학계에서도 과학자와 신학자를 가리지 않고 페일리의 구시대적 사고 방식은 당대 과학 발전과 기독교 신학의 기본 주제 가운데 어느 쪽에도 부합하지 않는다고 평가했다. 위대한 빅토리아 시대 신학자인 존 헨리 뉴먼John Henry Newman은 페일리의 논증은 결과적으로 유신론에 무게를 실어 준 만큼 무신론에도 무게를 실어 준 꼴이라고 말했다. 뉴먼은 페일리의 설계 논증을 거부하면서 자연 세계를 해석하는 귀납적 방식을 제시한다. "나는 신을 믿기 때문에 신이 세상을 설계했다는 사실도 믿는 것이지, 설계의 증거를 찾을 수 있기 때문에 신을 믿는 것은 아니다."[57]

---

55. Charles Darwin, *Origin of the Species*(6th edn., London: John Murray, 1872), p.164.

56. *The Blind Watchmaker*, p.5.

57. Newman, *Letter to William Robert Brownlow*(April 13, 1870), *In The Letters and Diaries of John Henry Newman*(vol. 25), p.97. 뉴먼과 지적 설계론에 대해 더 알고 싶으면 다음을 참조하자. Noel K. Roberts, "Newman on the Argument from Design"(*New Blackfriars 88*, 2007), pp.56-66, Kevin Mongrain, "The Eyes of Faith: Newman's Critique of Arguments from Design"(*Newman Studies Journal 6*, 2009), pp.68-86.

1852년에 뉴먼은 더블린Dublin에서 '대학의 이념'이라는 주제로 초청 강연을 했다. 이때 강연에서 뉴먼은 종교와 과학의 관계를 조명하면서 페일리의 '물리 신학'을 중점적으로 다루었다. 뉴먼은 페일리의 논증 방식을 가리켜 '거짓 복음'이라며 혹평했다. 페일리는 초대 교회가 과학에 훨씬 온건하게 접근했던 방법에서 진보하기는커녕 오히려 퇴보했다고 뉴먼은 주장했다.

뉴먼이 페일리를 비판한 핵심은 다음의 한 문장으로 요약할 수 있다. "페일리의 주장은 제자리를 벗어나 너무 나가는 바람에 기독교를 비판하는 도구로 사용될 지경에 이르렀다."[58] 그래서 그는 페일리의 '물리 신학'은 기독교에게 오히려 불리하므로 기독교의 평판이 떨어지기 전에 폐기해 버려야 한다고 주장했다.

> 물리 신학은 그 본성상 기독교에 관해 단 한 마디도 말해 줄 수 없다. 물리 신학은 어느 면으로 보나 결코 기독교라고 할 수 없다. …… 아니 기독교라고 할 수 없다는 것만으로는 부족하다. 우리가 인간인 이상 소위 과학이라 불리는 이 물리 신학이 우리 마음에 들어온다면, 우리는 결국 기독교에 등을 돌리게 되고 말 것이라고 나는 주저 없이 말할 수 있다.[59]

다윈이 페일리의 논증을 과학적으로 무너뜨린 것은 19세기 영국에서

---

58. John Henry Newman, *The Idea of a University*(London: Longmans, Green & Co, 1907), pp.450-451. 배경은 Fergal McGrath, *The Consecration of Learning; Lectures on Newman's Idea of University*(Dublin: Gill, 1962)를 참조하자.

59. Newman, *The Idea of a University*, p.454.

가장 영향력 있는 신학자로 인정 받던 뉴먼이 페일리의 구식 신학을 기독교에 불리하다며 비난했을 때로부터 7년이 더 흐른 뒤였다.

흥미로운 사실은 다윈의 업적으로 신앙의 새로운 위기가 촉발되었지만, 정작 뉴먼이 이런 문제 제기를 했을 때는 별로 주목을 끌지 못했다는 것이다. 다윈이 『종의 기원』을 출간하기도 전에 뉴먼은 페일리의 접근 방식이 그 목적을 전달하는 데 실패했을 뿐 아니라, 기독교 신학을 재앙수준으로 완전히 잘못된 변증으로 몰아넣었다고 주장했다. 사실 기독교 변증론을 재앙수준으로 잘못된 방향으로 이끈 것은 비단 페일리가 처음은 아니었다. 뉴먼이 보기에 페일리의 논증은 진작에 수정했어야 하는 것이었다.

다윈의 진화론과 페일리 논증이 상충하는 관계가 아니라는 시각도 있었다. 후기 빅토리아 시대에 일부 작가들은 다윈의 진화론 덕분에 페일리의 논증이 더 유익한 방향으로 나아갈 수 있다고 생각하기도 했다. 제임스 무어James Moore가 쓴 다윈에 관한 방대하고 명확한 기독교적 응답에서 볼 수 있듯이, 생물 세계를 설명하는 페일리의 논증에서 발견되는 명백한 결함, 그중에서도 특히 '완벽한 적응' 개념을 다윈의 자연선택 개념으로 정정할 수 있다고 생각하는 사람이 많았다.[60]

더 중요한 것은 많은 작가가 (다윈주의 용어를 빌리자면) 특정 적응 specific adaptations에 대한 페일리의 관심은 무시해 버리고, 어떤 일정한 법칙이 진화를 인도하는 것처럼 보인다는 사실에 더 주목했다는 점이다. 이러한 생각은 중세에 아퀴나스가 발전시킨 생물학의 일반적인 법칙과 분

---

60. James R. Moore, *The Post-Darwinian Controversies: A Study of the Protestant Struggle to Come to terms with Darwin in Great Britain and America, 1870-1900* (Cambridge: Cambridge University Press, 1979).

명한 관련이 있으며, 바덴 파월Baden Powell의 유명한 저서 『귀납 철학의 정신에 관한 논문Essays on the Spirit of the Inductive Philosophy』(1855년)에도 나와 있다.[61]

여기서 요점은 페일리가 17세기 후반에 일어났던 위대한 뉴턴 혁명의 여파 속에서 마지막으로 꽃피웠다가 18세기 중반쯤엔 완전히 져 버린 한 사조를 대표한다는 사실이다. 페일리는 이미 신빙성을 잃어 버린 낡은 사상을 유통기한이 거의 다 된 줄도 모르고 되살렸다. 『종의 기원』을 비롯해 이후의 다윈의 저작들은 19세기 초 저명한 기독교 저술가들이 의심했던 18세기 초반의 사상을 19세기 후반에 논박한 것으로 보아야 한다.

그렇다면 왜 페일리는 신이 태초에 만물을 지금 모습 그대로 단번에 창조했다는 정적인 자연 질서를 믿었던 것일까? 사실 그는 이러한 정적인 견해에 갇혀 스스로를 절망적이고 무기력한 상황으로 몰아넣은 셈이었다. 페일리만이 아니라 그의 추종자들도 당시에 상상했던 것보다 지구의 역사가 훨씬 오래되었다는 지질학적 증거가 나타나고,[62] 오랜 시간에 걸쳐 생물 집단에 변화가 일어났을 것이라는 인식이 높아지는 상황에 잘 대처하지 못했다. 그러나 이러한 새로운 증거의 출현과 인식의 변화는 17세기 후반에야 나타났고, 그 이전 시대의 과학을 특징지었던 정적인 사유 방식[63]에서 벗어나기란 말처럼 쉬운 일이 아니었다. 창조를 정적인 단일

61. R. S. S. Baden Powell, *Essays on the Spirit of the Inductive Philosophy*(London: Longman, Brown Green and Longmans, 1855). 이들 사상가에 대한 뛰어난 분석은 Pietro Corsi, *Science and Religion: Baden-Powell and the Anglican Debate*(Cambridge; Cambridge University Press, 1988)을 참조하자.

62. Stephen Baxter, *Ages in Chaos: James Hutton and the Discovery of Deep Time*(New York: Forge, 2004)를 참조하자.

63. McGrath, *Darwinism and the Divine*, pp.219-222를 참조하자.

사건으로 보았던 페일리 신학의 사유 방식은 근대 초기의 과학적 세계관에 영향을 받은 것이라 할 수 있다.

기독교는 정적인 독립체가 아니다. 오히려 성장하는 식물과도 같다.[64] 기독교의 신학적 전통이 성경에 기초하고 있긴 하지만, 항상 그때그때 알려진 가장 정확한 사실에 기초해 성경 원문을 해석하려고 노력해왔다. 그렇기 때문에 교회 안에서도 특정 구절을 어떻게 해석하는 것이 가장 좋은가에 대한 논쟁이 늘 있었다. 기독교 초기 500년 동안에 수많은 기본적인 원칙들이 생겨났는데, 그중 하나가 당대 최고의 자연 과학과 창의적으로 교류하면서 성경을 해석해야 한다는 원칙이었다.

초기 기독교 시대에 가장 영향력 있는 신학자였던 히포의 아우구스티누스Augustinus of Hippo(354~430년)는 성경적 해석과 과학의 관계를 탐구했다는 점에서 특히 중요한 인물이다. 그는 성경을 해석할 때 과학의 결론을 존중하는 것이 중요하다고 강조했다. 그가 쓴 창세기 주석에서 볼 수 있듯이, 몇몇 구절들은 정말로 다양한 해석이 가능할 수 있게 되어 있다. 따라서 해당 구절들을 어떻게 해석하는 것이 가장 적절한지를 결정할 때 새로운 과학 연구를 참조하는 것이 중요하다.

우리의 이해를 뛰어넘는 모호한 문제와 관련해 우리의 믿음을 손상시키지 않으면서 여러 가지로 해석할 수 있는 성경 본문이 있다. 이런 경우에 우리는 성급하게 한 가지 해석을 고수해선 안 된다. 진리 탐구가 발전하면서 우리가 채택한 해석의 신빙성을 떨어뜨리는 새로운 사

---

64. Aidan Nicholas, *From Newman to Congar*(*The Idea of Doctrinal Development from the Victorians to the Second Vatican Council*, Edinburgh: Clark, 1990)을 참조하자.

실이 밝혀지면, 우리의 권위도 함께 떨어질 것이기 때문이다. 우리는 우리의 해석을 지키기 위해 싸울 것이 아니라 성경의 가르침을 지키기 위해 싸워야 한다. 우리는 성경의 의미를 우리의 해석에 맞출 것이 아니라 우리의 해석을 성경의 의미에 맞추어야 한다.[65]

이렇듯 아우구스티누스는 성경을 해석할 때 사실이라고 합리적으로 정해진 것을 마땅히 참고해야 한다고 역설한다. 이는 성경을 해석하는 데서 기독교 신학이 근대 과학 이전의 세계관에 사로잡히지 않게 하려 함이다. 서구에서는 이러한 접근법이 성경 해석에서 지배적이었다. 그러나 무엇이 최선의 접근법인지에 대해서는 논쟁의 여지가 있을 수 있다. 이러한 논쟁은 때때로 시행착오를 동반하며, 오랜 논의와 탐구를 거쳐 무엇이 성경을 해석하는 가장 좋은 방법인지를 결정하게 된다.

윌리엄 페일리 때문에 일어난 논란도 이러한 탐구 과정의 일부이다. 역사가 페일리의 논증을 신학적인 탐구의 실패 사례 가운데 하나로 간주해도 상관없다. 우리는 성공한 탐구만 찬양하고 실패한 탐구는 혹평하는 '휘그당Whig[17세기 후반 토리당과 함께 영구의 명예혁명을 이룩한 영국의 정당-역주]식의 역사관'에 동조하지 않기 때문이다. 아놀드 토인비Arnold Toynbee의 명언을 인용하자면, 기독교 신학 체제는 인간의 문명과 같아서 '상태가 아니라 움직임이며 항구가 아니라 항해'[66]이기 때문이다. 과학적인 방법 또한 마찬가지이다. (불확실한 것을) 탐구하는 일은 필수적이다.

앞서 강조했지만 페일리식의 기독교 변증 접근법에 대한 평가는

---

65. 여기에 관해서는 Tarsicius van Bavel, "The Creator and the Integrity of Creation in the Fathers of the Church"(*Augustinian Studies 21*, 1990), pp.1-33을 참조하자.

66. Arnold J. Toynbee, *Civilization on Trial*(London: Oxford University Press, 1948), p.55.

1800년부터 진행되어 다윈의 이론이 세상에 출간되기도 전인 1850년쯤에 완료되었다. 최종 평결은? 페일리 논증은 실패한 실험이다는 것이었다. 따라서 이제 과거의 변증법을 재발견하고 페일리의 실패에서 자유로운 새로운 변증법을 개발해야 할 때였다. 그러나 페일리의 영향력은 빅토리아 문화 속에서 좀처럼 사라지지 않았고, 생물 세계에 대한 정적인 이해가 마치 기독교를 대표하는 관점인양 오도되었다. 그토록 많은 신학자가 훨씬 예전에 정통적으로 신학 하던 방식으로 돌아가 페일리의 모험적인 탐구를 몰아내고 싶어 한 것도 어찌 보면 당연했다.

다윈주의의 신학적 함축에 대한 도킨스의 평가는 생물 세계에 대한 페일리 혹은 페일리식의 접근이 전형적인 혹은 표준적인 기독교의 입장이라는 가정에 지나치게 의존한다. 또한 도킨스는 기독교 논증은 대개 혹은 전부 페일리의 논증과 유사한 '설계 논증'에 기초하고 있다고 가정하는 듯하다. 그러나 기독교 신학은 페일리식의 논증 없이도 기독교 신앙이 비합리적이거나 실증적인 인식론적 지위를 결여하고 있다고 생각하지 않는다. 물론 도킨스는 페일리를 뛰어나게 논박한다. 그러나 그는 페일리를 논박하는 데 성공하면 당연히 신을 논박하는 데도 성공한 것이라고 착각하는 듯하다.

그렇다면 만약 우리가 진짜로 페일리는 잊어버리고 초대 교회가 성경을 해석하고 신학을 했던 방식으로 돌아간다면 어땠을까? 안타깝게도 이는 실행 불가능한 역사적 실험이다. 다윈이나 도킨스가 묘사하는 진화 과정처럼 역사는 돌이킬 수 없고 실험적으로 통제 불가능한 우연이 개입할 여지가 너무 많다. 우연은 생물학적 진화에서만큼이나 문화적 진화에서도 중요하다. 그러나 우리가 말할 수 있고 말해야만 하는 바는, 바로 만약 다윈주의 논쟁이 4세기 그리스어를 사용하던 시절의 교회에서 일어났다면 상황이 매우 다르게 전개되었을 거란 사실이다.[67] 도킨스는 지엽적인 역사적 우연을 보편적인 신학적 필연으로 서술하며, 이를 토대로 다윈주의의 종교적인 함축을 매우 부정적으로 평가한다. 19세기 영국 역사가 문화적으로 중요하다는 점을 감안하더라도, 빅토리아 시대의 영국이라는 지엽적인 상황이 마치 이후의 기독교 신앙 전체를 결정하는 요인인 것처럼 다룰 수는 없다.

우리는 초기 기독교 저술가들이 창조론에 관해 페일리의 정적인 이해와는 반대로 동적인 창조 개념을 발전시켜 왔으며, 이것은 진화의 관점을 대폭 수정할 수 있었다는 사실을 유념해야 한다. 그러면 바로 이어서 가장 잘 알려진 동적인 창조 개념을 살펴보도록 하자.

동적인 창조 개념: 히포의 아우구스티누스

5세기 초 히포의 아우구스티누스는 창세기의 첫 세 장을 해석한 창세기 주석을 출판했다. 『창세기의 문자적 의미De Genesi ad litteram』라는 이 주석은 401년과 405년 사이에 쓰인 것으로 추정된다.[68] 이 주석에서 가장 중요한 사상 하나는 신의 창조 행위가 태초의 창조 행위에만 국한되지 않고 이후에 피조물이 발전해 나가는 과정까지를 포함한다는 것이다. 세계는 신의 섭리 아래 점점 발전해 나가도록 창조되었다. 아우구스티누스는

---

67. Frances M. Young, "Adam and Anthropos: A Study of the Interaction of Science and the Bible in Two Anthropological Treatises of the Fourth Century"(*Vigiliae Christianae 37*, 1983), pp.110-140.

68. 성숙한 완성작인 *De Genesi ad litteram libri duodecim*(pp.401-415)과 미완성작인 *De Genesi ad litteram imperfectus liber*(pp.393-394)를 구별해야 한다.

신이 새로운 식물종과 동물종을 지금 모습 그대로 창조해 이미 존재하던 세상에 보냈다는 일부 창조론자들의 생각은 성경의 나머지 부분과 모순된다며 거부했다. 오히려 신은 태초에 인류를 포함한 모든 생명체로 진화할 역량 (아우구스티누스는 이를 '씨앗'으로 형상화했다)을 창조했다고 보아야 한다.

따라서 아우구스티누스는 태초에 신이 '씨앗처럼 법칙'에 따라 훗날 각 생물종으로 진화할 역량을 가진 세상을 창조하셨다고 주장했다.[69] 그는 지구가 신으로부터 스스로를 생산할 수 있는 힘이나 역량을 부여 받았다고 말한다.[70] '씨앗'은 시행착오를 거치며 점점 진화해가는heuristic 개념으로 이해할 수 있다. 이 '씨앗'은 자연 속에서 계속 역사하여 태초에 창조 질서 안에 내장한 역량을 발현시키는 신을 형상화한 수단으로, 정확하다고는 할 수 없지만 신학적으로 어렵고도 중요한 개념을 이해하는 데는 도움이 된다.[71] 즉 씨앗의 이미지는 태초에 있었던 처음 창조 때에 이미 그 안에 모든 생명체가 연속적으로 출현하도록 하는 잠재적인 힘이 내포되어 있었음을 함축한다.

따라서 아우구스티누스는 창조 때에 두 가지 '순간'이 있었다고 가르쳤는데, 곧 시작origination이라는 최초 행위와 섭리적인 인도라는 지속적인 과정이었다.[72] 그는 창조가 과거에 일어난 단일 사건이라는 쪽으로 생각하는 편이 자연스러울 수 있다는 점을 인정하면서도, 신은 지금도 '처음

---

69. 더 자세한 사항은 Michael J. McKeough, *The Meaning of the Rationes Seminales in St Augustine*(Washington: Catholic University of America Press, 1926)을 참조하자.

70. Augustine, *De Genesi ad litteram*, V.iv.11.

71. Augustine, *De Genesi ad litteram*, V.vi.10-11; IV.xvi.27.

72. Augustine, *De Genesi ad litteram*, V.iv.11.

창조할 당시 그 안에 감추어 두었던 계획'[73]을 펼치며 이를 유지하고 감독하는 일을 한다고 주장한다.

그렇다고 신이 세상을 불완전하게 미완성으로 창조했다는 뜻은 아니라고 강조한다. 왜냐하면 '신은 창조의 질서 속에 훗날 발현되고 진화할 인과관계를 심어 놓으셨기'[74] 때문이다. 세상은 시간이 지나면서 신이 의도한 대로 이뤄지도록 그 안에 잠재성—시작이라는 태고의 행위 안에 부여된 것—을 내재한 채 창조되었다.[75] 이런 발전 과정은 창조주의 의지를 반영한 근본 법칙에 따라 일어난다고 아우구스티누스는 주장한다. "신은 살아있는 모든 존재의 종류와 특성을 창조하고 지배하는 고정된 법칙을 확립하고, 이를 감추어 두었다가 펼쳐 보인다. 따라서 신의 존재와 섭리가 미치지 않는 곳은 없다."[76]

아우구스티누스는 여기서 신의 섭리는 '고정된 법칙certas leges'에 따라 자연 세계가 출현하도록 인도하는 역할을 한다고 천명한다. 이 '고정된 법칙'이라는 개념은 후대 '자연법'이나 '과학 법칙'에 관한 사유로 인도하는 데 중요한 역할을 하게 된다.[77] 아우구스티누스는 신의 섭리에 따라 인도되는 출현의 과정이라는 개념을 사용해서 창조의 이중적인 개념, 즉 잠재성이 내재된 태고의 사건으로서의 창조와 시간이 지남에 따라 그런 잠

---

73. Augustine, *De Genesi ad litteram*, V.xx.41-42.

74. Augustine, *De Genesi ad litteram*, V.xi.19.

75. Augustine, *De Genesi ad litteram*, V.xi.18.

76. Augustine, *De Genesi ad litteram*, V.xii.23.

77. 'quasdam certas leges'같은 중요한 구절이 나중에 어떻게 사용되었는지 알고 싶다면 Jane E. Ruby, "The Origins of Scientific 'Law'"(*Journal of the History of Ideas 47*, 1986), pp.341-359를 참조하자.

재성을 연속적으로 현실화하는 창조를 분명하게 설명한다.

아우구스티누스의 창조 신학을 이렇게 살짝 들여다만 보아도 생물학적 진화를 기독교적으로 설명할 수 있는 틀이 있다는 사실이 명확해진다. 창조에 관한 아우구스티누스의 설명에는 창조가 잠재적으로 다층적인 실재의 시작을 수반한다는 생각이 내재해 있다. 여기서 잠재적으로 다층적인 실재는 우주가 생겨날 때 존재하지 않았던 어떤 상태 혹은 진화에 적절하다고 생각되지 않았던 어떤 상태에서 출현한다. 아우구스티누스는 우주가 신의 인도에 따라 완전한 형태로 진화할 수 있는 내재적 능력을 지닌 채 생겨났다고 주장한다. 이 같은 주장은 페일리의 주장과는 첨예하게 배치된다. 페일리는 스스로 질서를 창조하기에 충분한 역량이나 힘이 자연에 내재해 있다는 생각은 무신론이나 다름없다고 생각했다.[78]

이 같은 아우구스티누스의 접근은 찰스 킹즐리Charles Kingsley (1819~1875년)가 다윈의 『종의 기원』을 읽고서 했던 유명한 말과 나란히 놓고 생각해 볼 필요가 있다. "예로부터 신은 매우 지혜로워서 모든 것을 창조할 수 있다고 했다. 그러나 보아라, 신은 그보다 훨씬 더 지혜로워서 심지어 모든 것이 스스로 생겨나도록 만들 수도 있다."[79] 여기서 이렇게 질문해볼 수도 있다. 킹즐리는 왜 다윈이 아니라 아우구스티누스를 읽고 이러한 생각을 발전시키지 않았을까? 그는 왜 다윈을 읽을 때 이러한 신학적 사유의 틀을 가져오지 못했으며, 또 그 신학적 사유의 틀과 그가 『종

---

78. William Paley, *Natural Theology: or, Evidences of the Existence and Attributes of the Deity*(12th end. London: Faulder, 1809), pp.427-434.

79. Charles Kingsley, "The Natural Theology of the Future"(*In Westminster Sermons*, London: Macmillan, 1874), v-xxxiii, xxv. 아우구스티누스처럼 킹즐리도 신의 섭리가 이 과정을 인도한다고 생각했다(xxiv-xxv).

의 기원』에서 발견한 것이 잠재적으로 맞닿아 있음을 깨닫지 못했을까? 무엇보다도 영국 국교회의 생물학자였던 세인트 조지 마이바트St. George Mivart(1827~1900년)는 아우구스티누스의 접근법을 알고 있었고, 그것이 진화론적 관점을 수용할 수 있게 한다는 점에서 그런 사유의 틀의 중요성 도 인정했다. "아우구스티누스는 매우 놀랍게도 신의 유기체 창조를 단지 부차적인 개념으로 이해될 수 있다고 주장한다. 즉, 신은 물질세계에 적 합한 환경이 갖춰지면 유기체를 진화시킬 수 없는 힘을 부여하는 방법으 로 유기체를 창조했다는 것이다"[80] 나중에 캔터베리Canterbury의 대주교가 된 프레더릭 템플Frederick Temple(1821~1902년)도 아우구스티누스의 접근 법이 기독교 신학에서 시대를 앞섰다고 생각했다. 템플은 1884년에 했던 유명한 강연에서 신이 '일상적인 시간 속에서 생명을 지닌 피조물이 지금 모습으로 진화할 수 있게 만든 내재적 능력'을 지니도록 세상을 창조했다 는 사실을 믿는다고 말했다. "우리는 신이 생물체를 만들지 않았다고 말 할 수도 있다. 그렇다. 다만 신은 생물체들이 그들 스스로를 만들도록 만 들었다."[81]

페일리의 논증과 그와 유사한 다른 논증은 역사의 우연이자 18세기 초에 만연했던 (어떤 이들은 어리석게도 영원히 유효하리라 믿었던) 과 학적 합의의 결과이다. 또한 그것은 안정성과 질서와 규칙성이 중요하다 는 것을 강조하고 싶어했고, 그래서 그 수단으로서 페일리의 논증에 기꺼 이 동조했던 교회의 입장이기도 하다. 사실 당시 교회가 페일리의 논증에

---

80. St. George Mivart, *On the Genesis of Species*(New York: Appleton & Co., 1871), p.281. 논의는 Don O'Leary, *Roman Catholicism and Modern Science: A History*(New York: Continuum, 2006), pp.78-93을 참조하자.

81. Temple, *The Relations between Religion and Science*, p.115.

동조했던 까닭은 다윈의 진화론이 틀렸다는 사실을 알았다거나 혹은 믿어서가 아니라 그저 기독교 신학이 발흥했던 시기로부터 전해지던 유효하고 믿을 만한 대안을 인식하는 데 부족했기 때문인 것으로 보인다.

페일리와 그 동료들이 틀린 길을 갔다고 지금에라도 말할 수 있는 것은 이 사실을 지적해 준 다윈에게 감사해야 할 일이다. 비록 다윈보다 앞서 빅토리아 시대에 이미 많은 사람들이 같은 사실을 지적하긴 했지만 말이다. 도킨스가 논박해야 할 대상은 기독교가 아니라 기독교 학계에서 버림 받은 지 오래된 18세기에 있었던 영국 신학계의 경향이다. 가톨릭 종교 철학자인 크리스토퍼 마린Christopher F. J. Marin은 이 사실을 간파하고 다음과 같이 말했다. "설계 논증에서 설계를 통해 우리에게 자신을 드러내는 존재는 신이 아니라 이신론자와 프리메이슨 단원이 따르는 위대한 건축가요, 신을 사칭하는 사기꾼이요, 앞치마를 입고 손에는 모종삽과 직각자와 나침반을 든 근엄하고 친절하고 영악한 늙은 영국 신사일 뿐이다."[82] 그러나 페일리의 생생한 유추는 특히 북미의 개신교 내에서 여전히 언급되고 있다. 아마도 도킨스의 비난이 향할 진짜 표적은 그런 곳이 아닐까 싶다.

자연선택과 종교적 믿음: 다윈의 견해

그렇다면 다윈의 종교적 신앙은 어땠을까? 일부에서 보는 것처럼 다윈은 자신의 진화론으로 종교적 믿음에 대항하는 무신론 운동가가 되었

---

82. Christopher F. J. Martin, *Thomas Aquinas: God and Explanations*(Edinburgh: Edinburgh University Press, 1997), p.181.

을까? 안타깝게도 다윈은 자신이 진화 생물학에서 명시한 내용에서 한참 벗어나는 형이상학적 주장과 신학적 주장을 뒷받침하는 데 계속해서 인용되고 있다. 다행스러운 것은 다윈의 종교적 견해를 묻는 본질적으로 역사적인 질문들에 대해서는 지난 수십 년 동안 다윈과 다윈이 살았던 빅토리아 시대의 역사적 배경에 대해 집중적인 연구가 이루어진 덕분에 상대적으로 답하기가 수월하다는 사실이다.[83] 그 유명한 온라인 다윈 프로젝트에서는 가장 중요한 역사적 증거를 객관적이고 믿을 만하게 집대성해 놓았다.[84]

우리가 고려해 보아야 할 질문이 두 가지 있다. 첫째, 다윈의 종교적 견해는 무엇이었을까? 비록 정확한 시점은 불분명하지만 1940년대 어느 시점에서 다윈은 소위 말하는 '전통적 기독교 신앙'을 버린 것처럼 보인다. 그러나 '정통 기독교 신앙을 버린 것'과 '무신론자가 된 것' 사이에는 커다란 이론적 틈이 존재한다. 기독교는 매우 구체적인 신개념을 가지고 있다. 다윈이 기독교의 신이 아닌 다른 신을 믿었을 수도 있고 신은 믿지만 기독교 신앙의 어떤 부분을 거부했던 것일 수도 있다. 실제로 '빅토리아 시대의 신앙의 위기'(다윈을 이 위기의 관망자로 보는 시각도 있고 참여자로 보는 시선도 있다)는 기독교 고유의 구체적인 신개념에서 벗어나

---

83. 예시로 John Hedley Brooke, "The Relations between Darwin's Science and His Religion."(In *Darwinism and Divinity*, edited by John Durant, Oxford: Blackwell, 1985), pp.40-75, Frank Burch Brown, *The Evolution of Darwin's Religious Views*(Macon, GA: Mercer University Press, 1986), John Hedley Brooke, "Darwin and Victorian Christianity."(In The Cambridge Companion to Darwin, edited by Jonathan Hodge and Gregory Radick, Cambridge: Cambridge University Press, 2003), pp.192-213을 참조하자.

84. www.darwinproject.ac.uk(accessed August 8, 2014) 참조.

당대의 윤리적 가치에 따라 더 포괄적인 신개념으로 옮겨간 것으로 이해할 수도 있다.[85] 다른 사람들처럼 다윈도 기독교 신앙에서 믿는 구체적인 신개념보다 이신론적 신개념에 마음이 기운 것처럼 보였다.[86] 다윈의 신앙의 궤적을 좇는 일은 그다지 어렵지 않다. 케임브리지 시절 정통 기독교도였던 다윈은 『종의 기원』을 출간할 무렵에는 비성경적 이신론자였고 인생 말미에는 (비록 이 무렵에는 다윈이 정합적인 태도를 보이고 있진 않지만) 더 불가지론 쪽으로 기울었다.[87]

다윈의 종교적 믿음이 우리가 두루뭉술하게 '정통 기독교'라고 부르는 입장에서 벗어났다는 사실에는 의심의 여지가 없다. 그러나 안타깝게도 최근 들어 다윈의 대변인을 자처하는 이들이 정통 기독교 신앙을 공격하고 비아냥거리며 무신론을 옹호하는 행태와는 별개로 그러한 형태의 무신론과 일말의 닮은 점이라도 있다고 할 만한 어떤 믿음도 다윈의 마음 속에 들어선 적이 없다. 다윈이 무신론으로 전향했다는 사실을 가리키는 증거를 다윈의 저작 속에서는 찾을 수 없다. 1879년에 다윈은 자신의 자서전을 집필하면서 개인적으로 느낀 종교적 혼란을 언급했다. "내 판단

---

85. 이 '신앙의 위기'는 어쩌면 너무 많이 다뤄졌는지도 모른다. Timothy Larson, *Crisis of Doubt: Honest Faith in Nineteenth-Century England*(Oxford: Oxford University Press, 2006)을 참조하자.

86. Frank Burch Brown, "The Evolution of Darwin's Theism"(*Journal of the History of Biology 19*, 1986), pp.1-45 참조. Benjamin Franklin: David T. Morgan, "Benjamin Franklin: Champion of Generic Religion."(*Historian 62*, 2000), pp.723-729에서 찾을 수 있는 'generic divinity'라는 개념을 다윈의 견해와 비교해보는 것도 흥미롭다. 프랭클린은 기독교의 신개념은 받아들이지 않았지만 그렇다고 무신론자는 아니었다.

87. 얼마나 많은 과학자가 정도의 차이는 있지만 이단적인 종교적 견해를 가지고 있었는지를 살펴보는 것도 흥미롭다. 관련 연구를 모아 놓은 John Hedley Brooke and Ian McLean, eds., *Heterodoxy in Early Modern Science and Religion*(Oxford: Oxford University Press, 2006)을 참조하자.

은 이따금 흔들린다. …… 극도로 흔들릴 때에도 나는 결코 신의 존재 자체를 부정한다는 의미에서 무신론자인 적은 없었다. 항상 그렇다고 할 순 없지만 일반적으로 보면, 특히 나이가 들어갈수록 점점 내가 불가지론자라고 하는 것이 더 정확한 표현이 아닐까 하는 생각이 든다."[88]

다윈이 정통 기독교 신앙을 부정적으로 생각하게 만든 요인이 두 가지 있다고 알려져 있다. 첫째, 다윈은 세상에서 겪는 고통에 지적으로도 도덕적으로도 참을 수 없을 만큼 부담을 느꼈다. C. S. 루이스가 '고통의 문제'라고 이름 붙인 이 문제는 기독교 신앙을 견지하는 데서 가장 큰 장애물 가운데 하나이다. 특히 다윈이 원인 모를 지병을 앓았다는 사실을 감안하면 다윈처럼 예민한 사람에게 이 문제가 버겁게 느껴졌으리라는 것은 충분히 이해할 만하다.[89] 더군다나 열 살이라는 어린 나이에 세상을 떠난 딸 애니의 존재는 이 고통의 문제에 대한 다윈의 도덕적 분노를 분명히 더 심화시켰을 것이다.[90]

1961년에 도널드 플레밍은 다윈이 겪은 고통이 그가 신앙을 저버리는 중요한 계기가 되었을 것이라는 중요한 말을 했다. 플레밍은 다윈이 '현대인은 위에서 누군가가 결정해서 우리가 의미를 알 수 있도록 마련한 고통이 아니라 의미 없는 고통을 겪는다'[91]고 믿게 되었다고 주장했다. 고통

---

88. *Life and Letters of Darwin* (vol. 1), p.304.

89. 다윈이 앓았던 병의 원인을 조사했던 연구에 따르면 그 병은 간헐적 '흥분과 격렬한 오한과 구토'를 동반했다고 한다. Ralph E. Colp, *To be an Invalid: The Illness of Charles Darwin* (Chicago: University of Chicago Press, 1977)을 참조하자.

90. 다윈의 딸 애니의 죽음에 관한 잘 정리된 기록은 Randal Keynes, *Annie's Box: Charles Darwin, His Daughter and Human Evolution* (London: Fourth Estate, 2001)을 참조하자.

91. Donal Fleming, "Charles Darwin, the Anaesthetic Man." (*Victorian Studies 4*, 1961), pp.219-236.

은 진화 과정에서 나온 의미 없는 산물로 받아들여야 한다. 동의하지는 않지만 고통의 의미에 대한 이러한 견해는 신이 직접 고통을 가한다든가 아니면 다른 사람을 시켜 고통을 입히도록 허락한다든가 하는 생각보다는 차라리 나았다.

진화가 세세한 부분은 우연적으로 발생했지만 크게는 어떤 일반적인 원칙이나 법칙에 따라 발생했다는 생각에 다윈은 한번도 완전히 만족하지 못했다. 지적으로 느슨한 부분도 많고 도덕적으로도 논란의 여지가 많아 보였다. 특히 자연선택 과정에 참여하는 생명체에게 나타나는 커다란 손실이 그랬다. 그러나 다윈에게는 자연선택설이 '자애롭고 전지전능한 신이 살아있는 애벌레의 몸속에 의도적으로 알을 낳고 번식하는 맵시벌을 계획적으로 창조했다'[92]는 식으로 설명하는 다른 대안보다는 문제가 적어 보였다. 적어도 맵시벌 같은 사례는 목적이 있는 신적 설계라기보다는 자연의 우연이라고 설명하는 편이 더 나아 보였다.

둘째, 빅토리아 시대 중기에 특히 점점 영향력을 더해 가고 있던 복음주의 운동과 관련해 기독교 교리에 대해 당시 사람들이 느꼈던 도덕적 분노를 다윈 또한 공유했다. 당시 조지 엘리엇George Eliot(1819~1880년)을 비롯한 여러 사람들처럼[93] 다윈 역시 기독교 복음을 믿지 않는 사람은 영원한 지옥 형벌을 받는다는 식의 생각을 혐오했다.[94] 다윈은 이 같은 생각에

---

92. *Letter to Asa Gray*(May 22, 1860, Life and Letters of Darwin, vol. 2), pp.310-312.

93. U. C. Knoepflmacher, *Religious Humanism and the Victorian Novel: George Eliot, Walter Pater, and Samuel Butler*(Princeton, NJ: Princeton University Press, 1970).

94. 당시의 도덕적 분노를 잘 정리한 개요는 Geoffrey Rowell, *Hell and the Victorians: A Study of the Nineteenth-Century Theological Controversies Concerning Eternal Punishment and the Future Life*(Oxford: Clarendon Press, 1974)를 참조하자.

더욱 분노했는데 그 이유는 다윈의 아버지가 다소 비정통적인 기독교 신앙을 가지고 있었기 때문으로 풀이된다. 다윈은 자신의 자서전에서 다음과 같이 말한다. "나는 정말이지 어떻게 사람들이 기독교가 진실이라고 믿을 수 있는지 이해할 수 없다. 성경은 담담하게 믿지 않으면 영원한 형벌을 받게 될 것이라고 적고 있는 것 같은데 그렇다면 내 아버지와 형제 그리고 친구들 대부분이 지옥 불에 떨어질 것이라 말하고 있는 것이 아닌가."[95] 다윈이 죽고 난 뒤 6개월이 지났을 무렵인 1882년 10월에 다윈의 미망인은 이 구절을 출판하지 말아 달라고 부탁하며 여백에 다음과 같은 메모를 남겼다. "괄호 쳐 둔 문단은 출판하지 않으셨으면 해요. 너무 정제되지 않은 표현인 것 같아서요. 불신자는 영원한 형벌을 받는다는 기독교 교리가 지나치다고는 할 수 없지만 요새 누가 이 교리를 가리켜 '기독교'라고 하겠어요."[96] 우리는 여기서 영국 문화사 특유의 시대정신을 엿볼 수 있다. 점점 발전하는 문화 속에서 복음주의 기독교는 전례 없는 비판을 받고 있었으며 신의 속성과 목적을 설명하는 교리에 결함이 있어 용납하기 힘들다는 인식이 증가하고 있었다는 사실을 알 수 있다.[97] 다윈이 쓴 글귀도 당대에 팽배했던 인식을 반영하는 것이지 진화론에 관한 특정한 생각을 드러내지는 않는다.

그러나 여기서 우리가 짚고 넘어가야 할 더 중요한 질문이 남았다. 다

95. *The Autobiography of Charles Darwin 1809-1882*(edited by Nora Barlow, London: Collins, 1958), p.87.

96. *Autobiography of Charles Darwin*, p.87, n. 1.

97. 여기서 다음과 같은 저술인 Howard R. Murphy, "The Ethical Revolt against Christian Orthodoxy in Early Victorian England"(*American Historical Review 60*, 1955), pp.800-817을 참조하자.

윈은 스스로를 정통 혹은 전통적인 기독교 신자라고 볼 수 있느냐 없느냐 하는 문제와는 상관없이 자신의 자연선택설과 기독교 사이에 어떤 관계가 성립한다고 생각했을까? 다시 말해 개인적인 종교적 견해는 제쳐 두었을 때 다윈은 『종의 기원』 개정판에서 피력했던 것처럼 기독교가 진화론에 대한 자신의 입장을 받아들일 수 있다고 생각했을까? 다시 한 번 말하지만 다윈은 진화론에 대한 자신의 접근이 정통 기독교 신앙과 상충하지 않는다고 생각한다고 자신의 저작에서 분명히 밝혔다. 비록 아무도 주목하고 있진 않지만 바로 이 부분이 다윈과 도킨스의 입장이 첨예하게 갈리는 지점이 아닐까 한다.

많은 사람이 『종의 기원』에서 다윈이 감탄스러울 정도로 사회적이고 정치적인 현안과는 거리를 두면서 종교적으로도 신중하고 중립적인 태도를 취하고 있다며 그 혜안과 중립성에 감탄한다. 다윈의 종교적 믿음이 얼마나 오락가락했고 다윈이 개인적 신앙을 포함해 종교적 문제에 대해 발언하기를 얼마나 꺼렸는지를 알고 싶다면 우리가 참고해야 할 자료는 다윈이 직접 쓴 서신들이다. 그러나 문맥상 필요했다면 다윈은 기꺼이 종교적 신앙과 자연선택설의 합일을 공식적으로 주장했을 뿐만 아니라 강조하기까지 했을 것이다.

쉽게 구할 수 있는 대표적인 근거는 초판보다 더 많은 관심을 끈 『종의 기원』 2판에서 다윈이 '창조주가 만물에 새긴 법칙'이라는 구절을 인용한 것이다.[98] 다윈이 진화 과정을 인도하는 자연법칙의 역할을 강조한

---

98. 다음 분석인 John Hedley Brooke, "Laws Impressed on Matter by the Creator? The Origins and the Question of Religion"(In The Cambridge Companion to the "Origin of Species", edited by Michael Ruse and Robert J. Richards, Cambridge: Cambridge University Press, 2009), pp.265-274을 참조하자.

것을 두고 어떤 이들은 뉴턴이 물리학에서 한 획을 그은 것에 비견할 만한 성취를 다윈이 생물학에서 이루어 냈다고 주장했다. 에른스트 헤켈 Ernst Haeckel은 다윈은 '새로운 뉴턴'이라며 생물계를 지배하는 자연법칙을 발견했다고 썼다.[99] 다윈의 자연선택설은 뉴턴의 만유인력의 법칙에 견줄 만했다. 두 이론 모두 자연 세계를 바라보는 일원적 관점을 제시한다.[100] 다윈주의 생물학이 뉴턴 물리학이 새로운 자연 신학이 출현하도록 이끌었던 것과 비슷한 결과를 낳았다고 할 수 있을까? 뉴턴은 물리 법칙을 발견했고 다윈은 생물학 법칙을 발견했다.

이렇게 생각이 꼬리에 꼬리를 물다 보면 삼위일체 개념의 신보다는 이신론적 신개념에 봉착했을 수도 있다. 그렇다고 해도 무신론은 낌새도 채기 힘들다. 다윈이 지적으로 모순 없는 무신론을 가능하게 만들었다고 주장하는 사람도 있지만 정작 다윈 스스로는 무신론이라는 결론을 내린 적이 없다. 다윈이 『종의 기원』에서 단순히 무슨 수를 써서라도 (기독교를 믿는) 독자를 달래기 위해서 창조주를 언급했다는 것은 믿기 힘들다. 다윈이 종교적으로 독실한 대중의 눈에 그의 이론이 논박 당할까봐 두려워 개인적 무신론을 감추기 위해 조잡하게 눈속임을 했다는 것이다. 다윈은 1860년 5월에 아사 그레이Asa Gray(1810~1888년)에게 그 어떤 '무신론적' 의도를 가지고 『종의 기원』을 집필하지도 않았고 자연선택설이 무신론으로 귀결된다고 생각하지도 않는다고 말했다. "태초에 사람이나 동물이 다른 법칙에 따라 생겨나지 않았으리라는 법은 없다. 또한 미래의 모

99. John F. Cornell, "Newton of the Grassblade? Darwin and the Problem of Organic Teleology."(*Isis 77*, 1986), pp.405-421 참조.

100. Bernard Kleeberg, "God-Nature Progressing: Natural Theology in German Monism."(*Science in Context 20*, 2007), pp.537-569 참조.

든 사건과 결과를 내다볼 수 있는 전지전능한 창조주가 있어 이 모든 법칙을 설계했으리라는 법도 없다."[101] 다윈은 자신의 자연선택설이 창조주인 신을 믿는 믿음과 모순되지 않았다고 생각한 반면 자연선택설이 창조주로서의 신을 수반하지도 않는다고 생각했다. 다윈은 종종 개인적으로 신의 존재에 대해 잘 모르겠다고 밝혔다. 여기서 요점은 다윈의 종교적 견해가 무엇이었든지 간에 다윈 스스로가 신이 세상을 창조했다고 믿는 사람이 자신의 이론 때문에 지적으로 도전을 받아서도 안되고 자신의 이론 자체도 그들의 신앙에 대한 도전이 아니라는 점을 분명히 했다는 사실이다. 도킨스는 역사를 잘 모르는 것 같다. 도킨스가 이 중요한 문제에 대해서 다윈이 자신과 완전히 다른 견해를 보이는데도 이와 관련한 자료를 충분히 살피지 않았다는 것은 납득하기 힘들다.

다윈의 적은 신이 아니었고 영국 국교회는 더더욱 아니었다. 다윈의 적은 창조 행위를 과거에 일어난 일련의 특정한 신적 행위로 국한해 생물계를 고정적이고 정적으로 바라보게 만드는 유신론의 특정한 한 견해였다. 그러나 다윈의 개인적인 종교적 견해를 결정지어 빅토리아 시대에 자연 신학에 어떤 영향을 미쳤는지를 평가할 필요는 없다. 다윈 이론의 반종교적 측면을 강조하고 싶어 했던 토머스 헉슬리도 '진화론은 반유신론적이지도 유신론적이지도 않다'[102]고 분명히 말했다. 다윈의 이론은 신이 직접 생물 유기체를 창조했다는 사실은 부인한다. 답이 없는 채로 남아있는 문제는 다윈의 이론이 신의 간접적인 관여까지 부인하느냐 하는 것이다.

---

101. *Life and Letters of Darwin* (vol. 2), p.312.

102. *Life and Letters of Darwin* (vol. 2), p.312.

지금까지 자연선택설과 신에 대한 믿음이 양립할 수 있느냐 하는 문제에 대해 다윈 스스로는 어떻게 생각하는지를 도킨스가 충분히 살피지 않았다는 점을 지적했다. 이제 도킨스가 다윈의 저작이 무신론적 관점을 지지하고 있다는 자신의 주장을 타당하게 논증하고 있는지를 의심하게 만드는 또 다른 역사적 질문으로 넘어갈 차례이다. 다윈과 비슷한 시대를 살았던 여러 저명한 기독교 생물학자와 신학자는 당시 새로이 등장한 자연선택설을 어떻게 바라보았는지 살펴보자.

다윈에 대한 기독교적 반응

다윈의 『종의 기원』이 출간된 이후 30년 동안 영국 국교회 내부에서는 많은 사람이 이 새로운 이론을 지지했고 기독교 신학과도 전혀 모순되지 않는다고 선언하기에 이르렀다. 기성 교회 내에서 일어난 이러한 긍정적인 반응은 헉슬리를 포함해 많은 사람의 눈길을 끌었다. 1887년 11월에 헉슬리는 영국 국교회 소속 선임 주교들이 한 설교 세 편을 요약하고 평가한 글을 『19세기Nineteenth Century』라는 저널에 실었다. 1887년 9월 4일 일요일에 맨체스터 대성당에서 칼라일과 베드퍼드와 맨체스터의 주교들이 과학 진흥을 위한 영국 협회의 회의 차 모인 자리에서 이루어진 설교였다.[103] 헉슬리 열광적인 태도로 다음과 같이 적고 있다. "이 탁월한 설교들은 신학이 과학을 향해 나아가기 위해 내딛은 새 출발을 나타내며 신학과 과학이 영예로운 잠정 협정을 맺을 수 있는 가능성을 시사한다." 헉슬

---

103. Text in Thomas H. Huxley, "An Episcopal Trilogy"(*In Science and Christian Tradition: Essays*, London: Macmillan, 1894), pp.126-159.

리는 자연 과학과 종교 간의 이 신정 어린 화해의 시도 혹은 진정한 융합 시도를 반겼다. 아마도 헉슬리가 그토록 열광한 것은 인간의 정신은 과학과 종교를 대할 때 지적으로 완전히 분리된 칸막이가 필요하다는 생각을 완강히 거부하기 때문인 것으로 풀이된다. 헉슬리는 특히 베드퍼드의 주교가 과학과 종교의 관계가 다음과 같아야 한다는 생각을 거부한다고 언급한 것을 두고 환호한다.

> 과학과 종교가 완전히 다른 영역에 있으며 서로 참견할 필요가 없다. 과학과 종교는 예전에도 그랬듯이 완전히 다른 평면상에 존재하므로 절대 만날 일이 없다. 과학과 종교 사이에는 접점이 없으므로 우리는 충돌을 전혀 걱정할 필요 없이 지극히 자유롭게 과학을 탐구하고 동시에 신학에도 최고의 경의를 표하면 된다.[104]

왜 헉슬리는 이러한 과학과 종교의 역사적 관계를 근심스러워 했을까? 왜냐하면 과학과 종교가 평행선상에 있다고 하면 다윈주의가 필연적으로 무신론을 도출한다는 주장에 문제가 생기기 때문이다. 역사적으로 보면 사실 당시 이 문제에 관한 최고의 전문가들은 다윈주의가 무신론으로 귀결된다고 인지하지 않았다. 헉슬리는 개인적으로 다윈주의가 원칙적으로 불가지론으로 귀결된다고 생각했다. 그러나 헉슬리가 이 설교에 대해 언급한 내용을 보면 불가지론 말고 다른 답도 있을 수 있다고 생각한 것으로 보인다. 특히 유명한 설교자 가운데 다윈의 생각을 반대한 사람도 있었지만 다윈의 이론에 대한 대중과 학계의 반응을 이해하고자 한

---

104. Huxley, "An Episcopal Trilogy", p.129.

방대한 학술적 시도를 살펴보면 종교계에서는 당시 사람들이 생각했던 것보다 훨씬 더 광범위하게 다윈을 지지했던 사실을 알 수 있다.[105]

다윈을 지지한 것은 비단 영국 국교회뿐만이 아니었다. 당시 북미에서도 다윈에 대한 관심이 커져 가고 있었다. 당연히 다윈을 반대할 것이라 예상했던 보수적인 종교 집단에서조차 다윈의 생각에 관심을 가졌다. 19세기 후반 미국에서 가장 중요한 신학자라는 평가를 받고 있는 벤자민 워필드Benjamin B. Warfield(1851~1921년)가 당시 종교계가 다윈을 긍정적으로 평가하고 있었다는 사실을 보여주는 훌륭한 예이다. 워필드는 보수적인 개신교 종교관을 가지고 있었지만 생물학적 진화론을 지지한다고 밝혔다.[106] 다윈은 진화 과정이 우연적으로 변이가 생겨난 변이가 일반적 법칙에 의해 살아남거나 소멸하는 과정이라고 보았는데 워필드는 신의 섭리가 그 과정을 인도한다고 보는 것이 타당하다고 확신했다.

실제로 북미 기독교 근본주의 내에서 다윈의 이론은 놀라울 정도로 널리 수용되었다. 기독교 근본주의 운동은 1912년에서 1917년 사이에 연속적으로 출간되었던 『근본주의자The Fundamentals』라는 짧은 출간물의 이름에서 유래한다.[107] 제임스 오르는 '근본주의자'에 기고한 글에서 다음과

---

105. 예시로 David N. Livingstone, *Darwin's Forgotten Defenders: The Encounter between Evangelical Theology and Evolutionary Thought*(Grand Rapids, Mi: Eerdmans, 1987)을 참조하자.

106. David N. Livingstone, "B. B. Warfield, the Theory of Evolution and Early Fundamentalism"(*Evangelical Quarterly 58*, 1986), pp.69-83, David N. Livingstone and Mark A. Noll, "B. B. Warfield(1851-1921): A Biblical Inerrantist as Evolutionist" (*Isis 91*, 2000), pp.283-304, Alister E. McGrath, "Evangelicalism and Science"(*In The Oxford Handbook of Evangelical Theology*, edited by Gerald McDermott, New York: Oxford University Press, 2010), pp.434-448을 참조하자.

107. 자세한 사항은 George Marsden, *Fundamentalism and American Culture: The*

같이 주장했다. 진화는 "'창조'의 새 이름이 될 것이다. 유일한 차이는 예전에는 창조의 힘이 외부에서 역사했다면 이제는 내부에서 일어난다는 것뿐이다."[108] 오르는 변이가 우연적으로 생긴다는 다윈의 주장에는 반대했지만 자연선택설을 기독교적 유신론 관점에서도 쉽게 받아들일 수 있다는 점을 분명히 보여 주었다.

여기서 잠깐 20세기 가장 중요한 진화 생물학자 중 한 명인 로널드 피셔 경의 견해도 살펴보자.[109] 도킨스도 그 신학적 업적을 인정하는 피셔는 종종 신다윈주의 종합의 아버지로 인용된다. 피셔는 나서기 좋아하는 성격은 아니었지만 과학적 진실이 손상되고 있다는 판단이 서면 언제든지 논쟁에 뛰어들 준비가 되어 있었다. 피셔가 신다윈주의가 무신론이나 불가지론으로 귀결된다고 생각하지 않았다는 사실은 그가 1947년에 케임브리지 대학의 곤빌 앤드 키스 칼리지Gonvill and Caius College 예배당에서 한 설교에서 너무도 분명하게 드러난다.

전통적으로 종교적인 사람은 유기 생명체의 진화론을 접했을 때 창조가 그 옛날에 다 끝나지 않았으며 놀라울 정도로 오랜 기간에 걸쳐 현재도 여전히 진행 중이라는 사실에 참신함을 느낄 것이다. 창세기의 언어로 표현하자면 우리는 아직 여섯째 날을 살고 있으며 심지어 아

Shaping of Twentieth Century Evangelicalism 1870-1925(New York: Oxford University Press, 1980)을 참조하자.

108. James Orr, "Science and Christian Faith"(*In The Fundamentals*, 4 vols., Los Angeles: Bible Institute of Los Angeles, 1917, vol. 1), pp.334-347 원문 재인용.

109. 피셔의 딸이 남긴 피셔의 자서전인 Joan Fisher Box, *R. A. Fisher: The Life of a Scientist*(New York: Wiley, 1978)을 참조하자.

직 이른 아침일 것이다. 예술가인 신은 아직 작업을 채 마치지 않았기 때문에 '매우 좋았더라'고 선언하지도 않았다. 아마도 창조 사역이 끝나는 날은 신의 형상을 불완전하게 닮은 인간이 신이 다스리는 행성에서 일어나는 일을 더 잘 관리해 나갈 수 있는 능력을 갖출 때라야 할 것이다.[110]

스티븐 제이 굴드는 많은 저명한 다윈주의자가 스스로를 종교적이라고 정의 내릴 뿐 아니라 그렇게 하는 데 아무런 문제를 느끼지 못한다는 점을 잘 지적했다.[111] 굴드가 관찰한 대로 다윈의 진화론이 필연적으로 무신론적이라고 주장하는 것은 자연 과학의 능력을 넘어서 과학적 방법이 적용될 수 없는 영역으로 잘못 들어서는 일이다. 만약 과학적 방법을 적용했다손 치더라도 단언컨대 잘못 적용한 것이다. 따라서 굴드는 찰스 다윈은 가장 사랑하는 딸의 비극적인 죽음 앞에 종교적 신념을 버린 불가지론자이고 반면에 미국의 위대한 식물학자인 아사 그레이는 자연선택설을 옹호해 『다윈주의 문집Darwiniana』을 엮어 냈지만 독실한 기독교인이라고 주장한다.

굴드는 계속해서 좀 더 최근 인물로는 버제스 혈암 화석을 발견한 찰스 월컷Charles D. Walcott(1850~1927년)을 꼽으며 월컷은 확고한 다윈주의자이면서 동시에 확고한 기독교인이라고 말한다. 월컷은 신이 그의 계획과 목적에 따라 생명의 역사를 구성하는 방법으로 자연선택을 지정했다고 믿었다. 월컷보다 최근 인물이며 '우리 세대의 두 위대한 진화론자'라

110. R. A. Fisher, "The Renaissance of Darwinism"(*The Listener 37*, 1947), p.1001.

111. Stephen Jay Gould, "Impeaching a Self-Appointed Judge"(*Scientific American 267*, no. 1, 1992), pp.118-121.

불리는 조지 게이로드 심프슨George Gaylord Simpson(1902~1984년)과 테오도시우스 도브잔스키는 신의 존재에 대해 극단적으로 다른 태도를 보여준다. 심프슨은 인본주의적 불가지론자였고 도브잔스키는 러시아 정교도였다. 굴드는 다음과 같은 결론을 내린다. "절반이 넘는 내 동료가 어마어마한 멍청이거나 다윈주의 과학이 전통적인 종교적 믿음이나 무신론과 아무런 모순이 없거나 둘 중 하나다."[112] 요약하자면 이제 논쟁은 끝난 것 같다. 다윈주의는 전통적인 종교적 믿음이나 불가지론이나 무신론과 모순 없이 양립 가능하다. 그저 전통적인 종교적 믿음이니 불가지론이니 무신론이니 하는 용어를 어떻게 정의하느냐에 달려 있다. 이 논쟁은 자체로 매력적이고 과학적 방법과 성경 해석과 신앙의 증거의 기초와 과학적 이론의 세계관으로의 전환과 생물학의 역사 등에 따르는 한계에 대해 중요한 질문을 많이 던져 준다. 인생의 중요한 문제에 대해 고민하도록 자극받거나 도전 받지 않고서 이러한 주제를 공부하거나 논쟁에 참여하기란 불가능하다.

그러나 이 논쟁은 가치도 있고 지적으로도 매력적이지만 종교적으로는 결론이 없다. 도킨스는 다윈주의를 무신론으로 가는 지적 고속도로라고 표현했다. 실제로 도킨스가 그린 지적 궤도는 불가지론이라는 홈에 걸려 나아가지 못하는 듯 보인다. 도킨스의 주장은 오도 가도 못하고 제자리에 머물러 있다. 다윈주의와 무신론 사이에는 논리적으로 커다란 공백이 있다. 도킨스는 이 공백을 증거보다는 레토릭으로 이으려는 듯하다. 확실한 결론에 이르려면 수사법이 아닌 다른 증거에 기초해야 한다. 다윈주의가 필연적으로 무신론으로 귀결된다고 호소하려면 더 논리적인 이

---

112. Gould, "Impeaching a Self-Appointed Judge", pp.119-120.

유를 대야 할 것이다.

5장

문화적 다원주의?

밈의 발명

도킨스는 다윈주의가 생물학 분야에만 한정하기에는 너무 거대한 이론이라고 생각한다. 인간의 삶과 사유의 모든 면에 대한 의미를 가득 담고 있는 다윈주의를 왜 유전자의 세계에만 국한해야 하는가? 도킨스는 『이기적 유전자』에서 예전부터 문화적 정보와 유전적 정보 사이에 성립하는 유추에 관심이 있었다고 설명한다. 어쩌면 다윈주의 이론도 생물학 세계에뿐만 아니라 인간 문화에도 적용될 수 있지 않을까? 이러한 생각의 흐름이 다윈주의를 과학 이론에서 거대 담론이자 실재를 인식할 수 있는 포괄적 관점이자 세계관으로 전환하는 기초가 되었다.

보편적 다윈주의: 문화의 진화

도킨스 이전에도 오래 전부터 인간 문화에 다윈의 진화론을 적용하려는 시도가 있었다.[1] 그러나 다윈의 진화론을 인간의 문화에 적용하는 것은 어려울 뿐더러 문제가 많다. 단순히 문화가 발전해 나가는 과정에 적극적 대리인으로서 인간이 관여한다는 사실 때문만은 아니다. 모두는 아니지만 많은 문화적 발전은 인간이 미리 생각하고 계획한 결과이다. 게다가 종종 많은 경우 문화적 진화 과정을 어떻게 관리하고 인도할 수 있을지에 대한 이해를 바탕으로 계획이 이루어진다.[2] "인간 주체는 예상할 수 있는 문화적 결과를 의도적으로 산출한다. 인간은 '눈먼 시계공'이 아니다."[3] 생물학적 진화 모델을 문화적 발전에 적용하려면 어려움이 많지만, 최소한 문화 발전의 일부분에서 나타나는 의도성을 설명하기에는 다윈주의보다는 라마르크주의가 훨씬 더 나은 이론인 듯하다.[4]

그러나 생물학적 진화 모델을 문화적 발전에 적용하려면 시공간을 넘나들며 정보를 전달하는 유전자에 상응하는 '문화적 복제자cultural

---

1. 이 접근법을 옹호하는 관점은 Alex Mesoudi, *Cultural Evolution: How Darwinian Theory can Explain Human Culture and Synthesize the Social Sciences*(Chicago: University of Chicago Press, 2011)을 참조하자. 종종 그 중요성을 간과하는 선택압의 관점에서 전통을 분석한 피터 메더워의 저술인 Peter Medawar, "Tradition: The Evidence of Biology"(*In The Uniqueness of the Individual*, New York: Basic Books, 1958), pp.134-142을 참조하자.

2. 예시로 Anne Showstack Sassoon, *Gramsci and Contemporary Politics: Beyond Pessimism of the Intellect*(London: Routledge, 2000), pp.15-42을 참조하자.

3. Ted Benton, "Social Causes and Natural Relations"(*In Alas, Poor Darwin: Arguments against Evolutionary Psychology*, edited by Hilary Rose and Steven Rose, 206-224. London: Harmony, 2000), p.216을 참조하자. 비슷한 주제의 연구로 Joseph M. Bryant, "An Evolutionary Social Science? A Skeptic's Brief, Theoretical and Substantive."(*Philosophy of the Social Sciences 34*, 2004), pp.451-492를 참조하자.

4. 상황은 언뜻 보기보다 훨씬 더 복잡하다. 이 사실을 잘 지적한 다음 논문인 Maria E. Kronfeldner, "Is Cultural Evolution Lamarckian?"(*Biology and Philosophy 22*, 2007), pp.493-512을 참조하자.

replicator'가 존재해야 한다. 이 문화적 복제자 개념을 단단한 과학적 기초 위에 정립할 수만 있다면 다윈주의는 생물학적 진화라는 특정 영역을 넘어서 문화 세계를 포괄하는 보편적 방법으로 거듭날 수 있을 것이다.[5]

진화 물리학자인 도널드 T. 캠벨Donald T. Campbell(1916~1996년)은 1960년에 이미 문화적 진화를 설명하는 '눈먼 변이와 선택적 보유' 모델에서 '문화적 복제자'라는 개념을 발전시키고,[6] 이 개념을 설명하기 위해 뇌와 신경계 정보의 최소 단위를 뜻하는 '기억소mnemone'라는 용어도 만들었다.[7] 기억소와 유사한 용어인 '문화유전자culturgen'는 특히 북미 생물학계에서 널리 수용했다.[8] 그러나 이러한 허술한 용어로는 대중적 상상력

5. Joseph Poulshock, "Universal Darwinism and the Potential of Memetics"(Quarterly Review of Biology 77, 2002), pp.174-175 참조.

6. Donald T. Campbell, "Blind Variation and Selective Retention in Creative Thought as in Other Knowledge Processes"(Psychological Review 67, 1960), pp.380-400와 같은 책 "Variation, Selection and Retention in Sociocultural Evolution"(In Social Change in Developing Areas: A Reinterpretation of Evolutionary Theory, edited by H. R. Barringer, G. I. Blanksten, and R.W. Mack, Cambridge, MA: Schenkman, 1965), pp.19-49 참조. 이 접근법의 평가는 Dean Keith Simonton, "Creative Thought as Blind-Variation and Selective-Retention: Combinatorial Models of Exceptional Creativity"(Physics of Life Reviews 7, 2010), pp.156-179을 참조하자.

7. Donald T. Campbell, "A General 'Selection Theory' as Implemented in Biological Evolution and in Social Belief-Transmission-with-Modification in Science"(Biology and Philosophy 3, 1988), pp.413-463. 기억소라는 용어는 캠벨이 1974년에 처음 사용했고 이 논문에서 개념의 초석을 놓았다.

8. '문화복제자'는 '상대적으로 균일한 속성을 지닌 인간이 만든 모든 것과 행동 혹은 문화적 특성의 집합'으로 이해하면 된다. Charles J. Lumsden and Edward O. Wilson, Genes, Mind, and Culture: The Coevolutionary Process(Cambridge, MA: Harvard University Press, 1981), p.27. 이 개념의 평가는 Brian Baxter, A Darwinian Worldview: Sociobiology, Environmental Ethics and the work of Edward O. Wilson(Aldershot: Ashgate, 2007), pp.59-76을 참조하자.

을 사로잡을 수 없었다. 이와는 반대로 도킨스는 세간의 주목을 끄는 접근법을 발전시켰다.

밈의 기원

『이기적 유전자』에서 도킨스는 문화적 진화에 관한 대중적 논의를 지배하게 될 용어를 소개했다. 바로 '밈meme'이다. 도킨스는 '문화적 복제자'를 뜻하면서 '유전자gene'와 소리가 비슷한 단어를 찾기 위해 고심에 고심을 거듭하다가 비로소 '밈'이라는 단어를 생각해 낼 수 있었다고 회상한다.[9] 밈은 그리스어로 모방을 뜻하는 'mimesis'에서 파생된 '미메메 mimeme'라는 단어의 축약형이다. 도킨스는 '문화적 유전의 단위이자 **모방의 단위**'[10]인 가설적 복제자로써 밈이라는 개념을 제안하고 다윈주의 틀 안에서 문화의 발전 과정을 설명한다.

문화적 복제자 개념은 이전에도 있었지만, 단순한 용어와 예증으로 더 많은 사람이 쉽게 이해할 수 있도록 대중화한 사람은 도킨스이다. 밈이라는 용어가 대중적으로 더 성공할 수 있었던 이유는 더 깔끔하고 기억하기 쉽기 때문이다. 또한 도킨스의 글쓰기가 일반 대중이 이해하기 쉽기 때문이기도 하다. 도킨스의 글을 읽고 훨씬 많은 대중이 본질적으로는 생

---

9. *The Selfish Gene*, p.192. 'memetic'이라는 단어도 비슷한 원리로 'genetic'의 소리와 유사하도록 만들어졌다. 다시 한 번 말하지만 소리가 유사한 단어를 만든 이유는 '복제의 단위' 또는 '유전의 단위'로 생물학적 진화와 문화적 진화를 모두 설명할 수 있다는 주장을 강조하기 위해서이다.

10. *The Selfish Gene*, p.192. 원문 재인용했다. '모방'이라는 주제에 관해서는 다음을 참조하자. Lee Alan Dugatkin, *The Imitation Factor: Evolution beyond the Gene*(New York: Free Press, 2000), pp.115-135.

물학적인 유추가 문화 발전을 설명할 때에도 성립될 수 있다는 가능성을 인식하게 되었다. 그 결과 도킨스의 저작은 수많은 대중적 논의를 낳았다.[11] 이 장에서 우리는 다윈주의적 관점에서 인간 문화의 진화를 설명하는 데 도킨스가 어떤 중심 역할을 했는지를 살펴볼 것이다.

밈은 무엇인가? 도킨스는 『이기적 유전자』에서 이 질문에 분명한 대답을 제시한다. 그러나 밈이 정보를 전달하는 체제에 관해서는 살짝 얼버무린다.

> 노랫가락이나 사상이나 선전 구호나 유행하는 옷이나 항아리 만드는 법이나 아치형 구조물을 짓는 법 모두 밈의 예이다. 유전자가 유전자 풀에서 정자나 난자를 통해 몸에서 몸으로 옮겨 다니며 스스로를 전파하는 것처럼 밈도 밈풀에서 넓은 의미로 모방이라고 부르는 과정을 통해 뇌에서 뇌로 옮겨 다니며 스스로를 전파한다.[12]

도킨스는 밈의 가장 대표적인 예로 신에 대한 믿음을 꼽는다. 도킨스의 이러한 주장은 최근에 무신론을 주장하는 유명한 논쟁적 저작들의 단골 소재이다. 그러나 이 주장을 얼마나 신뢰할 수 있을까?

이 '밈을 통한memetic' 접근법이 지성사와 문화 발전 분야에서 연구 주제를 잡는 데 도움이 된다는 사실은 의심할 나위가 없다. 진화론을 구성하는 세 가지 핵심 요소인 선택과 변이와 복제가 문화적 맥락에서도 일

---

11. 예시로 Susan J. Blackmore, *The Meme Machine*(Oxford: Oxford University Press, 1999)를 참조하자. 도킨스 접근법을 야심차게 확장한 저술로 도킨스의 원래 개념의 범위를 훨씬 벗어난다.

12. *The Selfish Gene*, p.173.

어난다고 볼 수도 있다. 케이트 디스틴Kate Distin은 밈이라는 개념을 분석한 글에서 진화론의 세 가지 요소가 문화적 진화 현상에서 어떻게 나타나는지를 보여준다.[13] 예를 들어 밈이 변이를 일으켜 다른 형태로 전달될 수 있고 변이된 상태로 선택 과정에 귀속될 수 있다.[14] 여기까지가 문화적 진화라는 그림의 일부임은 틀림없지만 어디까지나 일부일 뿐이다. 그렇다. 밈에서는 변이가 우연히 일어날 수도 있지만, 인간이 어떤 목적을 위해 사상과 가치가 문화적 수용에 영향을 미치는 체제에 접근하여 일부러 변이가 일어나게 할 수도 있다. 밈 개념에서는 인간 대리인 문제나 제어나 권력의 문제 같은 사회학적 문제를 피해 갈 수 없다. 문화적 진화를 구성하는 특정 요소나 측면이 생물학적 진화와 유사할 수 있다는 점은 인정할 수도 있다. 그러나 문화적 진화가 일어나는 전반적인 그림은 훨씬 더 복잡하다.[15]

『이기적 유전자』에서 도킨스는 노랫가락이나 사상이나 선전 구호나 패션이나 건축 양식이나 노래나 신을 믿는 것이나 모두 밈의 예라고 했다. 그러나 밈을 이렇게 정의하는 데는 문제가 있다. 도킨스의 신다윈주의 종합론 설명에서, 선택 과정에서 실제 결과로 나타나는 것은 **표현형**이지만 선택의 단위는 **유전자**이다. 유전자는 복제자 또는 일련의 지시 사항이다. 표현형은 유기체에서 유전자가 물리적으로 발현된 것이며 지시 사

13. Kate Distin, *The Selfish Meme: A Critical Reassessment*(Cambridge: Cambridge University Press, 2005).

14. 디스틴은 이 주제를 다음에서 훨씬 더 깊이 발전시키고 있다. Kate Distin, *Cultural Evolution*(Cambridge: Cambridge University Press, 2011), pp.49-62.

15. 예시로 다음 주장인 Peter Godfrey-Smith, "Darwinism and Cultural Change." (*Philosophical Transactions of the Royal Society B 367*, 2012), pp.2160-2170을 참조하자.

항에 따라 일어난 눈에 보이는 형질이나 행동이다. 그러나 『이기적 유전자』에서 도킨스가 제시하는 밈의 모든 예는 지시 사항의 결과이지 지시 사항 자체는 아니다. 도킨스는 밈과 유전자의 유추를 제안하지만, 이 유비가 성립된다는 것을 증명하기 위해 실제로 예로 든 것은 유전자의 문화적 등가물이 아니라 표현형의 문화적 등가물이다. 따라서 유전자풀에서 유전자가 전파되듯이 (가상의) 밈풀에서 밈이 전파된다는 도킨스의 주장은 온전한 타당성을 얻지 못한다.

우리는 본질적인 다윈주의 체제라는 면에서 문화적 진화를 설명하려 했던 이전 시도를 살펴봄으로써 이 점의 중요성을 이해할 수 있다. 인류학자 F. T. 클록F. T. Cloak은 1968년에 출간해 1975년에 보강한 그의 한 중요한 논문에서 문화가 다윈주의 계보를 따라 진화했다고 주장하며 어떻게 행동학적 방법을 문화적 행동에 적용할 수 있을지를 제시했다.[16] 클록은 'i-문화i-culture'와 'm-문화m-culture'를 구분했다. 클록의 정의에 따르면 'i-문화'는 신경계에 포함된 일련의 문화적 지시 사항이고, 'm-문화'는 지시 사항에 따라 유지되는 물질적 구조 사이의 관계 혹은 지시 사항의 결과로써 나타나는 물질적 구조의 변화를 뜻한다. 도킨스가 『이기적 유전자』에서 밈의 예시로 제시한 것은 모두 사실은 클록이 'm-문화'라고 명명한 개념에 속한다. 따라서 독자는 당연히 (다시 한 번 클록의 용어를 빌리자면) 'i-문화'에 해당하는 예시가 뒤따라 나오리라 예상할 수 있다.

도킨스는 이 같은 문제점을 인식하고 그의 다음 대표작인 『확장된 표

---

16. F. T. Cloak, "Is a Cultural Ethology Possible?" (*Human Ecology 3*, 1975), pp.161-181. 이 논문의 이전 버전은 (*Research Previews 15*, 1968), pp.37-47에 수록되어 있다. 다른 관점을 알고 싶으면 L. L. Cavalli-Sforza, "Cultural Evolution" (*American Zoologist 26*, 1986), pp.845-855를 참조하자.

현형Extended Phenotype』(1982년)에서 밈 이론을 수정했다. 도킨스는 자신이 처음 내놓은 밈 이론에 결함이 있었으며 수정이 필요했다는 사실을 시인했다.

> 내가 복제자로써의 밈 자체를 밈의 '표현형 효과' 또는 '밈 생산물'과 충분히 명확하게 구분하지 않았다는 사실을 인정한다. 밈(클록이 말한 'i-문화'에 해당한다)은 뇌에 상주하는 정보의 단위로 보아야 한다. 밈은 확정적인 구조를 지녔으며 뇌가 정보를 저장하기 위해 사용하는 매개물 어디에나 있다. …… 이로 인해 밈은 밈의 결과로써 외부 세상에 보이는 표현형 효과(클록의 'm-문화'에 해당한다)와는 구분된다.[17]

도킨스는 밈과 밈의 표현형 효과를 명확하게 구분함으로써 밈 개념이 가지고 있던 근본적인 난제 하나를 제거했다. 모든 표준적인 신다윈주의 설명에서는 유전자가 표현형을 초래한다. 유전 형질이 표현형을 결정한다는 사실은 반박의 여지가 없다. 다시 요약하자면 유전자는 **선택을 받지 지시를 받지는 않는다**.[18] 이처럼 정통 다윈주의의 '핵심 교리'를 열렬히 옹호하는 도킨스가 방어할 수 없을지도 모르는 입장으로 스스로를 몰아넣었다. 마치 유전되는 것은 표현형이라고 말하고 있는 것처럼 보이기 때문이다.

---

17. *The Extended Phenotype*, p.109. 이 인용문이 말해 주듯이 『확장된 표현형』은 『이기적 유전자』와는 달리 대중적인 인기는 끌지 못했다.

18. 이를 잘 설명하는 다음 문헌인 Gary Cziko, *Without Miracles: Universal Selection Theory and the Second Darwinian Revolution*(Cambridge, MA: MIT Press, 1995)을 참조하자.

밈에 대한 새로운 정의에서 밈은 문화적 산물과 사상을 낳은 정보 또는 지시 사항의 근본적 단위이다. 밈은 일련의 지시 사항이자 설계도면이지 생산물이 아니다. 도킨스가 처음에 밈이라고 정의한 '기억하기 쉬운 노랫가락' 같은 것은 이제 밈이 아니라 '밈 생산물'로 분류된다. 그러나 대중적인 차원에서는 여전히 도킨스가 1982년에 『확장된 표현형』에서 수정한 밈의 정의보다는 1976년에 『이기적 유전자』에서 처음 내린 정의를 그대로 사용한다.

'신-밈God-Mime'을 도입하다

그렇다면 가상의 존재인 밈은 신에 대한 믿음과는 무슨 상관이 있는가? 애초에 도킨스는 밈 개념을 종교적 믿음과 연관시키며 종교는 '밈의 전형적인 예'[19]라고 주장했다. 카를 마르크스Karl Marx(1818~1883년)나 지그문트 프로이트Sigmund Freud(1865~1939년)를 비롯해 여러 저술가들은 신 같은 것은 없기 때문에 종교적 믿음의 본질은 실존적으로 막다른 골목으로 내몰린 인류가 '형이상학적 위안'을 얻기 위해 만든 발명품이라는 주장을 폈다.[20] 도킨스는 이 같은 주장을 새로운 방향으로 발전시켜, 종교는 기본적으로 '마음의 기생충'이라고 주장한다. 신에 대한 믿음은 '마음에서 마음으로 쉽게 옮는 스스로 복제하는 정보'로 보아야 한다.

도킨스는 무신론자이다. 도킨스는 신은 존재하지 않으며 종교적 믿음

---

19. *A Devil's Chaplain*, p.117.

20. Friedrich Nietzsche, *The Birth of Tragedy*(Cambridge: Cambridge University Press, 2007), 다음 저서 William Lloyd Newell, *The Secular Magi; Marx, Freud, and Nietzsche on Religion*(New York: Pilgrim, 1986)도 참조하자.

은 '눈먼 신뢰'로 증거를 고려하기를 거부한다고 믿는다(그러나 내가 보기에는 둘 다 틀렸다). 따라서 도킨스에게는 다음과 같은 질문이 자연스럽다. 왜 사람들은 신이 없는데도 신을 믿는가? 도킨스는 이 질문에 대한 답이 인간의 마음속에서 스스로 복제하는 신-밈의 능력에 있다고 보았다. 신-밈은 '인간 문화가 제공하는 환경 속에서 매우 높은 생존 가치 또는 전염성'[21]이 있기 때문에 특히 유능하다. 오랫동안 신중하게 고민한 끝에 신을 믿는 것이 아니다. 그저 강력한 밈에 전염되었기 때문에 신을 믿는 것이다. 어느 경우든 결론은 유신론이 지적으로 타당하지 않다는 사실이다. 사람들은 유신론이 지적으로 설득력이 높아서 신을 믿는 것이 아니라 그저 신-밈이 전염성이 높기 때문에 감염되는 것일 뿐이다.

똑같은 주장을 '무신론' 밈에도 적용할 수 있을 것이다. 비록 도킨스는 애써 이를 무시하지만 말이다. 도킨스는 무신론이 어떻게 전파되는지에 대해서는 밈을 통해 설명하려고 하지 않는다. 아마도 무신론은 과학적으로 옳다는 그의 핵심 신념 때문일 것이다. 무신론이 과학적으로 옳다는 주장 또한 하나의 믿음이며, 따라서 설명이 필요하다. 도킨스가 제시하는 밈 이론에 따르면 실제로 무신론과 유신론 모두 밈의 효과로 보아야 한다. 따라서 밈 이론을 주장하려면 무신론과 유신론이 똑같이 타당하거나 똑같이 타당하지 않아야 한다.

밈 접근법의 문제는 한눈에 알 수 있다. 모든 사상이 밈이거나 밈의

---

21. *The Selfish Gene*, p.193. 도킨스는 종교와 생물학과 문화 사이에 연계가 있다고 분명히 가정했지만 이 가정을 깊이 있게 다루지는 않았다. 이 가정을 밈을 통한 접근 이 아닌 다른 방식으로 접근한 연구로는 다음을 참조하자. Walter Burkert, *Creation of the Sacred: Tracks of Biology in Early Religions*(Cambridge. MA: Harvard University Press, 1996).

효과라면[22] 도킨스는 자신의 이론도 밈의 효과라는 사실을 받아들여야만 하는 불편한 입장에 놓인다. 과학 이론 또한 인간의 마음속에서 스스로 복제하는 밈의 예가 된다. 이 같은 결론은 도킨스의 의도와는 맞지 않는다. 따라서 도킨스는 흥미로운 방법으로 과학 이론을 밈의 효과에서 배제해 버린다. "과학 이론은 모든 밈처럼 일종의 자연선택을 따르기 때문에 표면적으로는 바이러스와 유사해 보일 수 있다. 그러나 과학 이론을 검사하는 과정에서 작용하는 선택압selective forces은 제멋대로이거나 변덕스럽지 않다. 오히려 정확하고 잘 조율된 규칙에 따라 선택이 이루어지며 이 과정에서 의미 없는 이기적 행동을 편애하지 않는다."[23] 이 같은 주장은 특별 변론special pleading이라는 논리적 오류의 대표적인 예이다. 도킨스는 자기가 친 덫에 자기가 걸리는 일을 피하려고 시도하지만 그다지 성공적이지는 않다. 지성사를 잘 아는 사람이라면 다음과 같은 경향을 한눈에 파악할 것이다. 내 신조를 제외한 다른 모든 신조는 틀렸다. 오로지 내 사상만 다른 사상에서 발견할 수 있는 일반적인 경향에서 자유롭기 때문에 다른 사상은 배척해 버리고 해당 분야를 평정할 수 있다.

하지만 왜 과학적 기준에 합치하느냐에 따라 밈이 '좋은지' 또는 '유용한지'를 결정해야 할까? 일반적으로 조화를 이루게 하고 소속감을 주며 수명을 늘리는 밈이 좋은 밈 또는 유용한 밈일 것이다. 이런 기준이야말로 '좋은' 밈을 결정하는 훨씬 자연스럽고 분명한 기준처럼 보인다. 그러나 조금만 더 생각해 보면 진실이 드러난다. 어떤 밈이 좋고 나쁘고를

---

22. 이와 관련해서는 John A. Ball, "Memes as Replicators."(*Ethology and Sociology 5*, 1984), pp.145-161을 참조하자.

23. *A Devil's Chaplain*, p.145.

결정할 수 있는 '자연스러운' 기준 따위는 없다는 사실이다. 밈의 좋고 나쁨을 결정하는 것은 우리의 선호에 달려 있다. 당신이 만약 종교를 좋아한다면 종교는 '좋은' 밈이 되는 것이고 싫어한다면 '나쁜' 밈이 되는 것이다. 결국 여기서 도킨스가 한 일은 자신의 주관적 가치를 반영한 순환 논증을 제시한 것에 지나지 않는다.[24] 도킨스는 유신론 등 자신이 반대하는 생각에는 '바이러스성'이라는 딱지를 붙이고 자신이 인정하는 생각에는 '비바이러스성'이라는 딱지를 붙인다. 객관성을 결여한 판단임이 자명해 우려스럽기 그지없다. 도킨스는 자신이 내밀하게 품고 있는 지적 신념이나 그러한 신념이 자신의 판단에 미치는 영향을 전혀 인식하지 못하고 있는 것만 같아서 더 걱정스럽다.

이 장의 뒷부분에서는 '바이러스로서의 신'이라는 견해를 다시 살펴볼 것이다. 그전에 먼저 학계에서 대부분이 밈을 진지한 과학적 연구의 도구로 받아들이지 않는 이유를 살펴볼 필요가 있다. 뒤이어 밈 개념의 기원과 밈 개념이 직면한 결정적인 난제를 살펴본 다음 도킨스가 나중에 주장한 '마음에 기생하는 바이러스'로서의 신 개념에 대해 살펴볼 것이다. 가상의 신-밈에만 국한한 난제가 아니라 밈 개념 전체가 지닌 난제를 요약하면 다음과 같다.

1. 문화적 진화가 다윈주의적이라거나 진화 생물학이 사상의 발전을 설명할 때 특별히 유용하다고 상정할 이유가 없다.
2. 밈이 존재한다는 직접적인 증거가 없다. 밈은 기껏해야 도구주의적 instrumentalist 관점에서 사물을 바라보는 유용한 방법을 제시하기 위

---

24. 다음에 나온 분석인 Distin, *The Selfish Meme*, pp.72-77을 참조하자.

해 인위적으로 상정한 도구일 뿐이다. 따라서 밈은 '실제'와는 거리가 멀다.

3. 밈이 존재한다는 주장은 밈과 유전자 사이에 직접적인 유추적 관련성이 성립한다는 의심스러운 가정을 토대로 한다. 이 점은 '밈' 개념의 이론적 타당성을 약화시킨다.

4. 밈의 존재를 설명하기 위한 개념으로서 제안할 필연적인 이유가 없다. 밈으로 설명할 수 있는 관찰 자료는 다른 과학 모델과 체제로도 완벽하게 설명할 수 있다.

문화 발전이 다윈주의적인가?

도킨스가 처음으로 밈 이론을 제안했을 무렵에 나 역시도 지성사에 관심을 가지고 있었다. 1977년에 처음으로 밈 개념을 마주했을 때 나는 엄청난 흥분에 휩싸였다. 계속 연구를 하다 보면 언젠가는 엄밀한 증거가 나와 지성과 문화 발전 연구에 새로운 가능성을 열어 줄지도 모르는 연구 주제가 드디어 나타났다고 생각했다.[25] 나는 밈 개념을 왜 그토록 낙관적으로 생각했을까? 당시 나는 내 평생의 연구 주제 중 하나가 된 사상사에 대한 탐구를 막 시작하려 하고 있었다. 특히 나는 종교 사상이 어떻게 발전해 왔고 종교 사상이 발전하거나 수정되거나 수용되거나 거부되거나 아니면 점점 쇠퇴해 잊히게 하는 요인이 무엇이었는지에 특히 관심이 있었다.

---

25. 여기에 대한 내 생각을 더 자세히 알고 싶다면 Alister E. McGrath, "The Evolution of Doctrine? A Critical Examination of the Theological Validity of Biological Models of Doctrinal Development"(*In The Order of Things: Explorations in Scientific Theology*, Oxford: Blackwell, 2006), pp.117-167을 참조하자.

당시 나는 밈 개념을 관찰 증거에 기초해 지성과 문화 발전을 연구할
수 있는 탄탄하고 신빙성 있는 모델을 만들고 증명할 수 있게 해 줄 실마
리라고 생각했다. 그러나 나는 연구를 진행하면서 내가 탐구한 지적인 활
동들의 사실상 모든 영역에서 심각한 장애물에 부딪쳤다.

무엇보다 연구를 진행하면 할수록 다윈주의가 문화 발전이나 지성사
전반을 설명하기에는 매우 부적합하다는 사실을 깨달았다. 무신론의 '황
금기'(1798~1898년)에 일어난 무신론의 부흥을 연구하던 중, 고대 무신
론 저술가인 크세노파네스Xenophanes(기원전570~475년)나 루크레티우스
Lucretius(기원전99~55년)가 현대에 들어서 다시 읽히는 데 분명한 목적이
존재한다는 사실에 깜짝 놀랐다. 크세노파네스나 루크레티우스의 사상은
의도적으로 다시 가져와서 쓰인 것이었다. 단순히 이유 없이 부활한 것이
아니라 특정한 목적을 달성하기 위해 **부활하도록 계획된 것**이었다. 이 옛
사상이 부활한 과정은 매우 목적론적이며 정확한 목적과 의도에 따라 이
루어졌다. 정통 다윈주의에서는 진화 과정을 설명할 때 배제해 버리는 바
로 그 목적과 의도 말이다.

서구 문화사에서 가장 눈부신 발전 가운데 하나로 간주하는 르네상스
의 부활 또한 마찬가지다. 르네상스는 13세기 이탈리아에서 시작해 두 세
기 동안 꽃피었다.[26] 르네상스 운동은 이탈리아에서 북유럽으로 퍼지면서
당도하는 곳마다 커다란 변화를 불러일으켰다. 르네상스 운동이 문화적
으로 미친 영향은 어마어마하다. 예를 들어 건축에서 르네상스 운동으로
고딕 양식이 고전 양식에 자리를 내주며 서부 유럽의 도시 경관이 완전히

---

26. 관련 문헌은 어마어마하다, 유용한 입문서로는 Charles G. Nauert, *Humanism and the
Culture of Renaissance Europe*(Cambridge; Cambridge University Press, 1995)를 참조
하자.

바뀌었다.[27]

그렇다면 르네상스 운동은 왜 일어났는가? 당시 유럽 문화가 이렇게 급진적이고 창조적으로 방향을 전환하게 된 이유는 무엇일까? 르네상스 운동은 기원과 발전이 잘 알려져 있어 밈 이론을 적용하기에 가장 이상적인 사례일 수 있다.

P. O. 크리스텔러P. O. Kristeller(1905~1999년)의 선도적인 연구 덕에 르네상스 운동의 근본정신이 고대 로마 문화(와 약간의 아테네 문화)를 비판적으로 계승했다는 견해가 널리 받아들여지고 있다.[28] 어쩌면 이탈리아에 남겨진 고대 문명의 잔해에서 영감을 받았을지도 모르는 르네상스 이론가들은 키케로의 우아한 라틴어 문장이나 고전 수사학의 웅변술이나 고대 건축물의 화려함이나 플라톤이나 아리스토텔레스의 철학이나 로마 헌법을 제정하게 한 공화주의 정치 이념 등 풍성한 과거의 문화유산을 되살리는 것을 지지한다.[29] 르네상스 저술가들은 이러한 원칙을 의도적이고 계획적으로 채택해 각자의 상황에 적용하기 시작했다.

이처럼 매혹적이고 복잡한 문화사의 광경은 새로운 학자 세대에게도 계속해서 즐거움을 준다. 그러나 그것은 몇 가지 심각한 문제를 야기한

---

27. 예시로 Norbert Huse, Wolfgang Wolters, and Edmund Jephcott, *The Art of Renaissance Venice: Architecture, Sculpture, and Painting, 1460-1590*(Chicago: University of Chicago Press, 1990), James S. Ackerman, *Distance Points: Essays in Theory and Renaissance Art and Architecture*(Cambridge, MA: MIT Press, 1991)을 참조하자.

28. 예시로 Paul Oskar Kristeller, *Renaissance Thought: The Classic, Scholastic, and Humanistic Strains*(New York: Harper & Row, 1961)을 참조하자.

29. 일반적 논점은 Ronald G. Witt, *In the Footsteps of the Ancients: The Origins of Humanism from Lovato to Bruni*(Leiden: Brill, 2000)을 참조하자.

다. 르네상스 인본주의의 기원과 발전과 전파는 신중하게 논의되고 의도되고 계획되었다. 물론 피할 수 없는 역사의 우연에 영향을 받기는 했지만 말이다. 다윈주의가 지시 사항(유전형)을 복제하는 것에 관한 것이라면, 라마르크주의는 생산물(표현형)을 복제하는 것에 관한 것이다. 따라서 르네상스 운동 같은 경우는 그 문화적 진화를 설명하기 위해서 다윈보다는 라마르크가 더 적합해 보인다.

르네상스 역사(와 내가 연구한 다른 지성사와 문화사 대부분)에서 발견한 발전 경향을 보면 여러 가지 밈이 혼합되어 발전했으며, 진화 생물학이 문화 발전이나 사상사와 관련이 있다는 가정 아래 신다윈주의보다는 라마르크주의로 문화의 진화 과정을 이해해야 하는 지적 인과성이 명확하게 존재했다. '다윈주의'나 '라마르크주의' 같은 용어를 사용해 문화 발전을 묘사하는 것 자체가 완전히 잘못된 것일지도 모른다. 근본적으로 문화 발전과 생물 진화 사이에 시간의 흐름과 변화 말고는 실제로 근본적인 유사점이 없을 수도 있기 때문이다.

도킨스도 이 같은 문제점을 인식하고 있던 것으로 보인다. 1982년에 도킨스가 조심스럽게 언급한 내용을 살펴보자.

밈은 어쩌면 유전자와는 다르게 서로 부분적으로만 섞일지도 모른다. 새로운 '돌연변이'는 진화 흐름에서 우연하게 나타나기보다 '방향성'이 있을지도 모른다. 바이스만주의Weismannism는 유전자에게보다 밈에게 덜 엄격하다. 표현형에서 복제자로 또는 복제자에서 표현형으로 이끄는 라마르크주의적 인과 관계의 화살이 있을 수도 있다. 이러한 차이는 유전적 선택과의 유사성을 제시하는 것이 가치가 없거나 분명

히 오도하는 것임을 증명하기에 충분할 수 있다.[30]

나는 이것이 공정한 판단이라고 본다. 만약 관찰 증거가 문화적 진화
나 사상 발전이 다윈주의식으로 일어났다는 사실을 가리킨다면 논쟁은
더 이상 필요 없다. 그러나 이 모델은 부적합하다. 생물학적 진화와 문화
적 진화에는 비슷한 점이 있을 수 있다. 그러나 발전 체제는 아주 다른 것
으로 보인다.

문화적 진화를 생물학적 유추로 묘사하거나 설명할 수 있느냐 하는 문
제는 여전히 논쟁거리이다. 최근에 제시된 관점이 네 가지 있다. 이 네 가
지 관점을 보면 앞으로 이 논쟁이 어디로 나아갈지를 짐작해 볼 수 있다.

1. 문화적 진화는 라마르크주의로 가장 잘 이해할 수 있다.[31]
2. 문화적 진화를 잘 설명할 수 있는 이론은 모두 반드시 라마르크주
   의적 요소를 포함하고 있어야 한다.[32]
3. 다윈주의 패러다임이 문화적 주체의 진화를 가장 잘 설명한다고 주
   장한다면 관찰 증거를 수용하기 위해서는 다윈주의 패러다임을 상

---

30. *The Extended Phenotype*, p.112.

31. Arthur J. Robson, "The Evolution of Strategic Behaviour"(*Canadian Journal of Economics 28*, 1995), pp.17-41, Stephen Jay Gould, *Life's Grandeur: The Spread of Excellence from Plato to Darwin*(London: Jonathan Cape, 1996), pp.217-230, Richard Nelson, "Evolutionary Social Science and Universal Darwinism"(*Journal of Evolutionary Economics 16*, 2006), pp.491-510을 참조하자.

32. Thorbjørn Knudsen, "Nesting Lamarckism within Darwinian Explanations: Necessity in Economics and Possibility in Biology?"(*In Darwinism and Evolutionary Economics*, edited by John Nightingale and John Laurent, Cheltenham: Edward Elgar, 2001), pp.121-159를 참조하자.

당 부분 확장하거나 수정해야 한다.[33]

4. 문화적 진화는 질병의 전염병학[34]이나 학습 이론[35]이나 인지 심리학[36] 같은 다른 분야에서 파생한 모델로 가장 잘 설명할 수 있다.

밈은 실제로 존재하는가?

밈 이론이 지니고 있는 두 번째 문제점은 충분한 증거에 근거하고 있지 않다는 사실이다. 수전 블랙모어의 『밈 기계Meme Machine』(1999년)에 기고한 서문에서 도킨스는 밈이 과학계에서 진지하게 받아들여지기 위해 직면해야 할 문제점을 지적한다.

또 다른 반론은 밈이 무엇으로 구성되었는지 혹은 어디에 상주하는지를 모른다는 것이다. 밈은 아직 그들의 왓슨Watson과 크릭Crick을 찾지

33. Thorbjørn Knudsen and Geoffrey M. Hodgson, "Why We Need a Generalized Darwinism: And Why Generalized Darwinism Is Not Enough."(*Journal of Economic Behavior and Organization 61*, 2006), pp.1-19, Kronfeldner, "Is Cultural Evolution Lamarckian?", Yoshihisa Kashima, "Globalization, Diversity and Universal Darwinism."(*Culture and Psychology i13*, 2007), pp.129-139를 참조하자.

34. L. L. Cavalli-Sforza and M. W. Feldman, *Cultural Transmission and Evolution: A Quantitative Approach*(Princeton, NJ: Princeton University Press, 1981), pp.46-53을 참조하자.

35. Robert D. Boyd and Peter J. Richerson, *Culture and the Evolutionary Process* (Chicago: University of Chicago Press, 1985), pp.81-1131을 참조하자. Boyd와 Richerson은 후에 인간 문화의 진화가 인간 발달의 획기적인 것이라고 주장했다. Peter J. Richerson and Robert Boyd, *Not by Genes Alone: How Culture Transformed Human Evolution*(Chicago: University of Chicago Press, 2005)을 참조하자.

36. Lumsden and Wilson, *Genes, Mind, and Culture*을 참조하자.

못했다. 멘델Mendel조차 아직 만나지 못했을 수도 있다. 유전자는 염색체상의 정확한 위치에서 발견할 수 있지만 밈은 뇌에 있을지도 모른다고 추측할 수밖에 없다. 심지어 유전자를 관찰할 수 있을 확률보다 밈을 관찰할 수 있을 확률이 훨씬 더 낮다(비록 신경생물학자인 후안 딜리어스가 밈의 생김새를 추측하여 그린 그림이 있긴 하지만 말이다).[37]

이는 밈 가설이 증거가 취약하다는 것을 도킨스가 인지하고 있었다는 사실을 보여 준다는 점에서 매우 흥미롭다. 도킨스 비판가들은 도킨스가 밈에 대해 주장하는 것을 듣고 있으면 꼭 신앙인이 신에 대해 간증하는 것을 듣는 것 같다고 지적한다. 신도 밈도 눈에 보이지 않고 입증할 수 없는 존재를 상정한다. 따라서 일부 경험을 설명할 때 유용할 수는 있지만 궁극적으로는 경험으로 조사할 수 있는 범위 밖에 있다.

게다가 "신경생물학자인 후안 딜리어스가 밈의 생김새를 추측하여 그린 그림이 있긴 하지만 말이다"라는 언급은 어떻게 이해해야 하는가? 나는 수많은 미술관을 다니며 신을 그린 그림을 수도 없이 보았다. 그러나 그러한 그림이 신의 존재를 입증해 주는가? 아니면 과학적인 가능성을 시사하기라도 하는가? 밈은 '활성화된 신경 시냅스 다발'처럼 배치 및 관찰이 가능한 단일 구조로 이루어져 있을 것이라는 딜리어스의 제안은 완전히 추측에 불과하며 엄밀한 실험 조사가 이루어지지도 않았다.[38] 그저

---

37. *A Devil's Chaplain*, p.124.

38. Juan D. Delius, "The Nature of Culture"(*In The Tinbergen Legacy*, edited by M. S. Dawkins, T. R. Halliday, and R. Dawkins, London: Chapman & Hall, 1991), pp.75-99. 동저자의 초기작인 Juan D. Delius, "On Mind Memes and Brain Bugs: A Natural

무엇이 어떻게 생겼을 것이라고 추측하는 것과 실제로 존재하느냐 하지 않느냐는 완전히 다른 문제이다.

1993년에 도킨스는 '과학적' 접근을 구성하는 본질이 무엇인지를 규정한 적이 있다. "시험 가능성, 증거의 지지, 정확성, 정량화 가능성, 정합성, 상호 주관성, 반복 가능성, 보편성, 진보성, 문화적 환경으로부터의 독립성 등이다."[39] 그렇다면 밈에 대한 증거를 지지하는 것은 어디에 있는가? 정량적 분석은? 밈이 유용한 이론인지 아닌지를 확증할 수 있는 기준은? 도킨스가 이 질문에 대답해 주기를 기다리겠다.

밈은 유전자와는 확연히 대비된다. 유전자는 '볼' 수 있고 엄밀한 실험 조건 하에 그 전달 유형을 연구할 수도 있다. 시작은 체계적 실험과 관찰에서 추론한 가설적 구상에 불과했으나 지금은 관찰이 가능하다. 훗날 수많은 증거에 기초해 유전자가 실재한다는 사실이 알려지기 전에도 유전자는 처음부터 이론적으로 필요한 존재였다. 관련 관찰 사실을 설명할 수 있는 다른 체제가 없었기 때문이다. 밈은 어떠한가? 애초에 밈은 그 자체가 관찰된 것이 아니라 다른 관찰 사실로부터 추론한 **가설적 존재이다. 밈은 관찰이 불가능**할 뿐만 아니라 설명 차원에서도 별로 **쓸모가 없다.** 이러한 이유로 밈을 엄밀하게 조사하는 일 자체도 매우 문제가 많을 뿐더러 유용하게 쓰일 일도 거의 없다.

유전자는 관찰 가능한 실체로 생물학적 수준에서도 화학적 수준에서도 물리학적 수준에서도 잘 정의되어 있다. 생물학적으로 유전자는 염색

History of Culture"(*In The Nature of Culture*, edited by Walter A. Koch, Bochum: Brockmeyer, 1989), pp.26-79도 참조하자. 20년도 더 지난 뒤에도 여전히 빈약하고 증거가 없다.

39. *A Devil's Chaplain*, p.145.

체의 특정 부분이다. 화학적으로 유전자는 DNA로 구성되어 있다. 물리학적으로는 이중 나선 구조이며 읽고 해독할 수 있는 '유전자 코드'를 나타내는 뉴클레오타이드 염기 서열로 이루어져 있다. 유전자를 끝내 관찰하지 못했다고 하더라도, 유전자가 관찰 사실을 이론적으로 가장 잘 설명할 수 있는 존재라는 사실에는 변함이 없었을 것이다.

그러나 밈을 둘러싼 상황은 매우 다르다. 밈은 무엇인가? 밈은 어디에 있는가? 밈은 생물학적으로나 화학적으로나 물리학적으로 어떻게 정의할 수 있는가? 밈의 특징과 기능이라고 추정하는 것을 실제로 조사할 수 있게 해 주는 조작적 정의는 없다. 밈 개념이 없다 하더라도 문화 발전과 사상사를 이해하는 데는 전혀 타격이 없다. 밈은 단지 추가적 선택 사항이며, 문화 발전을 설명하기 위한 여러 이론적 체제에 불필요하게 하나 더 추가된 개념일 뿐이다. 문화 이론학자가 밈 개념을 포기하기란 그리 어려운 일도 아닐 것이다.[40]

밈이 전파되는 체제라고 추정되는 과정은 또 어떠한가? DNA 구조 발견에 따랐던 가장 중요한 시사점 가운데 하나가 복제 체제를 이해할 수 있는 길이 열렸다는 것이었다. 그렇다면 밈의 물리적 체제는 무엇인가? 밈은 어떻게 밈 복제 효과를 일으키는가? 아니, 좀 더 단도직입적으로 질문해 보자. 밈과 밈 복제 효과 사이의 관계를 알아내는 것은 고사하고, 밈의 구조라도 파악하고 정립하려면 도대체 어떻게 실험을 설계해야 하는가? 진지한 과학적 가설로서의 밈의 정합성이 점점 줄어들고 있는 것도 어찌 보면 당연하다.

---

40. Maurice Block, "A Well-Disposed Social Anthropologist's Problem with Memes"(*In Darwinizing Culture: The Status of Memetics as a Science*, edited by Robert Aunger, Oxford: Oxford University Press, 2000), pp.189-203의 언급을 참조하자.

밈의 존재는 과학적으로 증명할 수 없기 때문에 밈에 대한 믿음으로서의 밈이 있다는 결론을 내려야 할까?[41] 그렇다면 밈 개념은 이제 자기 지시성 때문에 서서히 죽음에 이르게 된다. 밈 이론을 진지하게 받아들인다면 밈으로 설명하는 다른 사례와 마찬가지로 밈 개념 자체도 밈으로 설명해야 하는 역설적 상황에 처하기 때문이다. 이 문제를 모면하기 위해 이론에 조건을 계속 덧붙일수록 밈 개념은 정합성을 잃게 된다. 마치 프톨레마이오스의 태양계 모형에 주전원을 계속 추가하는 식이다. 한때 번뜩이고 깔끔했던 이론이라고 하더라도 반론을 방어하고자 추가 조건을 덧붙이면 덧붙일수록 걷잡을 수 없이 어수선해져서 처음에 지녔던 광명은 점점 사라지기 마련이다.

유전자와 밈 사이의 유추에 금이 가다

밈의 존재와 기능에 대한 도킨스의 주장은 생물학적 진화와 문화적 진화 사이에 유사성이 있다는 가정에 근거한다. 도킨스의 주장에는 문화 전달과 유전자 전달 사이에 유추적 관련성이 성립하므로 잘 정립된 신다윈주의의 개념과 방법으로 문화적 진화와 생물학적 진화를 모두 설명할 수 있다는 가정이 숨겨져 있는 듯하다. 도킨스의 논증을 정리하면 다음과 같다.

생물학적 진화에는 복제자가 필요하며 현재 실제로 존재한다고 알려진 **유전자**가 바로 그 복제자이다.

---

41. Alan Costall, "The 'Meme' Meme"(*Cultural Dynamics 4*, 1991), pp.321-335.

따라서 유추하여,

문화적 진화에도 복제자가 필요하며 이 존재를 **밈**이라고 가정한다.

용감하고 대담한 논리이다. 그러나 이 논증은 참인가? 이 유추가 실제로 작동하는가? 밈이라는 가상적 존재를 우리가 문화적 발전을 설명할 유용하고 필요한 수단으로 받아들일 수밖에 없게 만드는 관찰할 수 있는 엄밀한 증거가 있는가?

때때로 유추 논증은 과학적 추론에서 본질적인 요소이다.[42] A와 B 사이에 성립하는 유추를 인식하는 일은 때때로 참신한 질문을 던지는 시작점이자 새로운 연구의 길을 터는 계기가 되기도 한다. 그러나 종종 과학적으로 막다른 길로 인도하기도 한다. '칼로리calorific'개념이나 '플로지스톤phlogiston'개념처럼 오래 전에 폐기되었던 이론들이 이러한 전철을 밟았다. 마리오 번지Mario Bunge가 지적했듯이 유추 논증은 과학사에서 자주 오해를 빚었다.[43] 그렇다면 유전자와 밈 사이의 유추는 **실재하며 유용한가**?

실제로 유전자와 밈 사이의 유추에 근거가 있는지부터 살펴보자. 과학적 유추의 한계를 검토하고 평가하는 것은 과학적 방법에서 중요하고 타당하다. 『눈먼 시계공』에서 도킨스는 지금까지 과학이 어떻게 유추의 도움을 받아 더 심도 있는 연구를 수행할 수 있었는지를 거창하게 논의한다. "과학사의 위대한 업적 가운데 일부는 이미 밝혀진 대상과 아직 밝혀지지 않은 대상 사이에 유추가 성립한다는 것을 발견한 명석한 사람들 덕분에 이루어졌다. 그들의 비법은 무차별적으로 유추를 사용하는 것과 생

---

42. Daniel Rothbart, "The Semantics of Metaphor and the Structure of Science" (*Philosophy of Science 51*, 1984), pp.595-615.

43. Mario Bunge, *Method, Model, and Matter*(Dordrecht: Reidel, 1973), pp.125-126.

산성 높은 유추를 알아보지 못해 아무 열매도 맺지 못하는 것 사이에서 균형을 잡는 것이다."[44] 유추가 항상 오도하는 것은 아니다. 문제는 어떤 유추는 풍성한 결실을 맺는 반면에 어떤 유추는 아무런 결실을 맺지 못한다는 데 있다. 밈을 제안하면서, 도킨스는 생물학적 진화와 문화적 진화 사이의 잠정적으로 중요한 유사점을 탐구하면서, 이것을 설명하기 위해 유추 과정과 체계를 제시하고 있다. 이러한 유추적 관련성을 제안한 사람이 도킨스가 처음은 아니지만 뛰어난 의사소통 기술로 전달한 것은 맞다.

다윈의 『종의 기원』에서도 유추를 통한 연구를 찾아 볼 수 있다. 다윈은 가축이 특정 형질을 가지도록 교배하는 방법과 자연이 변화를 일으키는 방법 사이에 유사점이 있는 것처럼 보인다는 사실을 발견했다. 이에 착안해 다윈은 자연 질서 내에 존재하는 가축 교배 산업의 '인공 선택'과 유사한 체제로서 '자연선택설'을 제안했다.[45] 이 유추는 매우 생산적인 것으로 드러났지만 과학사가 증명하듯 이러한 류의 유추 논증에는 커다란 한계가 있기 마련이다.

에테르ether를 기억하는가? 19세기에 많은 물리학자들이 소리와 빛이 유사하다고 생각했다. 소리와 빛은 매우 유사하게 운동하는 것처럼 보인다. 소리와 빛 모두 파동의 형태로 알려져 있으며 속도와 파장을 매우 정확하게 측정할 수 있다. 소리가 전달되려면 공기나 물 같은 매질이 필요하듯이, 당시 유추 논증에 따라 빛도 전달되려면 어떤 매질이 필요할 것이라고 생각했다. '에테르'라는 용어는 빛이나 다른 전자기파를 전파시키

---

44. *The Blind Watchmaker*, p.195.

45. Robert M. Young, "Darwin's Metaphor and the Philosophy of Science"(*Science as Culture 16*, 1993), pp.375-403을 참조하자.

는 미지의 매질을 가리키기 위해 사용되었다.

1887년에 이루어진 마이컬슨-몰리 실험Michelson-Morley experiment
은 빛의 매질이라고 가정했던 '광학 에테르luminiferous ether'의 속성
을 알아내기 위한 실험이었다. 실험 결과 앨버트 A. 마이클슨Albert A.
Michelson(1852~1931년)과 에드워드 W. 몰리Edward W. Morley(1838~1923년)
는 '에테르는 지구 표면에 정지해 있다'[46]는 예상치 못한 결론에 다다랐
다. 이 혼란스러운 결과가 시사하는 점이 몇 가지 있었다. 그중 하나가 애
초에 '광학 에테르'라는 물질은 존재하지 않는다는 것이다. 소리와 빛의
유추를 너무 멀리까지 끌고 온 탓에 빚어진 소동이었다.

1920년대가 되어서야 마침내 과학계는 빛이 소리와 같지 않다는 결
론을 내렸다. 물론 유사하거나 평행하거나 수렴하는 속성이 분명히 있었
지만 이를 확대 해석한 나머지 완전히 다른 두 실체가 유사하다는 착각에
이른 것이었다. 빛과 소리는 실제로 여러 상황에서 매우 비슷하게 움직이
긴 하지만 서로 완전히 다른 물질이다. 빛은 매질 없이 진공 상태에서도
이동할 수 있다.

빛과 소리에 관한 이야기는 매우 유명하며 이 이야기의 교훈은 명확
하다. 유추 논증은 심각한 오류를 빚을 수 있다. 위 사례에서도 유추 논증
으로 심각한 오류가 빚어졌으며 이 밖에도 수많은 사례가 있다. 양자 역
학은 유추의 대상으로 마구잡이로 잘못 가져다 쓰이는 바람에 곤란을 겪
고 있는 대표적인 과학 분야이다.[47] 상대적으로 잘 정의된 물리학의 세계

---

46. A. A. Michelson and E. W. Morley, "On the Relative Motion of the Earth and
    Luminiferous Ether"(*American Journal of Science 34*, 1887), pp.333-345.

47. Mario Bunge, "Analogy in Quantum Theory: From Insight to Nonsense"(*British
    Journal for the Philosophy of Science 18*, 1967), pp.265-286.

를 벗어나 혼돈스러운 인간 문화에 엄정한 증거에 토대를 두고 있는지 여부도 점검하지 않은 채로 양자역학 유추를 사용하면 유추는 종종 원래의 의도를 벗어나게 된다.

지금은 '유전자'라고 알려진 유전 정보를 전달하는 물리적 인자에 대한 초기 이론은 정보 전달의 정확성을 보여 주는 멘델 증명과 유전 정보를 축적되고, 전달되고, 검색될 수 있는 다른 수단이 없는 자명한 사실에 근거하고 있었다. 문화적 진화는 완전히 다른 경우이다. 모든 인간 문화에는 기존 인구 집단 내에서 또는 후대로 정보를 전달할 수 있는 책, 관습, 제도, 구전 같은 수단이 있기 때문이다.[48] 따라서 '밈'이라는 개념은 기능적으로 불필요하기 때문에 밈 이론을 옹호하는 이들로 하여금 유전자와의 유추로 논증할 수밖에 없게 만들고, 경험적으로 결정된 (현대 분자 유전학의 필수적인 부분을 이루는) 유전자의 생물학적, 화학적, 물리학적 변수를 무시하게 만든다. 따라서 밈의 정합성은 압도적인 증거와 관찰이 아니라 의심스러운 유추 논증에 토대를 두고 있다.[49]

밈 이론에 대해서도 마이컬슨-몰리 실험 같은 실험이 행하여 의심스러운 유추 논증이 아니라 실험 조사로 밈의 실제 존재 여부를 밝혀야 한다. 현재까지 진행된 연구를 보면 밈은 새로운 에테르, 즉 폐기를 앞둔 불

---

48. 다음 나열한 연구를 포함해 방대한 관련 문헌이 존재한다. Niklas Luhmann, *Love as Passion: The Codification of Intimacy*(Stanford, CA: Stanford University Press, 1998), Vera Schwarcz, *Bridge across Broken Time: Chinese and Jewish Cultural Memory*(New Haven, CT: Yale University Press, 1998), John Lowney, *The American Avant-Garde Tradition: William Carlos Williams, Postmodern Poetry, and the Politics of Cultural Memory*(Lewisburg, PA: Bucknell University Press, 1997).

49. 관련 논의 Mark Jeffreys, "The Meme Metaphor"(*Perspectives in Biology and Medicine 43*, 2000), pp.227-242를 참조하자.

필요한 가설일 가능성이 압도적으로 높다.[50] '밈이라는 밈'은 어쩌면 높은 생존력과 전달력을 지녔는지도 모르겠다. 그러나 실체는 없다. 애석하게 도 그것은 두 가지 측면에서 도킨스가 주장하는 신-밈과 비슷해 보인다.

불필요한 밈의 존재

아마도 밈 개념에 대한 가장 핵심적인 반론은 밈 없이도 문화 발전과 지성사 연구를 완벽하게 진행할 수 있다는 주장일 것이다. 이러한 맥락에 서 특히 정보 전달을 설명하는 경제 모델이나 물리학 모델은 가치를 인정 받고 있다. 다시 한 번 말하지만 밈과 유전자의 차이는 가슴 아프게도 분 명하다. 유전자의 존재는 상정**해야만** 했다. 유전자가 아니면 유전 형질의 전달 유형을 보여 주는 관찰 증거를 설명할 다른 길이 없었다. 그러나 밈 은 설명에 불필요하다.

사상들을 '정보 폭포information cascades'나 내구 소비재로 취급하는 경 제학 모델이 오히려 밈 개념보다 훨씬 설득력 있고 유용하다.[51] 이러한 경 제학 모델은 다원주의 이론에서 혁신의 기원에 대한 부분은 필연적으로 차용하지 않으면서도 '경쟁'과 '멸종' 개념은 가져와 사용한다. 예를 들 어 '일시적 유행에 관한 경제학 이론'은 사상이 채택되고 전파되는 유형

---

50. 다음 연구에서는 유전자와 문화의 상호작용을 설명하는 흥미로운 대안을 제시하고 있다. William H. Durham, *Coevolution: Genes, Culture, and Human Diversity*(Stanford, CA: Stanford University Press, 1991), pp.1-41.

51. 예시로 S. Bikhchandani, D. Hirshleifer, and I. Welch, "Learning from the Behavior of Others: Conformity, Fads, and Informational Cascades"(*Journal of Economic Perspectives 12*, 1998), pp.151-170을 참조하자.

을 도킨스의 밈 개념보다 훨씬 더 설득력 있게 설명한다.[52] 문화적 진화와 사상의 발달은 때때로 생물학적 유추보다 무작위적으로 네트워크상에서 일어나는 정보 전달과 같은 물리학적 유추로 더 잘 설명할 수 있다.[53] 그러나 도킨스는 밈 가설을 평가하면서 이렇게 중요한 대안 이론을 전혀 고려하지 않는다.

밈 이론을 지지자하는 사람들은 밈 이론에 아직 사형 선고가 내려지지는 않았다고 생각한다. 도킨스의 동료인 대니얼 데닛Daniel Dennett과 수전 블랙모어Susan Blackmore는 특히 각자의 저서 『다윈의 위험한 생각Darwin's Dangerous Idea』(1995년)와 『밈 기계Meme Machine』(1999년)에서 밈 이론을 지지한다. 그런데 데닛과 블랙모어는 밈을 놀라울 정도로 서로 다르게 이해한다.[54] 밈이라는 개념이 경험적 근거도 불확실하다는 사실을 감안하면 같은 개념을 두고 다르게 이해하는 것은 어쩌면 피할 수 없는 결과일 것이다. 그러나 밈 개념 자체가 너무 모호하고 경험적으로도 규정할 수 없기 때문에 입증하거나 반증할 수단도 없다.

어떤 경우든 밈 개념으로 '설명하고자' 하는 내용은 다른 모델로도 쉽게 설명할 수 있다. 그렇다면 밈으로만 설명할 수 있는 난해한 현상이 있

---

52. Sushil Bikhchandani, David Hirshleifer, and Ivo Welch, "A Theory of Fads, Fashion, Custom, and Cultural Change as Informational Cascades"(*Journal of Political Economy 100*, 1992), pp.992-1026. 도킨스는 'crazes'를 설명하면서 이 주제는 다루지 않는다. *A Devil's Chaplain*, pp.136-137에서 인식론적 모델을 사용해 매우 피상적으로 분석하고 있을 뿐이다.

53. 예시로 D. J. Watts, "A Simple Model of Information Cascades on Random Networks." (*Proceedings of the National Academy of Sciences 99*, 2002), pp.5766-5771을 참조하자. 이것이 문화 체계 안에서 사상 전파에 대한 유추로써 함축하는 바는 분명할 것이다.

54. 디스틴이 *The Selfish Meme*에서도 주목한 바 있다.

을까? 도킨스는 이러한 구체적인 부분에 대해서는 내숭을 떤다. 도킨스의 이러한 태도는 과거 '이기적 유전자'라는 개념을 증거에 기반해 날카롭게 방어하던 모습과 더 확연한 대비를 이룬다.

사반세기가 지나갔지만 밈 '과학'은 주요 인지 과학이나 사회학이나 지성사에서 생산적인 연구 프로그램을 창출하지 못했다. 가능한 증거에 비추어 볼 때 개인적으로 마르틴 가드너Martin Gardner의 통렬한 밈 개념 비판에만 동의할 수 있을 것 같다.

> 한때 밈을 지지했던 많은 사람이 이제는 밈이 쓸모없는 개념이며 새로운 이해보다는 혼란을 부추긴다는 데 동의한다. 나는 밈 개념이 한때 이름이 특이해 호기심을 불러일으켰지만 가치는 없었던 개념으로 곧 잊힐 것이라 예상한다. 지금 이 시점에는 밈 이론의 지지자보다 비판가가 훨씬 많다. 밈 이론을 비판하는 이들에게 밈 이론은 누구나 알고 있을 뿐만 아니라 심지어 정보 전달이라는 무딘 용어로 더 잘 설명할 수 있는 것을 가리키는 성가신 용어에 지나지 않는다.[55]

1997년 창간되었다가 (논란의 여지가 있지만) 밈의 문화적 정합성이 정점에 달했을 때에 폐간된 『미메틱스Journal of Memetics』라는 밈 분야 온라인 학술지가 있다. 이 학술지의 폐간 소식을 다룬 기사에서도 가드너와 유사한 비판을 엿볼 수 있다.[56] 미메틱스는 2005년에 폐간되었다. 왜 폐간되었을까? 불행한 운명을 맞은 이 학술지의 마지막 호에 밈 개념을 혹

---

55. Martin Gardner, "Kilroy Was Here."(*Los Angeles Times*, March 5, 2000).

56. Website at http://jom-emit.cfpm.org.(accessed August 8, 2014).

평하는 글이 실렸는데, 이 글에서 그 이유를 찾을 수 있다.[57] 브루스 에드먼즈Bruce Edmonds 박사는 밈 개념을 두 가지 측면에서 근본적으로 비판했다. 에드먼즈 박사는 이 두 가지 이유 때문에 밈 개념이 과학 공동체에서 정합성을 인정받지 못한다고 주장했다.

1. 밈 이론이 실패한 근본적인 이유는 "유전자와 밈의 유추 논증 없이도 설명 가능한 범위를 넘어서는 설명력이나 예측력을 보여 주지 못했기 때문이다." 달리 말하면 밈 이론은 현상을 새롭게 이해할 수 있는 아무런 '부가 가치'를 제공하지 못했다.

2. 밈 연구는 '극히 추상적이고 지나치게 욕심을 부린 이론적 논의'라고 특징지을 수 있다. 에드먼즈는 밈 연구가 과욕을 부려서 종교 같은 매우 복잡한 현상을 때로는 증거를 앞질러 비현실적으로 '설명하려' 시도한다는 점을 특히 강조해 비판한다. 그러나 밈 이론을 무비판적으로 광신하는 추종자들에게는 밈 이론은 다름 아닌 유신론을 일축하기 위한 설명이다.[58]

에드먼즈는 사실상 밈 이론의 부고라 할 만한 글로 밈 개념을 일축한다. 밈 이론은 "아주 잠깐 유행하는 동안 새로운 사실을 깨우쳐 주기보다는 기존 사실을 더 이해하기 어렵게 만들어 놓았다. 밈 이론이 식별 가능한 학문 분야로 인정받을까 걱정이 된다."

---

57. Bruce Edmonds, "The Revealed Poverty of the Gene-Meme Analogy - Why Memetics perse Has Failed to Produce Substantive Results."(January 2005), http://cfpm.org/jom-emit/2005/vol9/edmonds b.html(accessed August 8, 2014).

58. Edmonds, "The Revealed Poverty"

도킨스 스스로도 자신이 밈이 인간 문화를 일반적으로 설명할 수 있는 개념이라고 주장했다는 사실과 거리를 두기 시작했다는 사실은 놀랍지 않다.[59] 대니얼 데닛이 주장했듯이 도킨스는 최근 들어 '자신의 주장에서 한발 물러섰다.'[60] 도킨스는 초고에서 보였던 낙관론에서 후퇴해 넌지시 밈 가설이 그저 유용한 유추에 불과할지도 모른다는 생각을 내비쳤다. 다른 이들도 마찬가지로 밈은 기껏해야 유용한 이론적 구상에 불과하며 관찰 증거를 설명하기 위해 인위적으로 상정한 도구 역할을 할 뿐이라고 말한다. "우리가 던져야 할 적절한 질문은 밈이 존재하느냐 아니냐가 아니라 …… 밈이 이론적으로 유용한 방편이냐 아니냐 하는 것이다."[61] 데닛은 도킨스가 사회생물학자로 오인되지 않으려면 여기서 뒤로 물러날 수밖에 없다고 주장한다.[62] 나는 밈 개념이 증거로 충분히 뒷받침하지 못한다는 사실을 도킨스가 갈수록 더 깨달을 수밖에 없으므로, 무르는 것 외에는 도리가 없다고 생각한다. 밈이 설명력이나 예측력에서 가치가 있는 개념인지 여부는 계속 논의되겠지만[63] 2010년을 기점으로 밈 이론 자체

---

59. *A Devil's Chaplain*, p.127.

60. Daniel C. Dennett, *Darwin's Dangerous Idea: Evolution and the Meaning of Life*(New York: Simon & Schuster, 1995), p.361. 데닛은 경험적 근거를 거의 제시하지 않고 추측에 근거해 밈 개념을 발전시킨다. 그러나 극단적인 데닛에 빗대어 도킨스의 접근 방식을 긍정적으로 평가해서는 안 된다. 도킨스가 *Unweaving the Rainbow*, pp.304-310와 *The God Delusion*, pp.191-201에서 여전히 밈 가설을 지지하고 있다는 사실을 눈여겨볼 가치가 있다.

61. Kevin Laland and John Odling-Smee, "The Evolution of the Meme"(*In Darwinizing Culture: The Status of Memetics as a Science*, edited by Robert Aunger, 121-142. Oxford: Oxford University Press, 2000), p.121.

62. Dennett, *Darwin's Dangerous Idea*, pp.361-362.

63. Susan Blackmore, "Memetics Does Provide a Useful Way of Understanding Cultural

에 대한 관심은 눈에 띄게 줄었다.

신은 마음의 바이러스?

그러나 문화에서 생각이 어떻게 전달되는지를 생물학적 유추를 통해 시각화하거나 개념화할 수 있는 또 다른 방법이 있다. 1990년대에 도킨스는 밈 개념을 '마음의 바이러스'라는 이미지를 사용해 다른 방향으로 발전시켰다. 도킨스는 '밈'이 사람 간에 '전염병 바이러스처럼' 전달될 수 있다고 말한다.[64] '밈'과 '마음의 바이러스' 사이의 연결 고리를 우리가 기대하는 만큼 정확하게 명시하지는 않지만, 두 개념에서 핵심은 **복제**라는 것이다. 바이러스가 효과적으로 퍼지려면 두 가지 속성을 지녀야 한다. 첫 번째는 정보를 정확하게 복제하는 능력이고, 두 번째는 이와 같은 방식으로 복제된 정보 안에 암호화되어 있는 지시 사항을 잘 따르는 것이다.[65]

그러나 여기에는 문제가 있다. 메리 미드글리Mary Midgley는 인간을 생물학적 바이러스를 옮기는 수동적 보균자라고 볼 수는 있지만 단순히 수동적으로 사상이나 믿음을 옮기는 '운반자'라고는 볼 수 없다고 주장한다.[66] 윌리엄 제임스William James(1842~1910년) 시대부터 계속해서 심리학

Evolution"(In Contemporary Debates in Philosophy of Biology, edited by Francisco J. Ayal and Robert Arp, Oxford: Blackwell, 2010), pp.255-272, William C. Simsatt, "Memetics Does Not Provide a Useful Way of Understanding Cultural Evolution"(In Contemporary Debates in Philosophy of Biology, edited by Francisco J. Ayala and Robert Arp, Oxford: Blackwell, 2010), pp.273-291을 참조하자.

64. A Devil's Chaplain, p.121.

65. A Devil's Chaplain, p.135.

66. Mary Midgley, "Why Meme?"(In Alas, Poor Darwin: Arguments against Evolutionary

자들이 지적해 왔듯이, 개인은 받은 정보를 자신이 가진 지식과 가치관에 비추어 능동적으로 해석하고 각자 해석에 근거해 전달받은 정보를 거부하거나 수용하거나 수정할지를 결정한다.[67]

그러나 여기에서도 수사법을 마치 과학인 것처럼 포장해 말로 교묘한 속임수를 쓰고 있다는 점이 가장 유감스럽다. 바이러스가 **나쁘다**는 것은 누구나 안다. 바이러스는 전염성이 있고 숙주에 기생한다.[68] 컴퓨터 '바이러스'는 컴퓨터 시스템의 성능을 떨어뜨린다. '신은 바이러스'라는 위협적인 수사법을 사용하는 이 '논증'은 엄정한 증거에 기반을 둔 추론이 아니라 얄팍한 풍유에 불과하다. 이 논증에서 도킨스는 신에 대한 믿음이 순수한 마음을 감염시키는 악성 전염병이라고 주장한다. 그러나 이러한 주장은 실험적 증거의 부족, 무엇이 '좋고 나쁘고'를 판단할 때 암묵적으로 도킨스 개인의 가치 판단을 개입시키는 주관성, 자기 지시성의 순환성이라는 암초에 부딪쳐 좌초하고 만다.

수전 블랙모어가 최근에 신을 '마음의 바이러스'로 볼 수 있는가에 대하여 생각을 바꾼 것에서 이러한 지적이 중요하다는 사실이 드러난다.[69]

Psychology, edited by Hilary Rose and Steven Rose, London: Jonathan Cape, 2001), pp.67-84. 종교적 관점에서 보려면 John W. Bowker, *Is God a Virus?: Genes, Culture and Religion*(London: SPCK, 1995)를 참조하자.

67. 특히 이 논의에서 인간 심리학이 소외된 데 따른 스퍼버의 항의를 참조하자. Dan Sperber, "Why a Deep Understanding of Cultural Evolution Is Incompatible with Shallow Psychology"(*In Roots of Human Sociality: Culture, Cognition and Interaction*, edited by Nick Enfield and Stephen Levinson, Oxford: Berg, 2006), pp.431-449.

68. 박테리오파지(bacteriophage)는 인간에게 위험할 수도 있는 박테리아를 살균하고 파괴하는 좋은 바이러스라며 이의를 제기할 수도 있다. 물론 [바이러스가 아니라] 박테리아라면 이야기는 달라진다.

69. Susan Blackmore, "Why I No Longer Believe Religion Is a Virus of the Mind."(*The

블랙모어는 종교가 항상은 아니지만 가끔 숙주에게 도움을 주고 적응하기도 한다는 분명한 증거가 있으므로 "종교가 '마음의 바이러스'라는 주장은 한물간 주장일 수도 있다"라고 말한다. 아마도 '마음의 박테리아'라는 문구가 더 유용하지 않을까? "박테리아는 유용할 수도 있고 해로울 수도 있다. 박테리아는 공생할 수도 있고 기생할 수도 있다"라는 것이다.

그렇다면 신이 해롭다는 실험적 증거는 무엇인가? 도킨스는 종교가 심신을 쇠약하게 하고 생존 잠재력과 건강 잠재력을 떨어뜨린다는 것은 과학계에서 공공연하게 받아들이는 사실이라고 전제한다. 그러나 최근에 이루어진 상당수의 경험적 연구들은 일반적으로 종교와 건강 사이에 긍정적인 상호 작용이 나타난다는 사실을 보여 준다. 물론 병적인 형태의 종교적 믿음과 행동이 존재한다는 사실을 모르는 사람은 없다. 그러나 종교가 일반적으로 정신 건강에 긍정적인 효과를 미친다는 증거에 기반을 둔 연구 결과를 일부 병적인 행태만을 근거로 논박할 수는 없다.

도킨스는 종교가 악성 바이러스라는 자신의 주관적인 견해를 독자가 무비판적으로 공유하고 아무런 이의 없이 자신의 결론을 받아들인다고 가정하는 것 같다. 그러나 도킨스의 주장은 도킨스와 내가 예찬하는 과학 활동의 전형이라 할 수 없다. 종교가 개인에게 미치는 영향을 엄정한 증거에 기반을 두고 객관적으로 관찰한 분석이 아니기 때문이다.

'신은 바이러스'라는 가설에 반대하는 최근의 합의가 시사하는 바는 명확하다. 이미 빈약하기 짝이 없는 유추가 토대까지도 완전히 잃어버렸다. 해당 학계에서 이루어진 연구의 79퍼센트가 종교가 인간의 행복에 긍

Guardian, September 16, 2000). www.theguardian.com/ commentisfree/belief/2010/ sep/16/why-no-longer-believe-religion-virus-mind(accessed August 8, 2014).

정적인 영향을 미쳤다고 보고하고 있고[70] 20퍼센트는 중립적인 또는 혼합된 영향을 미쳤다고 보고하고 있는데 어떻게 종교를 바이러스와 유추 관계에 놓을 수가 있겠는가? 바이러스는 나쁘다. 과연 종교처럼 숙주에 긍정적인 영향을 미칠 바이러스가 몇 종류나 되겠는가? 숙주의 생존 가치를 떨어뜨린다는 점과는 별개로 신에 대한 믿음은 정신적 생존력을 강화시키는 추가 자원이다.[71] 도킨스가 현실을 인식하고 설명하는 틀인 (무신론이라는) 신앙에 기반을 둔 세계관에서는 신이 인간의 행복에 부정적이고 해로운 영향을 미쳐야만 한다. 그러나 실제로는 그렇지 않다. 증거와 이론이 어긋나는 것이다.

더군다나 '마음의 바이러스'라는 가설을 입증할 수 있는 실제 실험적 증거는 무엇인가? 실제 세계에서 바이러스는 바이러스가 일으키는 증상만으로 알려져 있는 존재가 아니다. 바이러스는 탐지할 수 있기 때문에 엄정한 경험적 조사의 대상이며 바이러스의 유전자 구조 또한 세밀하게 분석할 수 있다. 반대로 '마음의 바이러스'는 가상이다. '마음의 바이러스'는 의심스러운 유추 논증에서만 존재할 뿐 직접 관찰할 수 없다. 또한 도킨스가 주장하는 바이러스의 행동을 토대로 하기 때문에 개념적으로도 전혀 정당화할 수 없다. 우리는 이 바이러스를 관찰할 수 있는가? 그 구조는 어떠한가? 그 '유전자 암호'는? 인간 몸 속 어디에 위치하고 있는가? 무엇보다 중요한 것은 도킨스가 그토록 관심을 가지고 있는 '마음의 바이

---

70. Harold G. Koenig and Harvey J. Cohen, *The Link between Religion and Health: Psychoneuroimmunology and the Faith Factor*(Oxford: Oxford University Press, 2002), p.101.

71. Kenneth I. Pargament, *The Psychology of Religion and Coping: Theory, Research, Practice*(New York: Guilford, 1997).

러스'를 퍼뜨리는 바로 그 전달 방식은 무엇인가?

사상들이 바이러스라는 가설을 증명하는 실험적 증거는 없다. 사상들이 **마치** 어떤 면에서는 바이러스처럼 '행동하는' 것처럼 보일 수도 있다. 그러나 유추와 동질 사이에는 엄청난 틈이 있다. 과학사가 고통스럽게 증언하듯이, 과학이 실패한 흔적 대부분은 유추를 동질이라고 잘못 가정한 데서 비롯되었다. '신은 바이러스'라는 구호는 '종교 사상이 퍼지는 경향이 특정 질병이 퍼지는 경향과 유사해 보인다'와 같은 문장의 줄임말이라고 하는 선에서만 과학적 타당성을 지닐 수 있다.

안타깝게도 도킨스는 '신은 바이러스'라는 가설을 입증하기 위해 증거에 기반을 둔 논증을 전혀 제시하지 않는다. 그저 이 가상의 바이러스가 인간의 마음에 어떤 영향을 미치는지 추측만 할 뿐이다. 여기에 과학은 없다. 도킨스가 '신은 마음의 바이러스'라는 자신의 주장을 뒷받침하기 위해 제시하는 모든 논증은 '무신론 또한 마음의 바이러스'라는 주장으로 대등하게 논박할 수 있다. 무신론이 바이러스라는 주장이나 신이 바이러스라는 주장이나 양쪽 모두 근거도 없고 의미도 없다.

사실상 애런 린치Aaron Lynch가 개발한 '생각의 전염thought contagion'이라는 은유가 있다.[72] 린치는 생각이 퍼지는 방식은 그 생각의 타당성이나 '선함'과는 전혀 상관이 없다는 매우 중요한 주장을 했다. 린치는 다음과 같이 말한다.

'생각의 전염'이라는 용어는 참 혹은 거짓이나 선함 혹은 악함에 관해

---

72. Aaron Lynch, *Thought Contagion: How Belief Spreads through Society*(New York: Basic Books, 1996).

서 중립적이다. 거짓 믿음이 생각의 전염을 통해 퍼져 나갈 수 있고 참 믿음도 마찬가지이다. 유사하게 해로운 생각도 생각의 전염을 통해 퍼져 나갈 수 있고 유익한 사상도 마찬가지이다. …… 생각의 전염을 분석하는 것은 주로 생각이 집단을 통해 퍼지는 체제를 분석하는 것이다. 어떤 생각이 참인지 거짓인지 혹은 유익한지 해로운지 여부가 중요한 것이 아니라 그 생각이 전파 속도에 미치는 영향이 중요하다.[73]

넘어가며…

인터넷이 생기면서 '밈'은 1976년 당시 도킨스가 원래 의도했던 의미와는 한참 동떨어진 새로운 의미로 통용되고 있다. 밈 개념은 "마케팅 산업과 광고 산업이 당신의 머릿속에 광고 문구를 집어넣기 위한 수단이 되었다."라고 한다.[74] 이제 '밈'은 일반적으로 사람들로 하여금 종종 물건을 사게 하거나 소셜 네트워크상에서 '좋아요'를 누르게 만들어 확산되도록 제작된 단어, 이미지, 행동을 가리키는 용어가 되었다. 도킨스가 제안했던 의미와는 전혀 상관이 없게 변질되었다. 그러나 의미는 완전히 달라졌을지라도 최소한 '밈'이라는 단어 자체는 살아남았다.

그렇다면 본래의 밈 개념은 어떻게 되었을까? 이제 밈 개념을 지지하는 사람은 거의 찾을 수 없다. 도킨스가 만든 밈 개념이나 '마음의 바이러스' 개념에서 (이 둘의 관계가 무엇이든지 간에) 파생되거나 발전된 형태

---

73. Aaron Lynch, "An Introduction to the Evolutionary Epidemiology of Ideas." (*Biological Physicist 3*, no. 2, @003), pp.7-14.

74. Dominic Basulto, "Have Internet Memes Lost Their Meaning?"(*Washington Post*, July 5, 2013).

가 어떤 사상을 입증하거나 폐기하는 데, 또는 문화 발전 경향을 이해하거나 설명하는 데 도움이 된다고 생각하는 사람은 거의 없다. 문화 발전 분야에 종사하는 사람들 대부분은, 문화적 진화의 체제를 알 수는 없지만 문화적 진화 자체를 가정하고 연구하는 것은 전적으로 가능하다는 결론을 내린다. "문화적 유산이 존재하며 문화유산의 전달 경로는 유전 형질의 전달 경로와는 다르다는 사실을 깨닫는 것만이 중요할 뿐이다."[75]

그렇다면 밈 이론은 유신론과 무슨 관련이 있을까? 사실 별로 관련이 없다. 사상이 어떻게 전파되는가 하는 질문에 '밈'이라는 개념을 통해 접근했을 때, 신에 대한 믿음이나 밈에 대한 믿음이 어떻게 문화 안에서 전파되는지에 대한 통찰을 얻었을 수는 있다. 그러나 밈 이론으로는 어떤 믿음 자체의 옳고 그름이나 선악을 판단할 수 없다. 어떤 믿음이 옳거나 그르다는 결론을 내리는 것을 막을 수는 없다. **그러나 그러한** 결론이 옳다고는 할 수 없으며, 대개는 **과학적** 결론이 아닌 경우가 많다.

---

75. Stephen Shennan, *Genes, Memes and Human History: Darwinian Archaeology and Cultural Evolution*(London: Thames & Hudson, 2002), p.63. 밈에 대한 (문제는 있지만) 더 긍정적인 평가를 보려면 Kim Sterelny, "Memes Revisited."(*British Journal for Philosophy of Science 57*, 2006), pp.145-165를 참조하자.

6장

만들어진 신

무신론과 과학과 종교에 대한 도킨스의 입장

2006년에 도킨스는 무신론자 논쟁에 관한 대중적인 책을 출간했다. 이 책이 베스트셀러가 되는 데는 독자의 흥미를 돋우는 제목이 한몫했다. 이 책이 바로 『만들어진 신The God Delusion』이다. 『만들어진 신』으로 도킨스는 세계에서 가장 유명한 무신론자라는 입지뿐만 아니라, 2006년과 2010년에 걸쳐 5년간 이목을 끌다가 쇠퇴한 '신무신론New Atheist' 운동을 주도한 인물이라는 입지도 강화했다. 『만들어진 신』은 신은 망상이라는 독선적이고 신랄한 주장으로 유명하다. 『만들어진 신』에서 도킨스는 신은 정신이 이상하고 (종교에) 미혹당한 인간들이 만들어낸 '부도덕과 불법을 일삼는 정신병자'라고 주장한다.[1] 도킨스에게 이 같은 헛소리를 구분해 낼 수 있게 해 주는 것은 과학이다. 도킨스의 말에 따르면 과학은 애초에 왜 신이 존재할 수 없는지를 증명하여, 어수룩한 사람들이 어떻게

---

1. *The God Delusion*, p.38.

신이 존재한다는 말도 안 되는 결론에 도달하는지를 설명한다.

『만들어진 신』은 종교적 신념이 끈질기게 살아남거나 심지어 부활하는 것을 주위에서 목격하는 데 지친 무신론자를 '기분 좋게 해 주는' 책이었다. 『만들어진 신』은 많은 무신론자들을 그들이 혼자가 아니라고 위로했고, 종교에 미혹당한 신자보다 무신론자가 지적으로 우월한 존재라고 선언하며 아첨했다. 그러나 이내 무신론자가 종교를 믿는 사람보다 지적으로 뛰어나다는 주장은 현명하지 못한 처사였음이 드러났다. '신무신론' 운동에 '거만하다'든지 '독선적이다'라는 수식어가 따라붙기 시작했다. 심지어 신무신론 운동의 목적과 기본 주장에 공감하는 이들조차 이러한 수식어를 입에 올렸다.

『만들어진 신』에서 전개되는 일부 주제는 앞서 '모든 악의 뿌리는?' 이라는 제목으로 2006년 1월에 영국의 채널 4에서 첫 방영되었던 것을 포함하여, 텔레비전 프로그램 두 곳에 도킨스가 출연해 주장했던 내용이다. 비평가들은 논제를 명확히 이해하는 학자들만 인용해 최고의 과학적 주장으로 엄정하게 무장했던 도킨스의 대중서인 『이기적 유전자』와는 달리, 『만들어진 신』은 학문적 기초가 부족한 반종교적 생떼에 불과하다고 혹평했다.

사소한 것일 수도 있지만, 『만들어진 신』을 단적으로 보여주는 안타까운 예가 하나 있다. 도킨스는 인터넷에서 16세기 독일 개신교 작가인 마틴 루터의 글을 앞뒤 문맥을 잘라먹고 인용했다. 도킨스는 이 인용문이 루터의 비이성주의를 대표적으로 보여줄 뿐만 아니라 나아가 일반적인 종교를 대변하는 거울인 양 취급한다.[2] 인용문이 정확히 번역되었는

---

2. *The God Delusion*, p.190.

지를 검사하거나 루터가 말하는 '이성reason'의 정의가 무엇인지 혹은 루터가 말하는 이성이 도킨스 자신이 주장하는 세상 만물의 자명성과 어떻게 다른지를 명확히 짚어 주려는 시도는 일체 없다. 루터가 이성을 바라보는 복잡한 태도를 주제로 책을 쓴 적이 있는 나로서는 진리에 대한 도킨스의 이러한 무신경한 접근이 다소 실망스럽다.[3] 나는 대중이 이해하기 쉽게 글을 쓴다는 점에서 도킨스를 존경한다. 그러나 그 수준이 이해하기 쉬운 정도를 넘어서 지나친 단순화와 왜곡에 이를 때는 이야기가 달라진다. 그러나 『만들어진 신』에서 도킨스가 취한 대중주의적 어조는 학자들에게 약점으로 보였겠지만, 대중들의 인기를 얻기에는 충분했다. 『만들어진 신』은 여전히 가장 널리 읽히는 무신론자의 성명문이다.

지금까지는 2003년 무렵까지 도킨스의 생각이 어떻게 발전해 왔는지를 살펴보았다. 그렇다면 도킨스는 무신론자 변증법을 대표하는 주요 저작인 『만들어진 신』에서 자신이 여태껏 주장한 바를 어떻게 세밀하게 다듬고 미묘하게 달라지게 했을까? 『만들어진 신』은 여러 주장을 혼란스럽게 짜깁기한 것일 뿐 도킨스가 그 이전까지 가지고 있던 생각을 진보시키거나 강화했다고 할 수는 없다. 오히려 무신론을 옹호하기 위한 목적으로 기존 주장을 활용했을 뿐이다. 우리가 이미 면밀하게 검토했던 '신-밈God-meme'이라든지 신은 그저 '정신에 침투하는 바이러스'에 불과하다는 기존 주장을 목적만 바꿔 되풀이할 뿐이지 새로이 전개된 사상은 없다. 과학이 종교에 대하여 필연적으로 승리할 수밖에 없다는 것이 『만들어진 신』이 다루는 중심 주제 가운데 하나이므로 우리는 반드시 도킨스의 이

---

3. Alister E. McGrath, *Luther's Theology of the Cross: Martin Luther's Theological Breakthrough*(Oxford: Blackwell, 1985).

최신 저작을 면밀히 살펴보아야 한다. 우선 『만들어진 신』을 문화적 맥락에 놓고 분석해 보자.

『만들어진 신』의 문화적 위치

2001년 9월 11일에 이슬람 테러 단체가 민간 여객기 네 대를 납치하여 미국 내에서 테러 목표 지점을 향해 동시다발적 자살 테러를 감행했다. 이제는 모두가 '9.11'이라고 부르는 이 사건은 세속적인 서구의 자유주의에서 종교에 대한 대중의 인식을 송두리째 바꾸어 버렸다. 9.11 테러 이전에는 종교를 단순히 과거의 영문 모를 유물로 바라보았다면, 9.11 이후에 종교는 위험하며 광신주의와 폭력과 배타성을 조장하는 근원이 되어 버린 것이다.[4]

서구의 자유주의 사회 내에서 종교를 바라보는 문화적 인식 변화를 일으킨 데는 도킨스가 중심적인 역할을 담당했다고 할 수 있다. 9.11 테러는 도킨스가 항상 주장해 왔던 모든 내용을 확인시켜 준 사건인 셈이었다. 도킨스는 종교는 비이성적이기 때문에 위험하여, 말로 해서는 교리가 먹히지 않을 때는 상황을 타개하기 위한 수단으로 테러를 일으킬 수 있다고 주장해 왔다. 9.11이 발생한 지 나흘 후에 도킨스는 "세상을 아브라

---

4. 관련하여 뛰어난 연구와 비평은 Amarnath Amarasingam, ed., *Religion and the New Atheism: A Critical Appraisal*(Leiden: Brill, 2012), Tina Beattie, *The New Atheists: The Twilight of Reason and the War on Religion*(London: Darton, Longman and Todd, 2007), Terry Eagleton, *Reason, Faith, and Revolution: Reflections on the God Debate*(New Haven, CT: Yale University Press, 2009), David Bentley Hart, *Atheist Delusions: The Christian Revolution and Its Fashionable Enemies*(New Haven, CT: Yale University Press, 2009)을 참조하자.

함을 조상으로 하는 3대 유일신 종교 혹은 기타 다른 종교로 채우는 것은 마치 길거리에 장전된 권총을 버려두는 것과 마찬가지이며, 누군가가 그 권총을 주워서 사용하리라는 것은 불 보듯 뻔하다"[5]라고 주장했다. 5년 뒤 도킨스는 9.11에 대한 최종적인 응답으로 『만들어진 신』이라는 책을 세상에 선보인다.

이 저작의 문화적 배경이자 일반적으로 신무신론New Atheism이라 일컫는 이 사상운동은 복잡다단하다. 도킨스의 책은 어느 정도는 그가 포스트모던 비합리주의를 포용한다고 믿는 세상의 한복판에서 분노하여 근대주의의 몇몇 핵심적인 가정들assumptions은 변호하는 것이다.[6] 도킨스가 말하는 포스트모던 비합리주의를 보여주는 예 가운데 하나가 바로 예상치 못한 종교의 부활이다. '회의주의 학회Skeptics Society'의 설립자이자 과학 잡지 『스켑틱Skeptic』 발행인이며 인본주의자인 마이클 셔머Michael Shermer는 20세기를 마감하는 해에 종교의 부활을 언급하며, 역사상 이토록 많은 사람이 그리고 이토록 높은 비율의 미국인이 신을 믿었던 적이 없었다고 말했다.[7]

전 세계를 막론하고 (눈에 띄는 예외인 서유럽은 제외하고) 종교가 부활한 현상을 계몽주의의 핵심 산물인 이성과 과학에 근거해 설명할 필요가 있어 보인다. 신무신론 운동의 영향을 받아 종교의 부활을 설명하는 모든 저작 가운데 지적 근거가 가장 흥미롭고 탄탄한 책은 현재까지는 도

5. Richard Dawkins, "Religion's Misguided Missiles"(*The Guardian*, September 15, 2001).

6. Terry Eagleton, *Culture and the Death of God*(New Haven, CT: Yale University Press, 2014)의 분석을 참조하자.

7. Michael Shermer, *How We Believe: Science, Skepticism, and the Search for God*(New York: Freeman, 2000), pp.16-31.

킨스의 『만들어진 신』이다. 『만들어진 신』은 과학, 특히 생물학의 핵심 방법론과 가정을 반종교 전쟁의 주요 동맹으로 활용한 것으로도 유명하다.[8]

『만들어진 신』에 나타난 도킨스식 접근법의 문화적 계보는 책에서 다루는 다양한 주제에서 확인할 수 있다. 가령 『만들어진 신』에서 도킨스는 뉴턴주의 세계관이 내포하는 빈곤한 기계론적 형이상학과 암묵적으로 충돌을 일으키기도 하고, 계몽주의의 제한적인 현실 인식에서 벗어나는 모든 문화는 퇴보한 것이며 비합리적이라는 다소 거만한 가정을 제시하기도 한다. 도킨스가 제시하는 순진해 보이기까지 하는 이론과 증거는, 이미 그의 이전 저작에서도 확인되었지만 이제는 불편할 정도로 일종의 '계몽 합리주의자적 근본주의'[9]에 가까워 보인다. 이 계몽 합리주의자적 근본주의는 이성의 한계를 인식하지도 못하고 그 자체가 억압을 위한 도구로 남용될 가능성 또한 인식하지 못한다.

또한 후기 자본주의적 소비주의의 성격을 띠는 개인주의적 자유주의도 뚜렷이 나타난다. 철학자 임마누엘 칸트가 주창한 자신의 운명을 스스로 결정하는 주체적 개인sovereign individual 개념도, 도킨스가 의식적으로 서술하지는 않았지만 『만들어진 신』 전체를 관통하고 있다는 사실을 알

---

8. 무신론 변증에서 다원주의를 사용한 최근 사례는 Abigail J. Lustig, "Natural Atheology" (*In Darwinian Heresies*, edited by Abigail J. Lustig, Robert J. Richards, and Michael Ruse, Cambridge: Cambridge University Press, 2004), pp.69-83와 Alister E. McGrath, "The Ideological Uses of Evolutionary Biology in Recent Atheist Apologetics"(*In Biology and Ideology: From Descartes to Dawkins*, edited by Denis R. Alexander and Ronald Numbers, Chicago: University of Chicago Press, 2010), pp.329-351을 참조하자.

9. 이 흥미로운 구문은 다음의 통찰력 있는 저작에서 빌려 왔다. Ernest Gellner, *Postmodernism, Reason and Religion*(London: Routledge, 1992), p.80. 신무신론 운동이 새로운 형태의 근본주의라는 주장은 Chris Hedges, *When Atheism Becomes Religion: America's New Fundamentalists*(New York: Free Press, 2008)을 참조하자.

아채는 것도 어렵지 않다. 도킨스는 종교는 세뇌당하는 것으로 (또한 억압적이고 악하다고) 주장한다. 반면 무신론은 자유롭게 선택하는 것으로 (그리고 해방적이고 선하다고) 주장한다. 도킨스는 이러한 주장이 신앙과 무신론의 관계에 대한 문화적이고 사회적인 맥락에서 나온다고 주장한다. 국가가 무신론을 강요하기도 하는 사회적 현실에 대해서는 소비에트 연합과 관련된 역사만 들여다보아도 알 수 있지만, 걱정스러우리만치 무관심하다.[10] 더 중요한 사실은 도킨스가 '집단 선택group selection'을 싫어하는 까닭에 종교의 사회적 기능을 논의하기를 꺼리는 대신 신앙이 개인에게 미치는 영향에만 초점을 맞춘다는 사실일 것이다. 그 결과 종교의 사회적 기능에 대한 방대한 참고 문헌을 들여다보려는 시도조차 하지 않은 채 완전히 부정적인 용어만을 사용하고 있다는 점은 말할 필요도 없다. 문화 비평가인 테리 이글턴Terry Eagleton은 도킨스가 『만들어진 신』에서 종교를 터무니없이 과장해서 희화화하는 데 진저리를 낸다. 이글턴은 다음에서 『만들어진 신』이 과학을 표방하는 사이비 독단론인 이유를 잘 요약한다. "도킨스는 사백 쪽에 달하는 책에서도 어찌나 과학적으로 평정을 잃지 않던지 단 한 순간도 종교적 신앙이 인간에게 가져다주는 혜택을 인정하지 않는다. 이는 경험적으로나 **연역적으로** 가능하지 않을 듯하다."[11]

이 책을 쓰는 목적을 감안하면 『만들어진 신』의 가장 중요한 주제는

---

10. 히친스가 비에트의 무신론 사상 세뇌를 경험한 뒤, 어떻게 종교적 신앙을 가지게 되었는지를 알고 싶다면 Peter Hitchens, *The Rage against God: How Atheism Led me to Faith*(Grand Rapids, MI: Zondervan, 2010)을 참조하자.

11. Eagleton, "Lunging, Flailing, Mispunching" 이 중요한 문제에 대한 이글턴 특유의 통찰력 있고 비판적인 언급은 Terry Eagleton, *Holy Terror*(New York: Oxford University Press, 2005)을 참조하자.

자연과학의 인식론적 특권이다.[12] 설사 도킨스가 무엇을 주목하고 무엇을 무시할지 매우 까다롭게 선별했다고 하더라도 말이다. 도킨스는 앞서 『무지개를 풀며』에서 이 주제에 대한 자신의 생각을 서술한 바 있다. 『무지개를 풀며』는 과학이 문화적으로 독립했음을 선포하는 승리의 선언문으로서, 계몽주의 운동의 핵심 가치를 논리적으로 옹호한다. 『무지개를 풀며』에서 도킨스가 가장 중요하게 다루는 논점은 두 가지이다.

1. 도킨스는 과학이 우리를 '무지개 끝에 가짜 금항아리가 반짝이고 있을 뿐인 영혼과 도깨비와 점성술과 마술로 가득한 미신적이고 편협하고 지엽적인 우주의 모습'[13]이 아닌 다른 우주의 모습으로 인도한다고 주장한다. 반대로 종교적 관점으로 바라본 자연은 너무나 추해서 그 누구도 미학적으로 만족스러운 결론에 이르지 못하는 것처럼 묘사한다. 종교는 미학적으로 결여되어 자연의 빈곤함으로만 우리를 인도하며 우주 그 자체와 우주를 과학적으로 탐구할 때 인간이 당연히 느낄 수 있는 경이로움과 신비로움을 축소시켜 버린다고 도킨스는 주장한다.

2. 도킨스는 자연에는 우리가 경험하고 인지할 수 있는 범위를 넘어서는 초월적 차원이 있다는 주장을 미학적으로도 불필요하고 지적으로도 성립하지 않는다고 거부한다. 과학은 '목적'이라든지 '신'이라든지 하는 의미 없는 개념을 제거한다. 도킨스는 이러한 개념을 제

---

12. 비록 용어 자체와 용어가 함축하는 의미에 대해서는 염려스러운 점이 있지만 이러한 견해를 일컬어 종종 '과학만능주의'라고 한다. Mikael Stenmark, *Scientism: Science, Ethics and Religion*(Aldershot: Ashgate, 2001)을 참조하자.

13. *Unweaving the Rainbow*, p.312.

거한다고 해서 심령학자나 점성술가나 그 밖에 이런 말도 안 되는 거짓말로 먹고 사는 사람들이 밥벌이할 수단을 잃는 것 외에는 아무 것도 잃을 것이 없다고 주장한다.

도킨스는 자신이 서구 문화권에서 비합리주의의 분출로 간주하는 것에 맞서, 『무지개를 풀며』에서 과학적 연구와 군사적 적용 사이의 연계와 같은 과학적 기획에서 덜 매력적인 측면들은 개의치 않는 듯 자연과학의 범위를 다소 지나치게 단순화해서 설명한다. 또한 20세기 후반에 그토록 많은 사상가를 괴롭혔던 획일성을 강요한다든지, '합리적'이라고 선포한 범위를 벗어나는 어떤 것도 용납하지 않는다든지 하는 계몽주의의 어두운 면에 대해서는 일절 언급하지 않는다.[14] 도킨스는 자신이 후기 근대의 비합리주의라고 간주하는 것에 대항하여 근대주의modernism를 굳건히 옹호한다. 그는 비합리성이나 광기로 비쳤을 듯한 것들에 저항하여, 사실상 단일한 틀 안에서 전체주의화된 근대성을 실현하는 것이다.

『만들어진 신』에서 왜 도킨스가 그토록 포악스럽게 종교를 공격하는 지를 이해하려면 우리 대부분에게는 익숙하지 않은 세계관을 들여다보아야 한다. 도킨스는 과학과 종교가 인류의 영혼을 위해 죽을힘을 다해 싸우고 있고 미신에 대한 이성의 승리 혹은 종교에 대한 과학의 승리를 위해서는 한 치도 물러서서는 안 된다는 관점에서 세계를 이해한다. 도대체 오늘날의 역사가들 대부분이 틀렸다고 입을 모으는 이 세계관은 어디

---

14. 예시로는 John Gray, *Straw Dogs: Thoughts on Humans and Other Animals*(London: Granta, 2002)을 참조하자. 계몽주의를 바라보는 균형 잡힌 시각은 Anthony Pagden, *The Enlightenment and Why It Still Matters*(Oxford: Oxford University Press, 2013)을 참조하자.

서 나온 것일까?

과학과 종교의 '전쟁'

신무신론 운동은 과학의 문화적 승리와 지적 총체화를 이야기한다. 과학은 신을 제거하고, 신의 존재를 끌어들여 설명하던 부분을 단숨에 차지한다. 과학은 우리가 가진 것들 중에서 세계를 이해할 수 있는 유일하게 믿을 수 있는 도구이다. 과학에는 한계가 없다. 과학으로 당장 이해할 수 없는 일이 있을지는 몰라도 언젠가는 이해할 수 있게 될 것이다. 과학이 종교를 완전히 대체하기란 그저 시간문제인 것이다. 따라서 진짜 과학자는 무신론자일 수밖에 없다. 진실한 과학자가 종교를 믿는다는 것은 생각할 수조차 없다. 도킨스에게 과학과 종교는 논리적으로도 사상적으로도 서로 배타적인 영역이다. 진짜 과학자라면 신을 믿을 수 없다. 신을 믿는다면 진짜 과학자일 수 없다.

이러한 독단적 태도는 『만들어진 신』에서 도킨스가 펼치는 논증의 지적 신뢰성을 떨어뜨리는 데 큰 몫을 했다. 『만들어진 신』에서 더 불쾌한 부분 가운데 하나는 도킨스가 저명한 물리학자인 프리먼 다이슨Freeman Dyson을 공격하는 부분이다. 다이슨은 2000년에 템플턴상 수상 소감에서 종교가 행한 긍정적인 일은 찬양하고 부정적인 일은 비판했다. 다이슨은 무신론의 부정적인 측면도 분명히 언급하면서 '금세기 악의 대명사라 할 수 있는 히틀러와 스탈린이 열렬한 무신론자였다'는 사실을 강조했다. 도킨스는 '세계에서 가장 저명한 물리학자 가운데 한 사람이 종교를 공개적으로 지지'[15]한 사실에 분노했다. 도킨스는 다이슨이 스스로를 삼위일체 교리에는 딱히 관심이 없는 기독교인이라고 칭한 것을 가리켜, 다이슨이 실제로는 기독교인이 아니라 기독교인 흉내를 내는 무신론자라는 뜻으로 해석했다. "삼위일체 교리에 관심이 없다는 말은 무신론을 믿는 과학자가 기독교인인 척하고 싶을 때 하는 말이 아니고 무어란 말인가?"[16]

다이슨을 향한 도킨스의 분노는 종교가 사악하다는 사실을 절대적으로 맹신하는 도킨스의 태도를 반영한 것이었다. 『만들어진 신』의 가장 큰 약점으로 자주 언급되는 것 중에 하나가 바로 도킨스의 이러한 태도이다. 물론 역사 속에서 종교가 악한 일을 저지른 것은 사실이다. 그러나 종교가 앞장서서 선한 일을 행한 것 또한 사실이다. 유명한 회의론자인 마이클 셔머Michael Shermer는 "역사 속에서 깊이 뿌리내리고 문화적 영향력을 행사했던 다른 모든 사회적 제도와 마찬가지로 종교 역시 단순히 그 선악을 이분법적으로 판단할 수 없다."라고 지적했다.[17]

그러나 문제는 고압적이고 반종교적인 세계관이 종교에 대한 도킨스 개인의 견해를 결정짓고 왜곡한다는 선에서 끝나지 않는다는 데 있다. 문제는 과학과 종교는 영원한 전쟁 중에 있다는 생각을 바탕으로 세계관을 앞세워서 종교를 지지하는 과학자를 모조리 반역자 혹은 유화주의자라고 낙인을 찍는다는 것이다. 대표적인 유화주의자로는 '네빌 체임벌린Neville Chamberlain'[18]학파가 있다. 도킨스는 과학과 종교 간의 끝없는

15. *The God Delusion*, p.152.

16. *The God Delusion*, p.152.

17. Shermer, *How We Believe*, p.71.

18. *The God Delusion*, pp.66-69. 도킨스의 수사법에 대한 비판은 Fern Elsdon-Baker, *The Selfish Genius: How Richard Dawkins Rewrote Darwin's Legacy*(London: Icon, 2009),

전쟁이라는 이 지엽적이고 시대에 뒤떨어진 망상을 널리 깨우쳐 주고자, 1938년에 영국 수상이었던 네빌 체임벌린이 유럽 전역이 전쟁에 휩싸이는 것을 피하기 위해 히틀러를 달래고자 시행했던 (실패한) 유화 정책을 언급한다. 이 불쾌한 비유는 종교의 중요성을 시인하는 과학자가 '유화주의자appeasers'이며 종교인은 히틀러나 나치에 견줄 수 있음을 시사한다. 도킨스의 독단적이고 고압적인 세계관을 감안하면 자연스러운 가정이지만, 동의하지 않는 사람이 많다.

도킨스는 마이클 루스Michael Ruse가 유화주의자 가운데 한 명이라고 주장한다.[19] 마이클 루스는 스스로를 '강성 다윈주의자'라고 부르는 유명한 무신론 철학자로, 다윈주의의 철학적 기틀과 결론을 정리하고 종교적 근본주의를 타파하는 데 크게 기여했다. 그런데 도킨스는 왜 마이클 루스를 유화주의자로 분류하는 것일까? 그 이유를 미루어 짐작할 수 있는 정황이 있다. 1996년에 교황 요한 바오로 2세는 교황청 과학원Pontifical Academy of Sciences에 생물학적 진화를 지지하고 진화론에 대한 유물론적 해석을 비판하는 담화문을 보냈다. 도킨스는 이 담화문을 공개적으로 비판했는데, 루스는 이를 두고 도킨스가 허술한 논리와 개인적인 감정을 앞세워 독단적으로 반응했다며 비판했다. 루스가 도킨스에게 할 수밖에 없었던 말이 무엇이었는지 살펴보자. "교황 요한 바오로 2세가 쓴 다윈주의를 지지하는 서한에 대한 리처드 도킨스의 반응을 요약하자면 교황은 위선자이고 과학에 대해 솔직하지 못하며 도킨스 자신은 다윈주의를 옹호

---

pp.225-255와 특히 p.229을 참조하자.

19. 개인적으로 마이클 루스의 가장 뛰어난 저작이라고 꼽는 *Monad To Man: The Concept of Progress in Evolutionary Biology*(Cambridge, MA: Harvard University Press, 1996)을 참조하자.

하는 위선자보다는 차라리 정직한 종교적 근본주의자를 더 좋아한다는 것이었다."[20] 루스에게 도킨스는 '종교인은 반진화론자일 수밖에 없다'는 편견에 사로잡혀 교황이 어떻게 그러한 결론에 다다랐는지를 이해하지도 못할뿐더러, 교황이 거짓을 말하고 있다는 결론밖에 내리지 못하는 것으로 보였다.

도킨스가 과학과 종교 간의 '전쟁'이라는 관념을 지지하는 것은 무지에서 비롯한다고밖에 볼 수 없다. 과학과 종교가 끊임없이 전쟁을 하고 있다는 관념을 규범적 세계관으로 이용하는 것 자체가 터무니없다. 누군가 과학과 종교의 '통합 가능성'을 이야기하면 도킨스에게는 '얄팍하고 공허하고 허황되며 여론 몰이를 하는 가식'[21]으로 들릴 뿐인 모양이다. 그러나 도킨스는 정작 독자들에게 과학과 종교의 관계에 대한 역사적 맥락이나 역사에 대한 최근 학술 자료는 제시하지 않는다. 바로 이 지점에서 도킨스의 아킬레스건이라고 할 수 있는 자연과학에 대한 단순한 실증주의적 접근이 드러난다고 생각하는 사람이 많다. 신무신론 운동을 비판하는 많은 사람이 도킨스의 주장을 '역사적 무지라는 바다를 떠다니는 논리 없는 논증'[22]이라고 비난하는 이유이기도 하다. 도킨스가 사료와 최근 학술 자료를 피해 항해를 하는 이유는 뻔하다.

지난 20년 동안 과학과 종교의 역사적 관계를 이해하려는 학술적 노력은 다윈의 『종의 기원』이 일으킨 지적 혁명 못지않은 변화를 겪었다.

---

20. *The God Delusion*, p.67에서 인용했다. 교황의 서신에 대한 루스의 평가는 Michael Ruse, "John Paul II and Evolution"(*Quarterly Review of Biology 72*, 1997), pp.391-395을 참조하자.

21. *A Devil's Chaplain*, p.151.

22. Hart, *Atheist Delusion*, p.4.

교회와 과학 간의 오랜 전쟁이라는 대중적인 관념은 오늘날까지 이어지고 있지만, 그동안 집중적으로 이루어진 역사적 학술 연구는 그것이 빅토리아 시대의 선전에 불과하며 사실과는 전혀 다르다는 것을 보여 준다.[23] 갈릴레오 사건처럼 제도 정치와 개인적 의견이 부딪치거나 단순히 토론에서 상대방을 오해해 개인적 갈등이 빚어지기도 했다는 것은 사실이다. 그러나 이러한 갈등이 전형적이거나 결정적이지는 않았다.

도킨스는 과학에 대해 강한 실증주의 견해를 피력하며 과학과 종교가 필연적으로 전쟁을 벌일 수밖에 없다는 생각으로 연결시킨다. 이를 위해 도킨스는 과학과 종교에 대해 '본질주의자essentialist'적 입장을 취한다. 즉 과학과 종교는 각각의 핵심 신념과 방법에 따라 정의하여야 하며 시간이 지남에 따라 이론이나 접근법이나 사회의 구성 범위가 변한다고 해서 그 정의가 달라지지 않는다.[24] 과학과 종교가 '전쟁' 관계에 있다고 바라보는 도킨스의 견해는 '본질주의'에 입각해 과학과 종교의 상호작용을 설명한다. 즉 과학과 종교라는 용어는 고정적이고 영속적이며 본질적인 무엇을 가리킨다. 따라서 과학과 종교의 상호 관계를 결정하는 것은 특정 시간과 장소와 문화에서 영향을 받지 않는 각 영역 고유의 근본적인 무엇이라는 것이다. 그러나 이 문제는 그렇게 단순하지 않다. 과학과 종교의 관계는

---

23. 특히 다음의 두 저작이 이 과격한 견해가 대중적으로 득세하는 데 중요한 역할을 했다. David C. Lindberg, and Ronald L. Numbers, *God and Nature; Historical Essays on the Encounter between Christianity and Science*(Berkeley: University of California Press, 1986), Edward Grant, *The Foundations of Modern Science in the Middle Ages: Their Religious*(Institutional and Intellectual Contexts, Cambridge: Cambridge University Press, 1996).

24. 논쟁점은 Stephan Fuchs, *Against Essentialism: A Theory of Culture and Society* (Cambridge, MA: Harvard University Press, 2001) 특히 pp.12-70을 참조하자.

시대마다 판이한 사회적 조건과 지성사 속에서 역사에 따라 달라진다.[25]

신무신론 운동의 집단순응 사고에서 자유로운 객관적인 역사가들 대부분은 서구에서 종교와 과학은 일반적으로 우호적이고 건설적인 관계에 있었다고 본다.[26] 갈리레오 논란처럼 자세히 들여다보면 신앙과 과학 사이에는 근본적인 긴장 관계가 있었다기보다는 교황의 정치나 교회의 세력 다툼이나 개인의 성격 문제에서 비롯한 갈등 상황이 많았다.[27] 여러 저명한 과학 역사가는 이론적으로나 역사적으로나 과학과 종교의 상호 작용을 결정하는 것은 주로 과학과 종교를 둘러싼 특정한 역사적 상황이고 과학과 종교 각각의 주제는 부차적일 뿐이라고 계속해서 주장한다. 이론적으로나 역사적으로나 과학과 종교의 관계를 규정하는 보편적 패러다임은 없다. 19세기 진화론에 대한 기독교의 태도를 보면 분명히 알 수 있다. 아일랜드 출신의 지질학자이자 역사가인 데이비드 리빙스턴David Livingstone은 영국 벨파스트Belfast와 미국 프린스턴Princeton이라는 서로 다른 맥락에서 다윈주의가 어떻게 수용되었는가에 관한 획기적인 연구를 시행했다. 연구 결과는 지역적 문제와 개인의 성격이 결정적으로 중요하게 작용한다는 사실을 분명히 보여 준다.[28]

25. 역사적 사례를 풍부하게 제시하면서 이러한 입장을 일관되게 비판해 온 Brooke, and Geoffrey Cantor, *Reconstructing Nature: The Engagement of Science and Religion* (Edinburgh: Clarke, 1998).

26. 예시로 Ronald L. Numbers, ed. *Galileo Goes to Jail: And Other Myths about Science and Religion*(Cambridge, MA: Harvard University Press, 2009)을 참조하자.

27. Mario Biagioli, *Galileo, Courtier: The Practice of Science in the Culture of Absolutism*(Chicago: University of Chicago Press, 1993).

28. David N. Livingstone, "Darwinism and Calvinism: The Belfast-Princeton Connection" (*Isis 83*, 1992), pp.408-428.

18세기 영국에서는 종교와 과학 간에 엄청난 시너지 효과가 발생했다. 당시 많은 사람이 뉴턴의 '천체 역학'이 조화로운 우주를 창조한 기독교의 신 개념과 최소한 모순이 없거나 심지어는 신의 존재를 확증해 준다고 생각했다. 당시에 과학적 이해와 연구를 발전시키기 위해 설립된 런던 왕립 학회에 소속된 수많은 회원들도 매우 종교적인 견해를 가지고 있었고, 자신들의 종교적인 견해 덕분에 과학적 발전에 더 이바지할 수 있다고 생각했다.

그러나 19세기 후반에 들어서 이 모든 상황이 급변했다. 당시 종교, 특히 기독교와 자연 과학 사이의 관계가 전반적으로 어떠했는지는 존 윌리엄 드레이퍼John William Draper의 『종교와 과학의 갈등의 역사History of the Conflict between Religion and Science』(1874년)와 앤드루 딕슨 화이트Andrew Dickson White의 『기독교 국가에서 벌어진 과학과 신학의 전쟁사The Warfare of Science with Theology in Christendom』(1896년)를 보면 잘 나타나 있다. 이 두 작품과 같은 격렬한 논쟁이 대중 사이에서 '전쟁'이라는 은유가 자리 잡는 도화선이 되었음은 의심할 나위가 없다.[29]

그러나 화이트와 드레이퍼가 공격적으로 주장한 과학과 종교 사이에 갈등이 고조되고 있다는 생각은 개별 성직자와 제도적 교회를 향한 적개심이 높아지면서 사회적으로 나타난 것이었다. 과학과 종교 간의 상호작용에 더 영향을 미친 것은 과학과 종교 자체라기보다는 이 둘을 둘러싼 사회적 상황이었다.[30] 빅토리아 시대Victorian era[빅토리아 여왕의 치세. 1837년부

---

29. 두 작품이 미친 영향은 James R. Moore, *The Post-Darwinian Controversies: A Study of the Protestant Struggle to Come to Terms with Darwin in Great Britain and America, 1870-1900*(New York: Cambridge University Press, 1979), pp.29-49을 참조하자.

30. 예시로 Frank M. Turner, "The Victorian Conflict between Science and Religion: A

터 1901년까지이다.—역주] 자체가 과학과 종교 사이의 영원한 전쟁이라는 신화를 만든 사회적 압력과 긴장을 낳았다. 과학과 종교 사이의 '갈등' 모델의 기원은 빅토리아 시대 상황에 있다. 당시 전문 과학자 집단이 새로이 등장해서 직전까지 다른 집단이 차지하고 있던 영광의 자리를 대체하려고 했던 것이다.

따라서 과학과 종교 간의 '갈등' 모델이 주목받기 시작한 것은 전문 과학자 집단이 자신들을 아마추어 과학자와 구분짓기를 원했을 때이자 학계에 변화의 바람이 불어서 교회와 다른 기성 교단으로부터의 독립성을 증명해야 할 필요가 생겼을 때였다. 학계가 자유롭기 위해서는 교회와 결별해야 했다. 19세기 후반에 배움과 과학적 진보의 적은 교회이고 가장 든든한 아군은 자연과학이라고 서술되기 시작한 순간이었다.

오늘날 자연과학과 종교가 영원한 전쟁 관계에 있다는 생각을 진지하게 받아들이는 과학사가는 더 이상 없다. 몇몇 대중 과학 서적과 언론에서 여전히 과학과 종교를 전쟁 관계로 묘사하는 것을 이해 못할 바는 아니다. 제대로 된 역사학계의 의견이 대중에게까지 전달되려면 오랜 시간이 걸리기 마련이다. 그러나 언젠가 전달되기는 될 것이다. 대중이 학술지를 읽지는 않으므로 정보가 왜곡될 가능성 또한 배제할 수 없다.

비단 역사가만이 과학과 종교 간의 '전쟁' 모델이 시대에 뒤떨어지고 신빙성이 떨어진다고 생각하는 것은 아니다. 과학자 대부분도 과학과 종교가 전쟁 관계에 있다고 생각하지 않는다. 라이스 대학Rise University 사회학자인 일레인 하워드 에클룬드Elaine Howard Ecklund는 오늘날 과학자를 대

Professional Dimension"(*Isis 69*, 1978), pp.356-376와 Colin A. Russell, "The Conflict Metaphor and Its Social Origins"(*Science and Christian Faith 1*, 1989), pp.3-26을 참조하자.

상으로 과학과 종교의 관계를 바라보는 견해를 묻는 설문 조사를 시행한 후 다음과 같은 결론을 내렸다. "과학과 신앙 사이에 '넘을 수 없는 적개심'이 존재한다는 생각은 현실 왜곡이자 진부한 사고로, 집단순응 사고를 풍자하기에 유용할지는 몰라도 결코 현실을 나타낸다고는 할 수 없다."[31]

19세기에 과학적 방법의 본질과 한계를 단순화하여 바라보던 견해와 더불어 과학과 종교의 관계는 20세기에 들어서 대폭 수정되었다. 모든 분야에서 영성에 대해 새로이 관심을 보이고 있는 서구 문화사 속에서 19세기의 전통적 견해를 세밀하게 검토하는 대규모 학술 연구가 진행되면서, 과학과 종교 간의 긍정적이고 건설적인 대화와 교류의 가능성에 대한 새로운 인식이 형성되었다.

나는 도킨스가 부정확한 수사학적 공격을 무차별하게 퍼붓고 자신에게 동의하지 않는 사람들을 풍자하는 대신에 이 대화에 참여하기를 바란다.[32] 왜일까? 서구 문화를 정의하는 특징 중 하나는 인문학과 자연과학의 단절, 또 과학이 우리를 어디로 데려가고 있는지 모르는 데서 오는 문화적 불안감이 심화(아마도 가속)되고 있다는 사회적 인식이다. 1959년에 C. P. 스노우C. P. Snow는 서구 사회에서 인문학과 과학 사이의 심연이 너무나 확연해져서 이 독립적이고 서로에게 관여하지 않는 두 문화에 대해 목소리를 낼 필요가 있다고 생각했다. "서구 사회 전체의 지적 생활은 점점 더 양극화되어 가고 있다. …… 한 극단에는 문화 지식인이 있고

---

31. Elaine Howard Ecklund, *Science vs. Religion: What Scientists Really Think*(New York: Oxford University Press, 2010), p.5.

32. 도킨스 저술의 불화를 일으키는 이 같은 측면에 대한 고찰은 Gary Keogh, *Reading Richard Dawkins: A Theological Dialogue with New Atheism*(Minneapolis, MN: Fortress Press, 2014)을 참조하자.

…… 다른 한 극단에는 과학자, 그중에서도 가장 대표적으로 물리과학자가 있다. 문화 지식인과 과학자 사이에는 서로가 서로를 이해하지 못하는 커다란 심연이 존재한다."[33] 오히려 이후로 상황은 더 악화되는 듯했다. 한때는 상대적으로 예의를 차렸던 자연과학과 인문학 간의 불화는 실전으로 치닫는 듯했다.

과학의 문화적 영향력을 다룬 한 최신 연구는 자연과학과 인문학 사이에 양극화가 심화되고 있음을 보여 준다. 화해 가능성은커녕 건설적인 대화의 가능성조차 해가 갈수록 줄어들고 있다. 도킨스는 상황을 악화시킨 장본인 중 한 명이다.[34] 이렇게까지 악화될 필요는 없었다. 우리는 피터 메더워 경Sir Peter Medawar이 1968년에 옥스퍼드 대학에서 '과학과 문학'이라는 제목으로 강연했던 내용에서 조언을 얻을 수 있을지도 모른다. 이 강연에서 저명한 생물학자이자 과학 대중화 연사인 메더워 경은 점점 멀어지고 있는 것처럼 보이는 과학과 문학을 붙들어 매야 한다고 주장했다. 메더워 경은 해결책으로 과학자와 인문학자 모두가 '서로의 성취뿐만 아니라 …… 서로의 목적뿐만 아니라 …… 서로의 방법과 활발히 논의되고 있는 개념, 서로의 생각이 흘러가는 내용과 동향까지도 이해하기 위해 노력할 것'[35]을 촉구했다. 나는 언제든지 메더워 경을 지지한다.

---

33. C. P. Snow, *The Two Cultures and the Scientific Revolution*(Cambridge: Cambridge University Press, 1959), p.3.

34. 예시로 Hugh Aldersley-Williams, "The Misappliance of Science"(*New Statesman*, September 13, 1999)을 참조하자.

35. Peter Medawar, "Science and Literature"(*Encounter*, January 1969), pp.15-23, p.16 을 참조. 메더워의 업적은 Neil Calver, "Sir Peter Medawar: Science, Creativity and the Popularization of Karl Popper"(*Notes and Records of the Royal Society 67*, @013), pp.301-314을 참조하자. 흥미롭게도 도킨스 또한 이 강연의 발췌문을 자신이 편집한 문집

자연 과학은 무신론도 기독교도 도출하지 않는다

도킨스는 과학이 인생의 중대한 질문에 최종적으로 판결을 내린다는 사실을 강조한다. 그러나 과학적 방법으로도 신이 존재하느냐하는 질문에는 확실한 판결을 내릴 수 없으므로 이 같은 주장에는 문제가 있다. 과학적 방법으로 신의 존재를 증명하거나 반증할 수 있다고 믿는 사람은 정당한 한계 범위를 넘어서까지 과학을 사용하는 남용을 저지르거나 과학을 불신임하게 만들 수 있는 위험까지 무릅쓰는 것이다. 저명한 생물학자 가운데는 (인간 게놈 프로젝트의 수장이었던 프랜시스 S. 콜린스Francis S. Collins와 같이) 자연과학이 신앙에 대하여 긍정적인 추정을 만들어 낸다고 주장하는 사람도 있고[36] (진화 생물학자인 스티븐 제이 굴드Stephan Jay Gould와 같이) 자연과학은 유신론적 믿음에 대한 부정을 함의한다고 주장하는 사람도 있다. 그러나 양쪽 모두 아무것도 **증명**하지는 못한다. 신의 존재 여부를 묻는 질문의 답은 다른 각도에서 찾아야 한다. 이러한 생각은 전혀 새롭지 않다. 오히려 다윈 시대에는 과학적 방법의 종교적 한계를 더 잘 이해하고 있었다. '다윈의 불도그'라 불리는 헉슬리T. H. Huxley는 1880년에 쓴 글에서 다음과 같이 말했다. "한 20년 전 혹은 그 무렵에 나는 형이상학자나 정통 신학자나 이단 신학자가 절대적인 확신을 가지고 독단하는 다양한 문제에 대해 절망적일 만큼 무지하다고 고백하는 나 같

에 넣었다. *The Oxford Book of Modern Science Writing*(Oxford: Oxford University Press, 2009), pp.178-179을 참조하자.

36. Francis S. Collins, "Faith and the Human Genome"(*Perspectives on Science and Christian Faith 55*, 2003), pp.142-153.

은 사람을 지칭하기 위해 '불가지론자Agnostic'라는 단어를 만들었다."[37] 경험적 증거도 불충분한 독단적 주장을 해대는 구제불능 유신론자와 무신론자 양쪽에 진저리가 난 헉슬리는 신의 존재 여부에 대한 질문은 과학적 방법으로 해결할 수 없다고 선언하기에 이르렀다. "고대 과학이건 현대 과학이건 과학의 본질은 불가지론이다. 이 말은 곧 어떤 것을 알거나 믿는다고 고백할 때 과학적 근거를 제시하지 못하면 알거나 믿는다는 말을 해서는 안 된다는 뜻이다. …… 결과적으로 불가지론은 대중적 신학뿐만 아니라 반신학anti-theology의 많은 부분을 제거한다."[38] 신에 대하여 논쟁하는 양측에서 모두 헉슬리의 주장에 이의를 제기하겠지만, 19세기 말이나 지금이나 그의 주장은 여전히 타당하다.

1992년에 스티븐 제이 굴드는 다윈주의는 **필연적으로** 무신론이라고 주장하는 반진화론적 논문을 비판하면서[39] 자신의 초등학교 3학년 담임이었던 맥이너니McInerney 여사에 대한 기억을 언급했다. 맥이너니 여사는 아이들이 특히 바보 같은 말이나 행동을 할 때마다 체벌을 하고는 했다고 한다.

내 동료들에게 (학부 시절의 자유 토론에서부터 학술 논문에 이르기까지) 누누이 말하지만 과학은 신이 자연을 감독하는지 여부에 대한

---

37. 헉슬리가 1883년에 *Agnostic Annual*의 편집자인 찰스 A. 와츠에게 보낸 편지인 *Life and Letters of Thomas Henry Huxley*(London: Macmillan, 1913, vol.3), p.97을 참조하자. 더 자세한 사항은 Alan Willard Brown, *The Metaphysical Society: Victorian Minds in Crisis*(London: Oxford University Press, 1869-1880, 1947)을 참조하자.

38. Huxley, *Life and Letters*(vol. 3), p.97.

39. Gould, "Impeaching a Self-Appointed Judge"

문제를 (정당한 과학적 방법으로는) 판단할 수 없다. 우리는 이 문제를 확증할 수도 없고 부정할 수도 없다. 우리는 과학자로서 이 문제를 평가할 수 없다. 우리 과학자들 중 누군가가 다윈주의가 신을 반증한다는 생뚱맞은 주장을 하는 것을 맥이너리 여사가 봤다면 손바닥을 내밀라고 했을 것이다(맥이너리 여사는 다윈주의가 신이 역사하는 방법이라고 주장하는 사람에게도 예외 없이 똑같이 손바닥을 내밀라고 했을 것이다).

굴드는 과학은 자연 현상에만 적용할 수 있다는 점을 올바로 지적한다. 과학으로는 신의 존재를 확증할 수도 없고 부정할 수도 없다. 굴드가 말하고자 하는 핵심은 다윈주의가 신의 존재나 본성에 대해서 실제로 알려 줄 수 있는 바가 없다는 사실이다. 다윈주의자가 종교 문제를 놓고 독단적인 주장을 한다면 과학적 방법이라는 곧고 좁은 길에서 벗어나 결국 철학적 황무지에 이르게 될 것이다. 신의 존재나 본성 같은 문제는 결론이 있을 수도 없고, 결론이 있다고 해도 완전히 다른 각도로 접근해야 한다. 도킨스도 이제는 '과학으로는 초월적인 존재를 반증할 길이 없다'[40]는 사실을 잘 알았을 것이다. 그러나 도킨스는 '초월적 존재에 대한 신앙이나 불신앙은 순전히 개인의 성향 문제이다'라는 결론이 괜찮다는 뜻은 아니라고 여전히 주장한다. 그러나 누가 신앙이 '순전히 개인의 성향' 문제라고 했는가? 이런 생각은 도대체 어디서 나왔는가? 도킨스는 과학적 방법을 적절히 적용할 수 없는 분야에는 오직 인식론적 무정부 상태만이 존재할 뿐이라는 사실을 전제하는 듯하다. 과학적 방법이 없다면 개인적 의

---

40. *A Devil's Chaplain*, p.149.

견의 순전한 주관성에 의존할 수밖에 없다는 것이다.

그러나 그렇지 않다. 도킨스는 과학적 방법의 한계를 진지하고 정당하게 논의하는 자리에서, 그럴듯하게 들리지만 틀린 주장을 하면서 문제의 요점을 피해 간다. 과학적 방법으로 문제를 해결할 수 없다고 해서 모든 대답을 똑같이 정당하다고 간주해야 한다거나 해당 문제를 해결하기 위해 합리주의를 저버려도 된다는 뜻은 아니다. 과학적 방법으로 문제를 해결할 수 없다는 것은 논의를 다른 차원으로 옮겨서 증거와 논증을 판단할 수 있는 다른 기준을 적용해야 한다는 뜻이다. 과학적 방법으로 신의 존재나 본성을 증명할 수도 없고 반증할 수도 없다면 정답이 없는 채로 내버려 두든지 아니면 다른 각도로 접근해야 한다는 것은 누구나 아는 사실이다. 다른 누구도 아닌 도킨스 자신도 바로 그렇게 하고 있다. 도킨스는 과학적 방법이 아닌 본질적으로 비과학적인 방법으로 무신론을 주장하고 있으니 말이다. 여기서 핵심은 과학적 방법 하나로는 논쟁을 일으키는 데 기여할 수는 있어도, 궁극적으로 신에 대한 질문을 해결할 수는 없다는 사실이다.

과학, 신앙, 그리고 증거

도킨스가 『만들어진 신』에서 핵심적으로 주장하는 것 가운데 하나는 믿음은 증거로써 입증해야 한다는 것이다. 앞서 살펴보았듯이 도킨스는 종교적 믿음이 증거 없이도 '눈먼 신앙'이나 '일종의 정신병'이라는 영예를 누릴 만하다고 생각한다. 나는 신앙과 이성의 관계를 매우 이상한 시각으로 바라보는 종교인이 있다는 사실을 잘 안다. 그러나 그렇다고 해서 종교 사상의 주류—특히 기독교 내부에서 신앙의 합리성을 기뻐하고,

지지하고, 탐구했으며, '눈먼 신앙'이나 현재 과학 기술로 설명할 수 없는 틈새에 신이 존재한다고 믿는 '틈새의 신' 같은 개념들은 전부 모두 멀리 했다는 사실은 여전하다.

그렇다면 도킨스가 말하는 '증거'란 무엇인가? 도킨스가 하나의 이론적 틀 안에서만 관찰 사실이 증거가 될 수 있다고 생각하는 것 같지는 않다. 따라서 같은 관찰 사실도 서로 다른 이론적 틀 안에서 다르게 해석할 수 있으므로 여러 이론의 증거로 사용할 수 있다.[41] 그런데 유신론에 반대하는 논쟁을 할 때만큼은 도킨스는 관찰 사실은 궁극적으로 단 한 가지 의미밖에 가질 수 없기 때문에 '매우 엄격하게' 다루어야 한다는 사실을 전제한다.

계몽주의에 깊이 뿌리 내리고 있기도 한 이러한 전제[42]는 문제의 소지가 많다. 도킨스의 저서에서 토마스 쿤Thomas Kuhn이 높은 평가를 받지 못한다는 사실은 놀랍지 않다. 드물지만 도킨스가 쿤을 인용할 때, 쿤은 은밀한 사회학적 계획을 내세워 도킨스의 과학적 실증주의에 저항하는 '진실 방해꾼'으로 둔갑한다.[43] 그러나 쿤이 올바로 보았듯이 과학에서 어떤 관찰 사실이 '다른 해석의 여지가 없을' 것처럼 보이는 까닭은 당대의 지

---

41. John Earman이 "Underdetermination, Realism, and Reason"(*Midwest Studies in Philosophy 18*, 1994), pp.19-38에서 언급한 적이 있다. 이 입장에 대한 비판은 Igor Deuven and Leon Horsten, "Earman on Underdetermination and Empirical Indistinguishability."(*Erkenntnis 49*, 1998), pp.303-320을 참조하자.

42. 18세기 이 패러다임의 발전은 Mark E. Blum, "The European Metahistorical Narrative and Its Changing 'Metaparadigms' in the Modern Age."(*In Political Economy, Linguistics and Culture: Crossing Bridges*, edited by Jürgen G. Backhaus, Heidelberg: Springer, 2008), pp.101-162을 참조하자.

43. *A Devil's Chaplain*, p.16.

배적인 해석학적 패러다임 내에서만 해석되기 때문이다.[44] '패러다임의 전환'이 일어나면 같은 관찰 사실을 다른 해석학적 틀 안에 놓고 다르게 해석하게 된다. 즉, 어떤 이론의 증거라고 여겼던 관찰 사실이 다른 이론의 증거가 될 수도 있다는 것이다. 쿤이 제기한 패러다임의 전환 문제를 도킨스가 진지하게 받아들이는 데 실패했다는 사실은 이해하기 어렵지 않다. 쿤의 역사적 분석과 철학적 분석을 통해 도킨스가 주장하는 '증거의 단성성univocality'에 있는 인식론적 단순함은 진지하게 비판받아 마땅하다.

도킨스가 반드시 구분해야 할 '발견의 논리'와 '확증의 논리'를 제대로 구분하지 못하는 것은 아마 이러한 약점과도 관련이 있는 것 같다. 과학 이론이나 가설을 세우는 방법은 때로 그 이론이나 가설이 참인지 여부와는 별 관련이 없는 경우가 있다. 미국 철학자이자 과학자인 찰스 피어스Charles S. Pierce는 합리적 사고를 통해 이론이 나타날 수 있는 만큼이나 직관이나 영감을 통해 이론이 나타날 수 있다는 사실을 지적했다. 그러나 일단 이론을 세우고 나면 해당 이론으로 관찰 사실을 설명할 수 있는지를 반드시 검증해야 한다.[45]

직관을 통해 이론을 세울 수 있다는 것을 보여 주는 대표적인 사례는 어거스트 케쿨레August Kekule(1829~1896년)가 화학 물질인 벤젠Benzene이 고리 구조로 되어 있다는 가설을 세운 것이다. 케쿨레는 1865년 프랑스어

---

44. Thomas S. Kuhn, *The Structure of Scientific Revolutions*(2nd end., Chicago: University of Chicago Press, 1970)와 José Díez, "Falsificationism and the Structure of Theories: The Popper-Kuhn Controversy about the Rationality of Normal Science" (*Studies in History and Philosophy of Science 38*, 2007), pp.543-554을 참조하자.

45. Christiane Chauviré, "Peirce, Popper, Abduction, and the Idea of Logic of Discovery" (*Semiotica 153*, 2005), pp.209-221.

논문에서 처음 이 가설을 밝혔고 1866년에는 이 논문을 독일어로도 출간했다. 케쿨레는 후속 논문에서 벤젠의 고리 구조를 설명하는 '정당성의 논리'를 제시했지만, 당시에 혁명적이었던 벤젠이 고리 구조로 되어 있다는 생각을 하게 된 '발견의 논리'는 설명하지 않았다. 그러나 1890년에 벤젠의 고리 구조 발견 25주년을 기념하는 행사에서 케쿨레는 어떻게 이 생각이 떠올랐는지에 대해 드디어 입을 열었다. 아마도 그때는 이미 케쿨레의 명성이 높았던 때라 처음에 벤젠의 고리 구조를 떠올리게 된 방법이 비정통적이었다는 사실을 비교적 부담 없이 말할 수 있었을 것이다.[46] 케쿨레는 뱀이 자신의 꼬리를 쫓는 꿈에 착안해 벤젠의 고리 구조를 떠올리게 되었다고 한다. 그러나 이론의 기원이 추론에 있든지 신비에 있든지 간에 변하지 않는 사실은 그 이론을 증거에 기대어 확인했다는 것이다. 어떤 이론이나 가설을 이끌어내는 방법은 불투명할 수 있다. 그러나 해당 이론이나 가설을 확증하는 방법은 분명하고 설득력이 있어야 한다.

그렇다면 '발견의 논리'와 '확증의 논리'에 대한 고찰이 『만들어진 신』에서 도킨스가 보여 주는 논증 방식과는 어떤 관련이 있을까? 도킨스는 신을 지구와 화성 사이에서 궤도를 그리며 돌고 있는 찻주전자[47] 같은 우주에 있는 추가적인 행성 정도로 취급한다. 따라서 도킨스는 다음과 같은 두 가지 결론을 내린다. 첫째, 이 추가적인 행성의 존재는 증명할 수 있다. 둘째, 종교적 믿음은 무신론보다 덜 인색해서 추가적인 행성 하나쯤이야 얼마든지 더 믿을 수 있다.

---

46. August Kekulé, "Benzolfest Rede"(*Berichte der deutschen chemischen Gesellschaft zu Berlin 23*, 1890), pp.1302-1311.

47. *The God Delusion*, pp.51-52 참조. 도킨스는 버트런드 러셀에게서 이 유추를 차용했다.

둘 다 매우 흥미로운 결론이다. 도킨스는 첫 번째 결론에 대하여 철학자와 신학자로부터 엄청난 비판을 받았다. 기독교는 신을 태양계에서 새로이 발견된 행성처럼 경험적으로 증명할 수 있는 존재와 동일한 세상에 속한 객체로 바라보지 않기 때문이다. 가톨릭 신학자인 허버트 매케이브 Herbert McCabe는 이런 말을 한 적이 있다. "신은 우주에 살고 있는 입주민이 아니다. 신은 우주가 존재할 수 있는 이유이다."[48]

신이 증명할 수 있거나 관찰할 수 있어야 한다는 도킨스의 주장에는 문제가 많다. 증명은 원래 의미대로라면 수학과 논리의 세계에만 존재한다. 자연과학은 우리로 하여금 결론이 잠정적일 수 있음을 항상 인식하고 어떤 것이 참이라고 믿는 이유를 규명하면서 사고하도록 권장한다.

그러나 도킨스가 고집하는 낡은 형태의 과학적 실증주의에 따르면 어떤 존재가 실재한다고 주장하려면 반드시 그 존재를 증명할 수 있어야 한다. 예를 들어 직접 관찰한다든지 하는 방식으로 말이다. 여기서 도킨스는 옥스퍼드 대학에서 A. J. 에이어A. J. Ayer와 기타 인물 덕택에 지적 견인력을 확보했던 '논리적 실증주의logical positivism'의 몇몇 주제를 반복한다. 신의 존재에 대한 도킨스의 접근법은 에이어의 형이상학적으로 수축시킨 논제보다는 데이비드 흄David Hume(1711~1776년) 같은 초기 실증주의자의 상식적인 접근법과 더 비슷하다. 도킨스와 흄 사이에 지적 관련성이 없다고 보기는 어렵다. "예를 들어 신학이나 형이상학에 관한 아무 책이나 집어 들고 물어본다고 하자. 수량이나 숫자에 관한 추상적인 추론이 책 내용에 포함되어 있는가? 사실이나 존재의 문제에 관한 실험적 추론이 책 내용에 포함되어 있는가? 그렇지 않다면 당장 불살라 버려라. 지

---

48. Herbert McCabe, *God Still Matters*(London: Continuum, 2002), p.37.

금 들고 있는 책에는 궤변과 망상 외에는 아무것도 없다."[49] 그러나 실상
은 이렇게 단순하지 않다. 개인적으로 도킨스의 접근법에 깔려 있다고 생
각하는 현실주의 과학 철학은 관찰할 수 있는 것과 관찰할 수 없는 것을
구분한다. 관찰이 가능한지 여부는 관찰되는 실제보다는 인간의 감각 능
력에 달려 있다는 사실을 알면서도 말이다. 아원자 입자Subatomic particle는
엄밀하게는 '관찰될' 수 없지만, 단지 관찰할 수 없다는 이유로 '존재하지
않는다'고 여겨지지 않는다. 관찰할 수 있는 것과 관찰할 수 없는 것을 구
분하는 일은 인간이 맨눈으로 관찰할 수 있는 능력의 한계를 반영한다.
이러한 한계는 기술의 도움을 받아서 관찰 능력을 강화함으로써 극복할
수도 있고 이론적 해석을 통해 관찰 사실을 확장함으로써 극복할 수도 있
다.[50] 최선의 과학적 이론은 세상의 관찰할 수 있는 측면과 관찰할 수 없
는 측면에 대한 설명을 모두 제시한다.[51] 현대 우주학에서 관찰이 불가능
한 '암흑 물질'이 이론적으로 중요하다는 사실이 세상에서 관찰할 수 없
는 부분을 배제할 수 없다는 사실을 대표적으로 잘 보여 준다. 암흑 물질
은 (질량도 실제로 눈에 보이지는 않지만) 질량의 결과로 추측되는 효과

---

49. David Hume, *Enquiries concerning Human Understanding and concerning the
    Principles of Morals*(3rd edn., Oxford: Clarendon Press, 1975), p.165. 이 접근법이
    지니는 문제는 Colin Howson, *Hume's Problem: Induction and the Justification of
    Belief*(Oxford: Oxford University Press, 2000), pp.168-220를 참조하자.

50. 이와 관련하여 Dudley Shapere, "The Concept of Observation in Science and
    Philosophy"(*Philosophy of Science 49*, 1982), pp.485-525와 Paul Dicken and Peter
    Lipton, "What can Bas Believe? Musgrave and van Fraassen on Observability"(*Analysis
    66*, 2006), pp.226-233와 Anjan Chakravartty, *A Metaphysics for Scientific Realism:
    Knowing the Unobservable*(Cambridge: Cambridge University Press, 2007)을 참조하
    자.

51. Stathos Psillos, *Knowing the Structure of Nature: Essays on Realism and Explanation*
    (London: Palgrave Macmillan, 2009)를 참조하자.

를 설명하기 위해 가정하는 것이다.[52]

　　최선의 지식과 탐구 방법을 동원해 우리 믿음이 타당하다는 사실을 보여 주어야 한다는 과학의 요구는 절대적으로 옳다. 그러나 스탠리 피시 Stanley Fish가 지적했듯이 과학적 탐구 방법과 지식은 시간이 지남에 따라 변한다.

> (객관적 진실을 옹호하는 일은) 직접적이고 논박할 수 없는 증거를 제시함으로써 되는 것이 아니라, 내가 보는 세상과 최소한 지금은 별문제 없이 확증할 수 있는 논리의 설득력을 고려했을 때 확실한 듯 보이는 증거를 제시함으로써 된다. 요약하자면 나는 내가 현재 믿는 탐구와 증명의 전통으로 내게 전달된 세상에 의존한다. 이것이 바로 객관성이 의미하는 바이며 이는 지금 이 순간 보유한 최선의 논증과 증거에 의거한다.[53]

　　피시의 주장은 좀 더 자세히 들여다볼 가치가 있다. 탐구 방법과 규범적 가정은 사회적이고 전문적인 맥락 안에 내재해 있으므로 시간이 지나면서 자연히 변한다. 따라서 '증거' 즉 관찰 사실도 사회문화적 위치에 따라 다른 방식으로 해석될 수 있다.

　　그러나 도킨스는 세 번째 주장으로 반론에 맞선다. 도킨스는 군데군

---

52. Gianfranco Bertone, Dane Hooper, and Joseph Silk, "Particle Dark Matter: Evidence, Candidates and Constraints"(*Physics Reports 405*, nos. 5-6, 2005), pp.279-390을 참조하자.

53. Stanley Fish, "Evidence in Science and Religion, Part Two"(*New York Times*, April 9, 2012).

데 '인류 발생론 원리anthropic principle'를 조롱하는 부분(여기서도 판단의 객관성이라고는 찾아볼 수 없다)에서 창조주로서의 신은 '복잡한' 존재여야 하고 따라서 실제로 존재할 '개연성이 거의 없기'[54] 때문에 신이 세상을 창조했다는 생각은 터무니없다고 주장한다. 도킨스는 이러한 주장으로는 신의 존재를 반증할 수 없다는 사실을 마지못해 인정하면서도 신이 존재한다는 생각은 전혀 타당성이 없다고 확신한다. 이 헷갈리는 논증은 도킨스를 비판하는 이들로 하여금 논점이 무엇인지 갈피를 못 잡게 만든다.[55] 도킨스는 확률적 비개연성statistical improbability과 인식론적 비개연성epistemic improbability 개념을 헷갈리는 듯하다. 도킨스의 수준에 맞춰서 논증을 해 보겠다. '리처드 도킨스'라고 불리는 특정한 개인이 존재할 개연성은 극히 낮다. 따라서 도킨스는 비개연적이므로 존재하지 않는다. 이 무슨 터무니없는 소리인가.

도킨스는 네 번째 창조 교리에 대하여 비판법을 개발한다. 신이 세상을 설계했다면 신은 누가 설계했는가? "무엇이든 설계할 수 있는 신이 있다면 그 신은 자기 주장의 결과로 자신의 존재에 대해서도 똑같은 설명을 요구할 만큼 복잡해야 한다. 신은 무한 후퇴를 거듭하게 되고 우리가 무한 후퇴의 늪에서 빠져나오도록 도와줄 수도 없다."[56] 도킨스는 혹시라도 이 무한 후퇴가 종결된다면 이는 '무한 후퇴를 종결시키기 위해 급조한 찝찝한 사치에 불과한 임시방편'[57]에 기반을 둔 부적절한 조기 철회나

54. *The God Delusion*, pp.111-124.

55. 예시로 Alvin Plantinga, *Where the Conflict Really Lies: Science, Religion, and Naturalism*(New York: Oxford University Press, 2011), pp.25-30를 참조하자.

56. *The God Delusion*, p.109.

57. *The God Delusion*, p.77.

다름없다고 주장한다. A를 설명해 주는 B가 있다면 B도 설명이 필요하다. B를 설명해 주는 C라는 설명 또한 설명이 필요하다. 이 설명의 무한 후퇴를 끝낼 수 있는 정당한 방법은 없다. 설명을 설명해 주는 또 다른 설명은 무엇인가? 설계자를 설계한 또 다른 설계자는 누구인가?

그러나 많은 사람이 자연 과학의 거룩한 성배는 '모든 것에 대한 이론'이라고 할 수 있는 '대통일 이론Grand Unified Theory'을 찾는 것이라는 사실에 주목한다. 왜 모든 것을 설명할 수 있는 이론이 그토록 중요할까? 왜냐하면 대통일 이론은 자기 자신에 대한 설명을 필요로 하지 않고도 모든 것을 설명할 수 있기 때문이다.[58] 설명을 해야 할 책임은 대통일 이론에서 끝이 난다. 설명에 설명이 거듭 요구되는 무한 후퇴는 없다. 도킨스의 경솔하고 단순한 논증이 옳다고 한다면, 대통일 이론에 대한 위대한 과학적 탐구도 심오해 보이나 실상은 사소하기 그지없는 이 질문 하나로 일축해 버릴 수 있다. 대통일 이론을 설명하는 사람은 무엇으로 설명하나?

궁극적 이론 같은 것은 존재하지 않을지도 모른다. '모든 것을 설명하는 이론'은 '아무것도 설명하지 못하는 이론'이 될 수도 있다. 그러나 대통합 이론을 찾으려는 탐구가 시작도 하기 전에 단지 설명 과정의 종식을 뜻한다는 이유로 실패라고 가정할 이유는 없다. 그렇다 해도 이와 유사하게 더 이상 단순화할 수 없는 설명을 찾고자 하는 것이 과학적 탐구의 핵심이다. 여기에는 아무런 논리적 모순이나 개념적 결함이나 자기모순이 없다. '모든 것을 위한 이론'은 어쩌면 그 이론으로 설명하려는 작은 이론보다 훨씬 더 복잡할 수도 있다. 하지만 복잡성과 비개연성은 상관이 없

---

58. 최고의 입문서 가운데 David Deutsch, *The Fabric of Reality*(London: Allen Lane, 1997), Brian Greene, *The Elegant Universe: Superstrings, Hidden Dimensions, and the Quest for the Ultimate Theory*(London: Vintage, 2000)을 참조하자.

지 않은가?

다윈주의로 신에 대한 믿음을 설명할 수 있다고?

아마도 『만들어진 신』에서 가장 흥미로운 부분은 신에 대한 믿음이 우리가 진화해 온 과정의 산물인가 아닌가 하는 질문을 다루는 부분일 것이다. 신에 대한 믿음을 진화의 결과로서 온전히 자연주의적 용어만으로 설득력 있게 설명할 수 있는지를 탐구하는 이 질문은 어쩌면 『만들어진 신』의 가장 중요하고 흥미로운 측면이 될 수도 있었다. 그러나 도킨스는 이 논의를 편향되고 설득력이 떨어지게 끌고 나간다. 도킨스는 객관적인 과학자가 아니라 무신론 논객으로서 글을 쓰고 있다.

이 논점을 진지하게 들여다보려면 종교가 진화적 적응을 하는지 여부와, 만약 적응을 한다면 종교의 기원을 설명하는 데 어떤 식으로 또는 어느 정도까지 도움이 될 수 있는지에 대해 최소한 네 가지 관점을 고려해야 한다.

1. 종교적 믿음은 적응 기능이 없다. 따라서 인간 집단에서 종교가 존재하고 성공한 것은 다른 수단으로 설명해야 한다. 우리가 앞서 살펴보았던 '밈'이라는 개념도 신에 대한 믿음을 진화론으로 설명하려 환원주의의 예일 뿐이다.
2. 종교적 믿음은 인간의 인식을 이루는 더 근본적이고 본질적인 적응 특징의 부산물로 보아야 한다.
3. 종교적 믿음은 인류가 환경적 복잡성에 대처할 수 있게 되는 데 긍정적인 역할을 한 적응으로 보아야 한다.

4. 종교적 믿음은 본질적으로 자연 적응과 상호 작용하면서 함께 진화
   하는 문화 적응이다.

여기서 문제는 종교적 믿음이 적응을 하는지 여부에 대한 질문에는
여전히 분명히 답할 수 없다는 사실이다. 종교적 믿음에는 분명한 적응
기능이 없다고 주장하는 사람도 있고,[59] 종교는 적응에 관한 용어로 해석
할 수 있다고 주장하는 사람도 있다.[60] 현재로서는 이 문제에 대해서는 합
의가 이루어지지 않은 상태이다.[61]

따라서 도킨스는 종교의 본성과 가치를 논하는 논증에서 근거가 있는
결론이라기보다는 독단적 전제로 작용하는 듯 보이는 특유의 신랄한 견
해를 퍼부을 때, 관련 문헌을 선택하고 조사해서 제시할 의무가 있다. 도
킨스는 우리가 진화해 온 과정이 어떠하든 종교는 이제 적응을 멈추고 인
류에게 손해를 입힌다고 주장한다. 종교적 믿음이 어떤 의미에서든 적응
을 한다고 한다면, 오직 종교적 믿음이 인간 숙주 안에서 문화적으로 기
생하는 데 성공했다는 의미에서일 것이다. 도킨스의 분석에는 경험적 논

59. 예시로 Pascal Boyer, *Religion Explained: The Evolutionary Origins of Religious Thought*(New York: Basic Books, 2001), pp.4-33, Scott Atran, *In Gods We Trust: The Evolutionary Landscape of Religion*(Oxford: Oxford University PRess, 2002), pp.12-13을 참조하자.

60. Candace S. Alcorta and Richard Sosis가 주장한 "Ritual, Emotion, and Sacred Symbols: The Evolution of Religion as an Adaptive Complex"(*Human Nature 16*, 2005), pp.323-359를 참조하자.

61. Peter J. Richerson and Lesley Newson, "Is Religion Adaptive? Yes, No, Neutral. But Mostly We Don't Know"(*In The Believing Primate: Scientific, Philosophical and Theological Reflections on the Origin of Religion*, edited by Jeffrey Schloss and Michael Murray, Oxford: Oxford University Press, 2009), pp.100-117.

증이 아예 결여되어 있다. 아무리 높이 평가해도 안락의자에 앉아 이론을 세우는 격으로 학술적으로나 실험적으로 새롭게 기여하는 바가 전혀 없다. 저명한 진화 생물학자인 데이비드 슬론 윌슨이 주장했듯이 『만들어진 신』은 도킨스가 '진화론자이자 과학의 대변인으로서의 자신의 명성을 이용해 종교에 대한 개인적인 의견을 배설하는 또 한 명의 화난 무신론자일 뿐'[62]임을 시사한다.

『만들어진 신』을 종교의 기원을 이해하는 데 진지하게 기여한 학술서적으로 읽을 필요가 없다. 도킨스의 진화론적 설명이 종교의 '일반 원칙'에 의거하고 있다는 사실은 매우 유감스럽다.[63] 도킨스는 이 종교의 '일반적 원칙'을 제임스 프레이저 경Sir James Frazer(1854~1941년)이 쓴 『황금 가지The Golden Bough』에서 인용한다. 『황금 가지』는 인류학의 고전으로 1890년에 초판이 출간되었다.[64] 도킨스가 무슨 전략으로 프레이저를 논거로 택했는지는 의문이다. 왜 도킨스는 한 세기도 훨씬 지나 지금은 거의 신빙성을 잃은 고전 작품의 핵심 가정을 논거로 드는 것일까? 프레이저의 『황금 가지』는 체계적인 경험적 연구에 대한 기반이 부족하다. 이 명백한 불충분함에 대한 직접적인 반작용으로 현대 인류학이 부흥했다고 주장하는 사람도 많다.

그렇다면 도킨스는 왜 굳이 프레이저를 따라서 종교를 보편적 특성의 하나로 축소해 버렸을까? 단순히 하나의 보편적인 믿음이나 태도로 치

---

62. David Sloan Wilson, "Beyond Demonic Memes: Why Richard Dawkins is Wrong about Religion"(eSkeptic, July 4, 2007), www.skeptic.com/eskeptic/07-07-04. (accessed August 8, 2014).

63. The God Delusion, p.188.

64. Eric Csapo, Theories of Mythology(Oxford: Blackwell, 2005), pp.36-43를 참조하자.

부하기에는 종교가 훨씬 더 복잡하고 다양한 양상을 띤다는 사실을 (여러 연구를 통해 알고 있었으면서도) 무시해 버렸을까? 이 질문에 대한 유일하게 설득력 있는 대답은 도킨스가 이러한 전략을 통해 종교의 기원을 '보편적 다윈주의'의 틀 안에 수용할 수 있기 때문이라는 것이다. "다윈주의로 어떤 종의 보편적인 특성을 설명할 수 있다."[65] 그러나 종교는 도킨스의 접근법에 필수적인 '보편적 특성'을 보이지 않는다. 문제는 이미 폐기된 19세기의 가정에 의존해 21세기에 종교에 대항해 논증하는 사례가 『만들어진 신』에서 비단 이것 하나뿐이 아니라는 사실이다.

도킨스는 종교가 진화 과정의 의도치 않은 부산물이라고 주장한다.[66] 나방이 어떻게 밤하늘의 달 같은 광원을 기준으로 비행경로를 설정하는지를 설명한 부분은 『만들어진 신』에서 가장 잘 쓰인 부분 중 하나이다. 도킨스는 나방에게 있는 이 능력을 진화의 측면에서 적응한 것으로 보아야 한다고 지적한다. 그러나 인간이 인공조명을 발명하면서 이 적응은 실패하게 된다. 나방은 촛불 같은 인공조명에도 이끌리면서 '원래는 유용한 나침반이었던 진화의 결과가 실패'로 돌아가게 된다.[67] 촛불을 향해 날아든 나방은 도킨스가 지적했듯이 자살할 의도가 없었음에도 불에 타서 죽음을 맞는다. 한때 유용한 적응이었던 능력 때문에 희생된 것이다.

도킨스는 별다른 증거 없이 종교도 한때 유용했던 본능이 실패하는 것이라는 관점에서 이해해야 한다고 주장한다. "종교적 행동은 한때는 유용했던 인간의 기저에 깔린 심리적 성향의 실패한 혹은 불행한 부산물일

---

65. *The God Delusion*, p.166.

66. *The God Delusion*, pp.172-179.

67. *The God Delusion*, pp.172-173.

수 있다."[68] 종교는 '다른 무언가의 부산물'이고, 지금은 '적응의 원래 의도와 달리 종교를 낳았지만' '원래는 유리한 특성'이었다. 영문 모를 주장이다. 어느 누가 진화 과정의 '부산물'을 말할 수 있는가? 도킨스가 지적했듯이 자연선택은 "앞을 내다보지 않고 결과를 계획하지도 않으며 어떤 목적도 없다."[69] 어느 누가 진화에 대해 목적론적 관점을 채택하지도 않으면서, 자연선택 과정에 의도적인 목적이 있고 따라서 의도적인 목적과 의도하지 않은 '부산물'을 구별할 수 있다고 말할 수 있을까? 도킨스는 어떻게 종교가 '우연'이라고 말할 수 있는 것일까? 도킨스 자신은 진화 과정을 이해할 때 어떤 결과는 '의도적'이고 어떤 결과는 '우연'이라고 주장하는 그 어떤 이론적 틀도 배제하면서 말이다.

도킨스는 종교에 대한 전혀 설득력이 없는 진화론적 설명을 지지하며, 인간이 신을 쉽게 믿는 경향이 있는지 없는지를 비전문가적 태도로 고찰한다. 도킨스가 제시하는 종교의 기원에 대한 심리학적 설명에는 도킨스가 간과한 중대한 문제가 있다. 인간의 인식 과정의 어떤 측면이 종교 사상이 발생하고 지속되는 과정을 설명하는 데 도움이 될 수 있다고 주장할 수는 있다. 그러나 심리학자인 프레이저 와츠Fraser Watts가 지적했듯이 인문과학 분야에서는 원인의 다양함을 인식할 필요가 있다. 어떤 과학자는 이렇게 질문하는 습관이 있다. "A의 원인이 뭐야? X야 아니면 Y야?" 그러나 인문 과학에서는 다양한 원인이 있을 수 있다는 것이 일반적이다. 예를 들어 "우울증의 원인은 심리적 요인인가 아니면 사회적 요인인가?"라는 질문이 있다고 하자. 대답은 둘 다이다. 와츠는 연구의 역사

---

68. *The God Delusion*, p.174.

69. *The Blind Watchmaker*, p.21.

가 "우리로 하여금 인간의 사고 작용이나 대뇌 작용이라는 관점에서 신의 계시가 그토록 명백한지 혹은 다른 자연적 설명이 있는지 묻는 것을 경계하도록 한다."라고 지적했다.[70] 노골적으로 말하자면 신과 인간의 대뇌 작용과 심리적 작용 모두가 인간이 종교적 경험을 하는 원인이 되는 요인일 수 있다.

경외와 경이와 종교

『만들어진 신』을 시작하면서 도킨스는 자연의 아름다움과 정교함을 마주할 때 느끼는 '초월적 경이'감에 대해 말하면서 '지난 수세기 동안 종교가 자연에 대한 경외감을 독점했다'고 주장한다.[71] 도킨스는 종교적이지 않아도 자연에 대해 '경외'감이나 존경심을 가질 수 있다고 주장하는데 내가 보기에는 맞는 말이다. 도킨스는 실상은 종교가 우주에 대해 미학적으로 결핍된 견해를 가지고 있기 때문에 종교적 헌신이 오히려 경외감을 **약화시킨다**고 주장한다. "우주는 정말로 신비하고 웅장하고 아름답고 경외감을 불러일으킨다. 종교인이 전통적으로 견지하는 우주에 대한 견해를 보면 우주를 보잘것없고 애처로우며 협소하게 묘사하는데, 실제 우주는 그렇지 않다. 기성 교회가 보여 주는 우주는 초라하고 작은 중세의 지구이며 극도로 제한적이다."[72] 이 대담한 주장의 논리는 따라가기도

70. Fraser Watts, "Cognitive Neuroscience and Religious Consciousness"(*In Neuroscience and the Person*, edited by R. J. Russell, N. C. Murphy, and C. J. Isham, Vatican City: Vatican Observatory, 1999), pp.327-346.

71. *The God Delusion*, p.12.

72. Richard Dawkins, "A Survival Machine"(*In The Third Culture*, edited by John

힘들지만 사실적 근거도 놀라우리만치 빈약하다. 우주를 바라보는 '중세의' 견해는 실제로 현대의 개념보다 더 제한적이고 한정적일 수 있다. 그러나 종교가 제한적인 중세 우주관의 원인도 아니고 결과도 아니다. 중세 우주관은 주로 아리스토텔레스의 『천체에 관하여De caelo』에 토대를 둔 당대의 과학을 반영할 뿐이다. 중세 시대 종교인이 인식하는 우주가 정말로 '초라했다'면 당대 최고의 천문학자가 그들에게 설명해 주는 우주의 모습을 그대로 믿었기 때문일 것이다. 종교인은 천문학자가 말해 주는 것이 과학적 진리라 믿었고, 그래서 받아들였다. 고스란히 믿은 것이다. 순진하게도 과학 교과서가 진실을 말해 준다고 가정했다. 더 정확히는 도킨스가 우리에게 그토록 무비판적으로 수용하라고 권장하는 과학과 과학자에 대한 신뢰가 중세 종교인들로 하여금 과학자의 우주관에 기초해 신학을 정립하도록 이끌었던 것이다. 중세 종교인들은 21세기 사람들로 하여금 최신 과학 이론을 지나치게 신뢰하는 것을 경계하고 과학 이론에 근거해 세계관을 정립하는 사람을 비판적으로 바라보게끔 만든 '과학 이론의 급진적 교체' 같은 문제에 대해서는 알 길이 없었다.

중세의 우주에 대한 관념은 주로 광대하고 질서 정연한 우주 체계의 중심에 지구가 있다고 생각한 프톨레마이오스의 태양계 모델에 근거하고 있었다.[73] 프톨레마이오스의 태양계 모델은 하르트만 쉐델Hartmann Schedel(1440~1514년)이 쓴 『뉘른베르크 연대기Nuremberg Chronicle』(1493년)에 생생하게 묘사되어 있다. 『뉘른베르크 연대기』는 중세 후기에 최

Brockman, 75-95. New York: Simon & Schuster, 1996), p.85.

73. 지금까지 알려진 연구 중 최고는 Edward Grant, Planets, *Stars and Orbs: The Medieval Cosmos*(Cambridge: Cambridge University Press, 1996), pp.1200-1687.

신 인쇄술로 편찬된 가장 유명한 책 가운데 하나였다. 이 웅장한 우주 속에서 지구는 여러 동심원의 중심에 있고 각 동심원이 각자 정해진 리듬에 따라 지구 주위를 공전한다. 동심원들 너머에는 '최고천empyrean'이라 불리는 광대하고 영원하고 무한한 형태 없는 텅 빈 공간이 자리하고 있다. 기독교 신학자들은 종종 미심쩍은 전통적 논증을 통해 바로 이 '최고천'에 낙원이 있을 것이라고 가정했다.[74] 『뉘른베르크 연대기』와 비슷한 우주의 모습을 담고 있는 여러 유명한 저술에서 신과 성인이 최고천에 거주하는 것으로 묘사한다. 이는 오늘날의 태양계 모델과는 완전히 다를 뿐아니라 하나부터 열까지 틀렸다. 그러나 이 우주관은 확실히 '중세적'이기는 하지만 절대 '초라하고 작은 우주'를 상정하고 있지는 않다. 내가 읽어본 바로 중세 우주관에 관하여 집필한 중세 저술 대부분에서는, 심지어 프톨레마이오스의 천체 모델을 따르는 경우에도 우주의 광활함에 경이감을 표하고 있음을 알 수 있다.

도킨스의 근거 없는 비판이 시사하는 바는 현실을 바라보는 종교적 견해가 현실에 대한 자신의 견해와 비교하니 결핍되고 빈약하더라 하는 것이다. 이러한 생각이 도킨스로 하여금 무신론적 입장을 채택하고 유지하게 하는 중요한 요인이 되었음은 틀림없다. 그러나 이 문제에 대한 도킨스의 분석은 실망스러울 정도로 얕고 설득력이 떨어진다. 도킨스가 종교의 현실 인식을 근거도 없이 혹평하면서 자신의 비판을 뒷받침하기 위해 제시하는 역사적 증거는, 『무지개를 풀며』와 다른 저작을 합쳐서 고려해 보아도 고작 최근 몇 년 사이에 우주의 광대함과 복잡함을 우리가 더잘 이해하게 되었다는 빈약한 관찰 사실뿐이다.

---

74. Grant, Planets, *Stars and Orbs*, pp.169-85, pp.371-89.

자연에 대한 기독교적 접근법은 우리가 자연을 관찰할 때 경외감이 나타나는 방식 세 가지를 다음과 같이 파악하고 있다.

1. 자연의 아름다움을 접할 때 즉각적으로 느끼는 경이감 이것은 **매개 없이** 생겨난다. 윌리엄 워즈워스William Wordsworth가 하늘에 떠 있는 무지개를 보면서 느꼈던 '심장의 고동leap of the heart'이 먼저 일어난 다음 그 감정이 뜻하는 바가 무엇인지에 대한 의식적이고 이론적인 고찰이 뒤따른다. 심리학적 범주로 보자면 경이감은 **인식**cognition보다는 **지각**perception에 가깝다. 나는 신을 믿는 일이 이 경이감을 어떤 식으로든 줄어들게 한다는 주장의 타당한 근거를 찾지 못하겠다. 여기에 대한 도킨스의 주장은 증거도 매우 불충분할 뿐만 아니라 너무나 타당해 보이지 않기에 내가 잘못 이해한 것이기를 바랄 뿐이다.

2. 현실을 수학적으로나 이론적으로 나타낸 것에서 얻은 경이감, 도킨스 또한 '경외감 섞인 경이로움'을 불러일으키는 이 두 번째 원천을 알고 인정하지만, 종교인은 '신비에 취해 신비가 설명되면 배신감을 느낀다'고 생각하는 듯하다.[75] 사실은 그렇지 않다. 신비가 하나 풀리면 오히려 새로운 경외감을 느낀다. 여기에 대해서 바로 설명하겠다.

3. 자연 세계가 가리키는 것에서 더욱 끌어낸 경이감. 기독교 신학의 중심 주제 중 하나는 창조가 창조주를 증언하고 있다는 것이다. "하늘이 하나님의 영광을 선포하고"(시편19:1) 기독교인에게 창조의 아름다움을 경험하는 일은 신의 영광을 가리키는 표지 또는 지표와 다

---

75. *Unweaving the Rainbow*, xiii. 도킨스가 논의를 전통적 종교에서 뉴에이지 운동으로 확장한 내용은 pp.114-179에서 찾을 수 있다.

름없기에 더더욱 소중하다. 도킨스는 자연 세계 안에 있는 이러한 모든 초월적 지표를 배제해 버린다.

심리학자인 대처 켈트너Dacher Keltner와 조너선 하이트Jonathan Haidt는 획기적인 한 연구에서 경외감 경험에 대한 원형적 접근법을 개발했는데, 이 접근법의 핵심에는 **광대함**vastness과 **수용**accommodation이라는 서로 다른 두 가지 특징이 있다.[76] 켈트너와 하이트는 광대함을 '자아나 자아의 일상적 경험 수준 또는 준거 기준보다 훨씬 큰 무언가를 경험하는 것'이라고 정의한다. 광대함은 단순히 물리적 크기에 관한 것일 수도 있고 아니면 사회적 지표나 상징적 표시 같은 좀 더 미묘한 표지자에 관한 것일 수도 있다. 수용은 인간의 정신 구조가 새로운 경험이 야기한 도전에 직면할 때 겪는 조정 과정을 가리킨다. 이 수용 개념은 1940년부터 1971년까지 제네바 대학the University of Geneva에서 유전학 교수와 실험 심리학 교수를 역임했던 장 피아제Jean Piaget(1896~1980년)가 규명했다. 따라서 진화론이나 기독교적 현실 인식 같은 '거대 이론의 범위'에 대한 깨달음을 통해서도 경외감을 경험하는 것이 가능하다.

우리는 원형적 경외감이 광대한 무언가를 경험했지만 이해하지 못했을 때 정신 구조에 도전이나 거부가 일어나는 것과 관련이 있다고 생각한다. 광대한 무언가를 경험하게 되면 당혹스럽고 심지어 두려울 수 있다. …… 정신 구조가 확장되어 이전에 알지 못했던 진실을 수용

---

76. Dacher Keltner and Jonathan Haidt, "Approaching Awe, a Moral, Spiritual and Aesthetic Emotion"(*Cognition and Emotion 17*, 2003), pp.297-314.

할 때 때로는 계몽되거나 부활한 느낌까지 들 수 있다. 우리는 경외감에는 수용에 대한 **요구**가 뒤따른다는 점을 강조한다. 이 요구는 만족될 수도 있고 만족되지 않을 수도 있다. 수용 시도의 성공은 왜 경외감이 두려움(이해하지 못했을 때)으로 다가올 수도 있고 계몽적(이해했을 때)으로 다가올 수 있는지를 부분적으로 설명해 줄 수도 있다.[77]

이 접근법에 따르면 관찰한 것에 대한 이론적 토대나 시사점을 이해함으로써 인간이 우주의 광대함이나 무지개 같은 자연 경관의 극적인 아름다움에 대하여 느끼는 경외감을 더 고양할 수도 있다. 이는 현실을 이론적으로 묘사하는 것은 그 자체로 아름다우며 이론적 묘사의 정교함이나 실재에 대한 '큰 그림'을 제시할 수 있는 능력에 대한 경외감을 불러일으킬 수도 있다는 도킨스의 믿음과도 일맥상통한다. 그것은 나의 믿음이기도 하다. 이러한 경외감을 불러일으킬 수 있을 만큼 현실에 대한 거대한 인식을 제공하는 이론으로는 다윈주의, 마르크스주의, 기독교 신학 등을 꼽을 수 있을 것이다. 물론 이 밖에 더 많은 이론이 있을 수 있다.

도킨스는 세계에 대한 종교적 접근법이 무언가를 놓치고 있다고 주장한다.[78] 『무지개를 풀며』와 『만들어진 신』을 읽고 나서도 나는 도킨스가 종교가 놓치고 있다고 말하는 그 무언가의 정체를 파악하지 못했다. 기독교적 세계관은 자연과학이 우리에게 알려 주는 것 가운데 현실이 자연과학을 통해 알 수 있는 것에만 한정되어 있다는 신랄한 자연주의적 독단만 제외하고는 아무것도 거부하지 않는다. 오히려 자연 세계에 대한 기독교

77. Keltner and Haidt, "Approaching Awe", p.304.

78. *Unweaving the Rainbow*, xii.

적 접근법은 풍성함을 더하고 자연을 연구할 새로운 동기를 부여한다. 도킨스는 이 점을 쏙 빼놓고 설명한다. 따라서 과학과 종교의 가장 큰 차이점은 아마도 과학과 종교가 현재 어떠한지도, 어떻게 나아가고 있는지도 아니고, 어떤 결말을 맞느냐에 있지 않을까.

『만들어진 신』은 대중적 성명서로는 훌륭하게 그 소임을 다했다. 『만들어진 신』에서 도킨스가 펼치는 용감무쌍한 수사법은 독자로 하여금 무엇이 옳고 그른지를 의심하지 않도록 만들었다. 지구의 미래는 미신을 없애고 이성을 복권하는 데 달려 있다! 과학만이 유일하게 신뢰할 수 있는 지식의 원천이므로 반드시 원시적인 사고방식, 그중에서도 특히 종교에 대항해 승리를 거머쥐어야 한다. 그러나 이러한 단순한 논증 때문에 치러야 할 대가는 이루 말할 수 없이 크다. 『만들어진 신』은 지나친 단순화와 오해와 왜곡에 과도하게 의존한다. 아무리 높이 평가해도 『만들어진 신』은 무신론을 격렬히 옹호하는 저술이지, 과학의 대중화에 기여하는 저술이라고 볼 수 없다. 도킨스가 과학과 종교에 대한 진지한 토론에 기여한 바가 있다면 그의 초기 저작들을 통해서이지, 절대로 비난에 불과한 이 유감스러운 책을 통해서는 아니다.

결론

이 책은 리처드 도킨스가 제기한 흥미로운 질문에 피상적으로 답변한 것이다. 도킨스가 던진 질문은 직접적이든 간접적이든 본질적으로는 모두 종교적이다. 어느 질문 하나도 그 주제의 깊이만큼 제대로 다루지 못했다는 사실을 나도 잘 안다. 추가적인 논점만 잔뜩 던져 놓고 명확한 답변은 하나도 제시하지 못했다. 그러나 한 가지 분명한 사실은 이 책에서 다루는 모든 주제가 재미있고 중요하며 반드시 더 논의되어야 한다는 점이다. 도킨스가 제시한 질문은 모두 타당하며 도킨스의 대답 또한 흥미롭다. 그러나 흥미롭다고 해서 신뢰할 만한 대답이라는 뜻은 아니다. 종교를 믿는 사람은 '눈먼 신앙'과 기타 언급할 가치도 없는 것들에 빠져 과학을 혐오하는 멍청이라고 매도하는 사람이 아니고서야, 도킨스의 주장을 신뢰하기는 어려울 것이다.

이러한 종교에 대한 몰이해는 도대체 어디서 비롯하는 것일까? 어느 누구도 도킨스에게 종교를 믿으라고 요구하지 않는다. 다만 종교에 시비를 걸겠다면 최소한 이해하려는 노력이라도 해 달라고 요구할 권리는 우리에게 있다. 철학자 루트비히 비트겐슈타인Ludwig Wittgenstein은 이런 말을 했다. "그림은 우리를 사로잡는다. 우리는 그림 밖으로 빠져나올 수 없다. 왜냐하면 그림은 우리가 사용하는 언어에 내재해 있고 언어는 이 그림을 끊임없이 우리에게 되새겨 주기 때문이다."[1] 내가 종교와 과학에 대

---

1. Ludwig Wittgenstein, *Philosophical Investigations*(3rd edn., Oxford: Blackwell, 1968), p.48.

한 도킨스의 태도의 근간을 이루고 있다고 믿는 내용을 비트겐슈타인이 글로 잘 표현하고 있다. 도킨스는 강압적인 '현실의 그림' 또는 '세계관'에 사로잡혀 경직된 사고에 스스로를 옭아매고 있는 듯하다. 이러한 세계관은 과학적이라기보다는 문화적이다. 다시 말해 그 자체가 과학적인 성격을 띤다기보다 과학적 프로젝트에 대한 **문화적 해석**의 한 갈래를 반영할 뿐이다. 과학은 어떠한 세계관도 다루지 않는다. 특정 세계관을 채택하는 순간 과학은 한낱 이념으로 전락하고 만다. "(과학이) 어떤 신념을 지지하는 것은 자살 행위나 다름없다"라는 토머스 헉슬리의 말이 두고두고 진리로 회자되는 이유이다. 종교에 대한 도킨스의 빗나간 확신은 궁극적으로 과학적이지 않고 이념적이다.

이 책의 목적은 종교와 과학의 관계에 대한 논의를 발전시키고 도킨스의 주장 가운데 심심찮게 나타나는 신뢰하기 어려운 내용에 제동을 걸고자 한 것이다. 도킨스가 제기한 질문에 증거를 바탕으로 접근하는 것은 도킨스가 강조하는 소위 '단순명료한 사고'보다 훨씬 복잡하고 **흥미롭다**. 단순명료한 사고로는 때때로 복잡한 현실을 독단적 무신론으로 속박해 버리는 결과를 낳는다.

이러한 '단순명료한 사고'로의 환원주의는 '왜'로 시작되는 인생에 관한 거대한 의문들에 도킨스가 어떻게 답변했는지를 보면 잘 드러난다. 1991년 크리스마스에 도킨스는 왕립 기관에서 강의를 하다가 예전에 자신이 여섯 살짜리 소녀와 주고받은 대화를 언급했다. "저는 소녀에게 꽃이 존재하는 이유가 무엇이라 생각하느냐고 물어보았습니다. 소녀는 곰곰이 생각하더니 이렇게 대답했습니다. '세상을 아름답게 하기 위해서 그리고 벌이 우리가 먹을 꿀을 만들 수 있도록 도와주기 위해서요.' 소녀의 대답은 사랑스러웠지만 저는 그건 사실이 아니라고 말해 줄 수밖에 없었습니다."[2] 이 대목에서 소름이 돋는 까닭은 도킨스가 삶의 복잡성과 이러한 질문에 다양한 층위에서 접근해야 할 필요성을 완전히 무시하고 있다는 사실이 잘 드러나기 때문이다. '단순명료한 사고'는 (삶의) 의미에 관한 심오한 질문은 깡그리 무시해 버리는 생물학적 환원주의를 낳는다. 소녀의 대답이 사실이 아니라며 도킨스는 이렇게 말했다. "우리는 DNA가 제작한 기계이다. DNA의 목적은 동일한 DNA를 가진 꽃을 많이 복제하는 것이며 꽃뿐만 아니라 이 땅에 존재하는 다른 모든 생명체의 목적도 동일하다. (모든 생명체는) DNA 언어로 쓰인 '자기복제copy-me' 프로그램을 널리 퍼뜨리기 위해 존재한다." 도킨스에게 '삶의 의미'는 단순하다. "우리는 DNA를 번식시키기 위한 기계이다. DNA 번식은 저절로 일어나는 지속적인 과정이며 모든 생명체가 존재하는 유일한 이유이다."[3]

이는 터무니없는 주장이다. 삶의 의미를 **생물학적으로** 설명할 때에 DNA 번식이 한 가지 요소가 될 수는 있다. 그러나 모든 '비판적 실재론자critical realist' 과학철학이 명시하고 있듯이 현실은 복잡하므로 다양한 층위에서 접근하고 분석해야 한다.[4] 모든 것을 생물학으로 귀결시켜 버리는 만성 시야 협착증이 있는 사람만이 '생명체가 존재하는 유일한 이유'가 'DNA 번식'이라고 주장할 것이다. 삶의 이유는 오직 DNA 번식이라는 실존적으로 빈곤한 대답을 여러 가지 다른 관점으로 보완하고 확장할 수 있

---

2. 다음에 수록된 강의 노트, Michael Poole, "A Critique of Aspects of the Philosophy and Theology of Richard Dawkins."(*Science and Christian Belief 6*, no. 1, 1994), pp.41-59, p.51를 참조하자.

3. Richard Dawkins, *Growing Up in the Universe*(London: BBC Education 1991), p.21. 도킨스는 이 짧은 저작을 1991년 왕립 기관 크리스마스 강의의 기초로 삼았다.

4. 이 주제에 대해 더 알고 싶으면 Alister E. McGrath, *A Scientific Theology*(vol. 2: Reality., London: Continuum, 2002), pp.195-244를 참조하자.

다. 인간다운 것은 궁극적으로 인간의 정체성에 대한 모든 물리학적, 생물학적 설명을 초월하는 것이다. 인간 또한 생물학적 (또는 화학적이나 물리학적) 주체이기 때문에 우리 존재의 의미 또한 생물학적 (또는 화학적이나 물리학적) 수준에 국한된다는 믿음에서 벗어나 앞으로 나아갈 때에 우리는 비로소 인간다워질 수 있다.[5] 물론 인간에게 있는 생물학적 기능이 우리가 누구이고 왜 여기에 존재하는가하는 질문에 대한 부분적인 답이 될 수는 있다. 그러나 부분적인 답이지 '유일한' 답은 아니다.

도킨스가 바르게 지적했듯이 과학과 종교가 신경전을 벌이는 영역이 존재한다는 점은 반드시 인정하고 직시해야 한다. 그러나 안타깝게도 도킨스가 끝내 인정하지 않는 것은 과학과 종교 간에는 지적인 시너지를 통해 현실에 대한 새로운 관점을 발견할 수 있는 어마어마한 가능성 또한 존재한다는 사실이다. 신이 존재하는가 존재하지 않는가, 존재한다면 어떤 모습인가 같은 질문은 다윈 이후에도 (다윈주의자들의 자신만만한 예상과는 반대로) 사라지지 않고 개개인이나 주요 지식인들 사이에서 여전히 중요한 화두로 남아 있다. 이러한 질문에 대해서는 현대의 강경한 다윈주의자들보다 어쩌면 다윈에게서 더 배울 점이 많을지도 모른다. 일반적인 신무신론자들, 그중에서도 도킨스는 종교와 과학의 관계에 대해서 흥미로운 질문을 제기했지만 지적으로 만족스러운 대답을 제시하는 데는 명백하게 실패했다.

---

5. 출현 속성의 문제는 이러한 환원주의적 관점에서 나타나는 대표적인 문제점 가운데 하나이다. 예시로 Michael Silberstein, "Reduction, Emergence, and Explanation."(*In Blackwell Guide to the Philosophy of Science*, edited by Peter Machamer and Michael Silberstein, Oxford: Blackwell, 2002), pp.80-107, Margaret Morrison, "Emergence, Reduction, and Theoretical Principles: Rethinking Fundamentalism"(*Philosophy of Science 73*, 2006), pp.876-887를 참조하자.

대화는 계속된다. 논쟁의 양극단에 선 사람들 가운데 일부는 이미 결론이 나온 문제에 왈가왈부할 필요가 없다고 주장할 수도 있다. 그러나 여러 증거와 토론 결과가 아직 확정된 결론이 없다는 사실을 뒷받침한다. 과학자와 신학자는 서로에게서 배울 점이 아주 많다. 서로에게 귀를 기울일 때 우리는 비로소 (도킨스의 우아한 표현을 빌리자면) '은하계의 노래를 들을'[6] 수 있을 것이다. 어쩌면 '하늘이 신의 영광을 선포하는'(시편 19:1) 소리를 듣게 될 가능성도 배제할 수 없다.

---

6. *Unweaving the Rainbow*, p.313.